韧性理论视角下我国超大城市竞技体育发展研究

Research on the Development of Competitive Sports in China's Megacities from the Perspective of Resilience Theory

张 静 著

南开大学出版社
NANKAI UNIVERSITY PRESS

天 津

图书在版编目(CIP)数据

韧性理论视角下我国超大城市竞技体育发展研究 /
张静著. —天津：南开大学出版社，2024.8. —ISBN
978-7-310-06623-0

Ⅰ. G812

中国国家版本馆 CIP 数据核字第 20247WP085 号

韧性理论视角下我国超大城市竞技体育发展研究
RENXING LILUN SHIJIAO XIA WOGUO CHAO DA
CHENGSHI JINGJI TIYU FAZHAN YANJIU

南开大学出版社出版发行
出版人：王　康
地址：天津市南开区卫津路 94 号　　邮政编码：300071
营销部电话：(022)23508339　营销部传真：(022)23508542
https://nkup.nankai.edu.cn

天津泰宇印务有限公司印刷　全国各地新华书店经销
2024 年 8 月第 1 版　　2024 年 8 月第 1 次印刷
240×170 毫米　16 开本　15.5 印张　2 插页　244 千字
定价：78.00 元

如遇图书印装质量问题,请与本社营销部联系调换,电话：(022)23508339

目　录

第一章　绪　论 ……………………………………………………… 1
　　第一节　研究背景 ………………………………………………… 1
　　第二节　研究目的与意义 ………………………………………… 4
　　第三节　研究对象与思路 ………………………………………… 5
　　第四节　研究内容与方法 ………………………………………… 7
　　第五节　研究重点、难点与创新点 ……………………………… 12

第二章　理论基础与文献综述 …………………………………… 15
　　第一节　核心概念 ………………………………………………… 15
　　第二节　理论基础 ………………………………………………… 22
　　第三节　文献综述 ………………………………………………… 31

第三章　韧性理论应用于我国超大城市竞技体育发展研究的
　　　　　适用性 ……………………………………………………… 54
　　第一节　我国城市竞技体育发展内在诉求与韧性理论相适应 … 54
　　第二节　我国城市竞技体育系统演化模式与系统韧性演化
　　　　　　模式相适应 ……………………………………………… 57
　　第三节　我国城市竞技体育系统特征与系统韧性特征相适应 … 61
　　第四节　我国城市竞技体育发展现实需求与韧性发展理念
　　　　　　相适应 …………………………………………………… 64
　　第五节　本章小结 ………………………………………………… 66

第四章　韧性理论视角下我国超大城市竞技体育发展的理论研究 … 68
　　第一节　韧性理论视角下我国城市竞技体育发展的演进过程 … 68
　　第二节　韧性理论视角下我国城市竞技体育发展的特征 ……… 71
　　第三节　韧性理论视角下我国城市竞技体育发展的内涵 ……… 79

第四节　本章小结 ……………………………………………… 83

第五章　我国超大城市竞技体育发展评价指标体系的构建 ……… 85
　　第一节　评价指标体系框架的选择 ………………………………… 85
　　第二节　评价指标体系构建的原则 ………………………………… 89
　　第三节　评价指标体系构建的思路 ………………………………… 90
　　第四节　评价指标的初选 ………………………………………… 91
　　第五节　评价指标的修正与优化 ……………………………… 106
　　第六节　评价指标权重的确定 ………………………………… 137
　　第七节　本章小结 ……………………………………………… 150

第六章　我国超大城市竞技体育发展的评价 ……………………… 151
　　第一节　数据来源 ……………………………………………… 151
　　第二节　上海市竞技体育系统韧性水平的测度 ………………… 153
　　第三节　上海市竞技体育发展关键影响因素的识别 …………… 169
　　第四节　上海市竞技体育系统韧性水平的预测 ………………… 179
　　第五节　本章小结 ……………………………………………… 191

第七章　我国超大城市竞技体育发展的影响因素和作用机制 …… 193
　　第一节　我国超大城市竞技体育发展的影响因素 ……………… 193
　　第二节　我国超大城市竞技体育发展影响因素的作用机制 …… 201
　　第三节　本章小结 ……………………………………………… 209

第八章　我国超大城市竞技体育发展的提升策略 ……………… 210
　　第一节　"保持并夯实"竞技体育发展中的基础稳定性 ……… 210
　　第二节　"优化并延展"城市竞技体育发展中的结构性 ……… 212
　　第三节　"平衡并激活"城市竞技体育发展的创新性 ………… 215
　　第四节　"增强并完善"城市竞技体育发展的制度性 ………… 216
　　第五节　本章小结 ……………………………………………… 218

参考文献 ……………………………………………………… 220

第一章 绪 论

第一节 研究背景

一、时代背景：新发展阶段我国超大城市竞技体育发展的需要

新发展阶段在赋予城市竞技体育发展新的机遇的同时，也使城市竞技体育发展面临更多的风险和挑战[①]。北京、上海、深圳、广州等超大城市是我国国家或区域经济、政治、文化的中心，在国家战略中占有举足轻重的地位，其竞技体育发展也具有示范和引领作用。然而超大城市在享受城市快速发展所带来的资源红利的同时，具有更强的聚集效应、更加复杂多变的环境和更多的风险。城市竞技体育在发展过程中面临着诸如赛事取消及赛中遭受干扰的风险、赛事承办的风险、财政拨款减少的风险，体育产业增速放缓、职业体育联赛财政风险和青少年体质下滑、后备人才选拔困难风险[②]。因此，我国各城市，尤其是超大城市竞技体育在发展过程中如何应对城市化快速推进和城市规模快速扩张暴露出的大量城市问题所形成的危机，提升城市竞技体育系统在日益增长且变幻莫测的风险中正常运行并保持创新的能力，是新发展阶段我国城市竞技体育发展，尤其是具有高度复杂性特征的超大城市竞技体育发展的需要。

---

① 彭国强，高庆勇. 新阶段竞技体育助力社会主义现代化强国建设的时代机遇与战略路径[J]. 天津体育学院学报，2022，37（5）：518-524.
② 鲍明晓."十四五"时期我国体育发展内外部环境分析与应对[J]. 体育科学，2020，40（6）：3-8.

二、现实需要：竞技体育助推体育强国和著名体育城市建设的需要

新时代是全面建设体育强国的时代，也是竞技体育强国建设的时代[①]。虽然我国竞技体育在举国体制下短时间内取得了举世瞩目的成绩，然而我国及各城市地区竞技体育发展仍存在竞技体育发展面临服务国家发展大局的作用发挥不充分、竞技成绩下滑、运动项目的结构性缺陷、创新驱动不足、治理能力有待提升、后备人才萎缩等问题[②]。同时，随着进入了中国特色社会主义新时代，我国竞技体制改革的不断深入，竞技体育在推动城市化进程中的重要作用日益凸显，已成为众多城市再生与转型的重要手段[③]。尤其是上海、北京、深圳等超大城市都在积极创建著名体育城市，且取得了较为显著的成就。然而随着现代化城市的建设，超大城市空间和人口分布越来越密集，城市社会组织和矛盾越来越复杂，超大城市发展面临着不确定性和空前复杂的风险[④]。城市发展环境的复杂多变，也使上海市等超大城市在创建著名体育城市过程中不仅面临来自人口资源、财政资源、土地资源以及体制机制等多方面的压力，而且竞技体育适应经济社会的主动性、积极性不足[⑤]，阻碍了其创建著名体育城市的进程和体育强国的建设。

任何发展方式都是相对的、动态的，是要随着它基于的现时的主客观条件的变化实施动态的调整和更新，否则就可能面临成本代价的不断增加、运行效能的由盛及衰等困境[⑥]。城市竞技体育在发展过程中如何应对新时代国家和城市主客观条件的变化，加快推进竞技体育发

① 舒盛芳，朱从庆. 中国特色社会主义体育进入新时代的基本含义解读[J]. 沈阳体育学院学报，2020，39（1）：45-53.

② 卢文云. 迈向体育强国我国竞技体育发展面临的问题与对策[J]. 沈阳体育学院学报，2020，39（2）：75-81.

③ 刘东锋. 全球著名体育城市的演进、特征与路径——兼论上海的目标定位与发展策略[J]. 体育科学，2021，42（1）：52-61.

④ 邵亦文，徐江. 城市韧性：基于国际文献综述的概念解析[J]. 国际城市规划，2015（2）：48-54.

⑤ 马德浩. 上海竞技体育发展的机遇、挑战与对策[J]. 体育科研，2020，41（1）：19-28.

⑥ 鲍明晓，李元伟. 转变我国竞技体育发展方式的对策研究[J]. 北京体育大学学报，2014（1）：9-23.

展方式的转变，实现竞技体育动态的、可持续性发展，是新时代体育强国和著名体育城市建设的现实需要。

三、理论契机：韧性理论为我国超大城市竞技体育发展提供新思路

"韧性"最早属于机械学概念，1973 年霍林（Holling）先后将其引入到生态学和社会生态学领域，并形成韧性理论。韧性理论因强调系统的非均衡、非线性的演化思维受到国内外学者的热切关注，被广泛地运用到社会生态学、经济学、管理学、城市规划学等多学科领域[1][2]。相比较可持续发展的静态思维，韧性理论更强调过程及适应[3]，强调系统的动态变化和适应，因此韧性理论也被认为是可持续发展理论的拓展，已成为新时代可持续发展研究新的热点。

城市竞技体育作为一个动态开放的复杂系统，在发展过程中必然受到内外环境变化的影响，环境的复杂多变以及快速城市化进程加剧了城市竞技体育发展中各类矛盾和风险发生，竞技体育发展面临战略转型和成绩提升的双重压力，各种可以预见和难以预见的风险因素明显增多[4]。而韧性理论强调系统在应对外部动态的变化，做出相应反应，及时、有效地恢复并保持系统基本功能的运行，更为重要的是系统能够从变化中恢复后"进化"到一种新的稳定的状态，可以综合地全面地表征城市竞技体育系统在应对城市竞技体育发展中各类矛盾和风险、抵御外界冲击时所表现出来的适应环境变化的能力。因此基于韧性理论，以复杂性和动态性思维对城市竞技体育发展应对风险扰动过程中的动态发展能力进行研究，将为新时代城市竞技体育发展，尤其是超大城市竞技体育发展问题研究提供新的思路。

① 许婵，赵智聪，文天祚. 韧性——多学科视角下的概念解析与重构[J]. 西部人居环境学刊，2017，32（5）：59-70.

② 杨敏行，黄波，崔翀，等. 基于韧性城市理论的灾害防治研究回顾与展望[J]. 城市规划学刊，2016（1）：48-55.

③ Desouza K C, Flanery T H. Designing, planning, and managing resilient cities: A conceptual framework[J]. Cities, 2013, 35 (dec.): 89-99.

④ 鲍明晓. 当前中国体育发展的内外环境分析[J]. 成都体育学院学报，2022，48（2）：1-5.

第二节　研究目的与意义

一、研究目的

第一，基于韧性理论对我国超大城市竞技体育发展理论问题进行分析，为新发展阶段我国超大城市竞技体育实现高质量、自适应式以及再生式发展提供新的研究思路和理论框架。

第二，基于韧性理论构建我国超大城市竞技体育发展评价指标体系，通过对上海市竞技体育发展情况进行评价以及分析影响因素和作用机制，探寻上海市竞技体育发展的现状和经验，挖掘上海市竞技体育发展中的具体问题，将韧性理论研究与实践相结合，为相关部门制定与实施竞技体育发展政策提供参考和借鉴。

二、研究意义

（一）理论意义

本研究以我国超大城市为研究对象，将韧性理论引入我国超大城市竞技体育理论与实践研究中，基于韧性理论，以动态思维方式研究我国超大城市竞技体育发展问题，为我国超大城市竞技体育发展提供新的研究视角和研究思路；同时丰富和充实我国城市竞技体育理论的内容，推进竞技体育理论的发展。

（二）实践意义

超大城市对我国经济发展起到重要的引领作用，上海是我国竞技体育发展的排头兵，本研究通过对上海市竞技体育的发展情况进行评价，解析上海市竞技体育发展影响因素间的作用机制，为推动上海市竞技体育改革，落实《体育强国建设纲要》《著名体育城市建设》等政策，实现上海市竞技体育率先发展提供思路借鉴和经验参考，也为我国其他超大城市竞技体育发展提供经验借鉴。

第三节　研究对象与思路

一、研究对象

本研究的研究对象是我国超大城市竞技体育发展。

二、研究思路

首先，本研究在对我国超大城市竞技体育发展所面临的内外环境挑战、竞技体育发展系统的演进模式和系统特征分析的基础上，对韧性理论应用于我国超大城市竞技体育发展研究的适用性进行分析。

其次，借鉴不同学科领域中韧性理论成熟的研究成果，基于韧性理论对我国城市竞技体育发展的演进过程、特征和内涵进行分析。

再次，采用德尔菲法和综合赋权法构建了我国超大城市竞技体育发展评价指标体系。接着以所构建的评价指标体系为测量工具，以上海市为例，采用 TOPSIS 综合评价法（Technique for Order Preference by Similarity to an Ideal Solution）对 2011—2020 年的上海市竞技体育系统的韧性水平和各子系统的韧性水平进行测度；通过构建障碍度模型对 2011—2020 年的上海市竞技体育发展的关键影响因素进行识别；通过构建灰色 BP（Back Propagation）神经网络模型对 2021—2030 年的上海市竞技体育系统的韧性水平和各子系统的韧性水平进行预测。

从次，在对上海市竞技体育发展进行评价的基础上，对上海市竞技体育发展的影响因素以及作用机制进行了分析。

最后，基于上海市竞技体育发展的评价结果和上海市竞技体育发展影响因素及其作用机制的结果，提出我国超大城市竞技体育发展的提升策略。

研究思路图如图 1-1 所示：

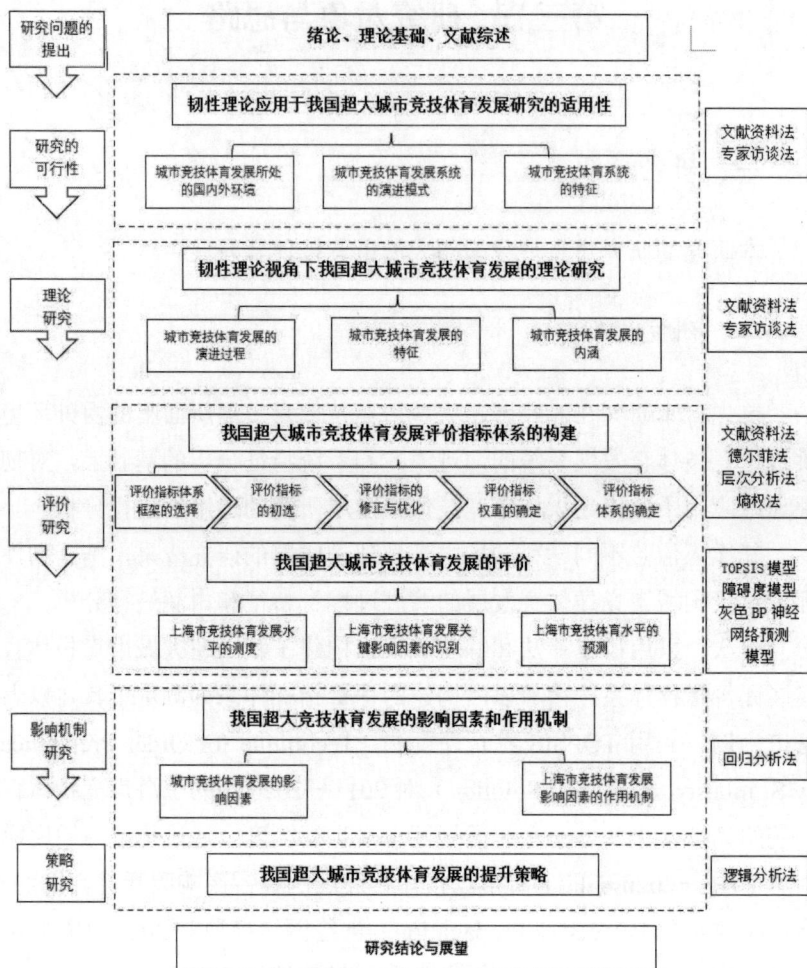

图1-1　研究思路图

第四节　研究内容与方法

一、研究内容

(一)韧性理论应用于我国超大城市竞技体育发展研究的适用性

在对我国超大城市竞技体育发展所处的内外环境挑战、城市竞技体育发展系统的演进模式和系统特征分析的基础上，对韧性理论应用于我国超大城市竞技体育发展研究的适用性进行了分析。

(二)韧性理论视角下我国超大城市竞技体育发展的理论研究

借鉴不同学科领域中韧性理论成熟的研究成果，基于韧性理论对我国超大城市竞技体育发展的演进过程、特征和内涵进行了分析。进一步从理论层面对韧性理论视角下的我国超大城市竞技体育发展问题进行探讨，为后续实证研究奠定理论基础。

(三)我国超大城市竞技体育发展评价指标体系的构建

在韧性理论视角下，基于我国超大城市竞技体育发展的演进过程，构建我国超大城市竞技体育发展的评价指标体系，为我国超大城市竞技体育发展评价提供测量工具。

(四)我国超大城市竞技体育发展的评价

以上海市为实证对象，以我国超大城市竞技体育发展评价的指标体系为测量工具，对上海市竞技体育的发展情况进行评价。评价的内容包括三部分：(1)2011—2020年上海市竞技体育系统韧性总体水平和各子系统的韧性水平的测度。(2)2011—2020年上海市竞技体育发展的关键影响因素的识别。(3)2021—2030年上海市竞技体育系统韧性水平的预测。

(五)我国超大城市竞技体育发展的影响因素和作用机制

基于韧性理论对影响我国超大城市竞技体育发展的因素进行分析，提出了影响因素间的关系假设，构建我国超大城市竞技体育发展影响因素间的作用关系模型。通过回归分析，对上海市竞技体育发展影响因素间的相互作用关系进行检验，解析上海市竞技体育发展影响因素间的作用机制。

（六）我国超大城市竞技体育发展的提升策略

在韧性理论视角下基于上海市竞技体育发展的评价和影响因素作用机制分析的结果上，结合时代背景与发展实践的需求及其社会发展变化，提出我国超大城市竞技体育发展的提升策略。

二、研究方法

（一）文献资料法

第一，通过上海图书馆、上海体育大学图书馆、京东商城图书频道等，借阅、购阅关于韧性理论、竞技体育发展等方面的书籍。通过复旦大学数字图书馆，查阅中国期刊全文数据库、维普全文数据库、Ebsco 数据库等电子资源，以"韧性""城市韧性""韧性评价""城市竞技体育""体育评价""竞技体育发展"等为中文关键词，"resilience""urban resilience""urban sports""city sports""sports resilience""DPSIR"等为英文关键词进行期刊论文检索。通过对文献资料的分析整理，为本研究奠定坚实理论基础。

第二，从《中国统计年鉴》《中国城市统计年鉴》中获得地区生产总值、人均 GDP、地方财政收入、人均可支配收入、城镇人口数、教育经费支出等城市发展类指标数据；从《中国体育事业统计年鉴》《中国体育年鉴》《上海统计年鉴》获取大部分竞技体育财政预算支出、体育科学技术经费支出、竞技体育经费占体育事业经费比重、体育场馆经费支出、优秀运动队运动员人数等城市竞技体育发展类指标数据；从官方网站、学术机构发布的公告、研究报告、行业报告等中获取相关资讯和信息，如国家体育总局官网、上海体育局官网查阅《上海市体育局政府信息公开工作年度报告》《上海市全民健身发展报告》《上海市体育产业统计公告》获取体育局主动公开信息数量、国民体质达标率、经常参加体育锻炼的人数占总人口比例、体育产业总值、体育产业占 GDP 比率等指标数据；从中国足协、篮协、排协官网以及中国非物质文化遗产网获取获世界冠军运动员人数、职业体育俱乐部成绩、国家级高水平后备人才培养基地数量、国家级体育非遗项目数等指标数据；对于官方未公布的数据，通过实地调研获得；另外，通过互联网 Google、Baidu 等搜索引擎等查阅相关报道。

（二）专家访谈法

本研究通过对专家学者和上海市体育局、上海市竞技体育管理中心、上海市青少年体育管理中心等竞技体育管理部门的领导、工作人员、教练员和运动员等进行半结构式访谈，搜集获取相关信息和数据资料。深入了解新发展阶段上海市竞技体育发展情况和发展特征，一方面为相关理论研究奠定基础，另一方面通过专家访谈，获取上海市竞技体育发展的相关信息和数据。

（三）专家调查法

即德尔菲法，它是对各类决策问题按照一定操作程序来征询专家的意见。本文在运用该方法时，根据已掌握的城市竞技体育发展评价的相关资料，在征询管理学、社会学、体育学有关专家意见的基础上，初步确定了专家咨询表，并提供相关背景材料以供专家参考。本研究聘请 20 位专家，通过三轮的专家调查咨询，对我国超大城市竞技体育发展的评价指标进行筛选。

（四）综合权重法

综合权重法是将主客观赋权法相结合，取长补短对指标进行赋权的方法。本研究采用了层次分析法（主观赋权法）和熵值法（客观赋权法）相结合的研究方法对超大城市竞技体育发展评价指标进行权重赋值。先分别采用层次分析法和熵值法计算各指标的权重，然后利用计算公式综合两种赋权的权重值，最后计算出综合权重值。

计算公式如下：

$$q_{j=\alpha_j}\beta + (1-\beta)w_j \tag{1-1}$$

其中，w_j 是熵值法求得的第 j 个指标的权重，a_j 是层次分析法求得的第 j 个指标的权重，本文假设两种赋权方法具有相同的重要性，取 $\beta = 0.5$。

（五）数量研究法

数量研究法指的是通过对所研究对象的发展规模、发展速度、发展程度等数量关系的分析及研究，也称统计和定量分析法，从而认识和揭示事物间的相互关系、变化规律和发展趋势，旨在达到对事物的正确解释和预测的研究方法。数量法里数量分析不仅仅是统计分析，对重要问题的研究，应在调查收集各种数据资料的基础上建立数学模型，然后进行计算分析，预测事物的变化趋势。

本研究通过建立 TOPSIS 模型、障碍度模型以及灰色 BP 神经网络组合预测模型分别对上海市竞技体育系统的韧性水平进行测试，对影响上海市竞技体育发展的主要障碍因子进行识别，对未来上海市竞技体育系统的韧性水平进行预测，使用的计算软件有 Excle、SPSS 和 MATLAB。

1. TOPSIS 模型

目前在韧性和可持续发展评价研究中大多采用线性加权求综合分的方法，而这一综合评价是以评价指标的线性组合为前提的。TOPSIS 模型是一种有限方案多目标决策的综合评价方法之一，是一种适用于多项指标、多个方案进行选择的非线性分析方法[①]。TOPSIS 模型通过计算被评价对象与理想目标之间的距离，得到较为客观的评价结果，确定指标到正、负理想解的距离采用欧式计算法。该模型适用性广、计算量少、原理简单，可对城市韧性、系统可持续发展力、恢复力、承载力等类似问题做出合理科学的综合评价[②③④]。

因此，基于我国超大城市竞技体育系统的复杂性和非线性的特征，本研究采用 TOPSIS 模型对 2011—2020 年上海市竞技体育系统的韧性

① 赵领娣，王海霞，乔石，等. 用熵权的 TOPSIS 法评价城市经济实力[J]. 数学的实践与认识，2017，47（24）：301-306.

② 陈晓红，娄金男，王颖. 哈长城市群城市韧性的时空格局演变及动态模拟研究[J]. 地理科学，2020，40（12）：2000-2009.

③ 施生旭，童佩珊. 中国各地区产业结构优化评价及障碍因素研究——基于 DPSIR-TOPSIS 模型[J]. 河北经贸大学学报，2020，41（2）：54-64.

④ 满江虹，邵桂华，王晨曦. 基于 PSR 模型的我国体育场地公共服务承载力评价与空间特征[J]. 天津体育学院学报，2018，33（5）：369-377.

水平进行测量。

2. 障碍度模型

障碍度模型是通过计算各指标对评价结果影响的障碍程度，找出制约事物发展的关键影响因素，厘清对评价结果产生影响的主要因子，明晰影响因素对评价结果的影响程度。本研究采用障碍度模型对2011—2020 年上海市竞技体育发展的主要阻碍因素进行识别，为制定科学、合理的政策提供科学依据。障碍度通过因子贡献度、指标偏离度和障碍度进行综合分析诊断，障碍度计算步骤如下：

第一步：计算各项指标因子的贡献度。

F_j 为第 j 个指标的贡献度，其中 R_j^* 为第 j 个指标所对应指标的权重，计算公式为：

$$F_j = R_j R_j^* \qquad (1\text{-}2)$$

第二步：计算各项指标的偏离程度。

G_j 为第 j 个指标的偏离度，x_{ij} 为标准化后的各指标数据，计算公式为：

$$G_j = 1 - x_{ij} \qquad (1\text{-}3)$$

第三步：计算各项指标的障碍度。

H_j 为第 j 个指标的障碍度，计算公式为：

$$H_j = F_j G_j / \sum_{j=1}^{n} F_j G_j \qquad (1\text{-}4)$$

3. 灰色 BP 神经网络预测模型

灰色 BP 神经网络预测模型是将灰色 GM（1，1）和 BP 神经网络预测模型相结合的预测模型。灰色 GM（1，1）预测模型的主要原理是通过建立微分方程，对原始数据进行微分拟合，经累加的方法处理过后，将所获取到的数据合并到预测模型对预测结果进行还原处理[①]。BP 神经网络预测模型是一种基于误差反向传播算法的人工神经网络，能够把一组样本输出的问题转化为一个非线性优化的问题。其优点是

---

① 唐林俊，宁晓骏，李杨，等. 基于灰色理论与 BP 神经网络的隧道围岩变形预测[J]. 工业安全与环保，2021，47（10）：88-93.

能够模仿多种函数，在不需要事先假定数据间存在某种函数关系的同时可以充分利用现有信息，防止信息损失①。尽管灰色 GM（1，1）预测模型具有建模"小数据、贫信息"的优点，利用灰色理论的累加算子能够一定程度消除数据序列的随机冲击扰动项对系统的影响，然而经典的灰色 GM（1，1）模型对长期预测的精度不高，而 BP 神经网络预测模型对复杂非线性系统的预测具有较好的曲线拟合能力及其强大容错能力和自适应能力的优点。基于此，本研究将结合灰色 GM（1，1）和 BP 神经网络预测模型的优点，构建了基于灰色 GM（1，1）和 BP 神经网络的组合预测模型，对 2021—2030 年上海市竞技体育系统的韧性水平进行预测。

（六）比较研究法

本研究运用纵向比较法对 2011—2020 年上海市竞技体育系统的总体韧性水平、各子系统韧性水平以及主要障碍因子的时序演变结果进行分析。对 2021—2030 年上海市竞技体育系统的总体韧性水平、各子系统韧性水平及演变结果进行分析。

第五节　研究重点、难点与创新点

一、研究重点

第一，"韧性理论应用于我国超大城市竞技体育发展研究的适用性"是本研究的切入重点，是把握我国超大城市竞技体育发展方式存在的现实问题与转型方向。

第二，"我国超大城市竞技体育发展评价指标体系的构建"是本研究的核心重点，是将理论转化为实践，解决如何提升我国超大城市竞技体育系统韧性的关键。

---

① 闻新. MATLAB 神经网络仿真与应用[M]. 北京：科学出版社，2003：76-78.

二、研究难点

第一，"韧性理论视角下我国超大城市竞技体育发展的理论研究"是本研究的理论研究难点，这些部分不仅需要掌握韧性理论、复杂生态系统等理论的研究分析框架和理论模型，而且需要深刻理解韧性发展的内涵与要求，同时需要二者在我国超大城市竞技体育发展问题上实现有效结合。

第二，"上海市竞技体育发展的评价"是本研究的实证研究难点。一方面，该部分不仅需要获取近10年的上海市竞技体育的基础数据与职业体育联赛数据，数据年限跨度较长，数据量较大，而且有些数据如竞技体育经费占体育事业经费比重、职业体育俱乐部成绩、体育彩票公益基金竞技体育支出等数据还需要计算和转换，数据获取方面具有较大的难度。另一方面，本研究需要通过构建数学模型对上海市竞技体育系统的韧性水平进行测算，对影响上海市竞技体育发展的主要障碍因子进行识别，对上海市竞技体育发展态势进行预测。数学模型的构建、检验、求解和应用需要一定的数学基础和计算机应用的能力，数学模型建构方面也具有较大的难度。

三、研究创新点

（一）理论创新

本研究将"韧性理论"引入到我国超大城市竞技体育系统领域的研究中，借鉴不同学科领域中韧性理论的研究成果，以一种动态思维方式，从我国超大城市竞技体育系统抵抗风险和冲击扰动的演进过程视角，基于系统发展的阶段过程序列，对我国超大城市竞技体育系统在应对风险扰动时表现出的稳定性、抵抗力、恢复力和适应力进行研究。从一个崭新的视角对我国超大城市竞技体育系统发展问题进行探讨，能够为我国城市竞技体育发展研究提供一种新的逻辑起点，有助于促进我国城市竞技体育可持续发展研究走向深入。同时，也为我国竞技体育发展提供新的研究视角和研究思路，丰富和充实竞技体育理论的内容，推进竞技体育理论的发展。

（二）研究方法创新

本研究借助数学研究的方法，通过构建数学模型，对上海市竞技体育系统的韧性水平、障碍因子和发展态势分别进行测量、识别与预测，一定程度上弥补了当前以传统的数理特征分析竞技体育发展水平的惯习，以此为解决有着不确定性和复杂性的竞技体育发展系统问题提供一种新的思路。

第二章　理论基础与文献综述

第一节　核心概念

一、超大城市

超大城市是按照城市人口数量将城市进行等级划分得到的城市规模级别之一，除此之外还有特大城市、Ⅰ类大城市、Ⅱ类大城市、中等城市等。由于城市化的快速发展，我国人口规模不断增加，1995年至今我国城市等级标准经历了5次调整和变迁[①]。本研究中使用最近一次的等级标准，即2014年的《关于调整城市规模划分标准的通知》中出台的，将城市规模按照城区常住人口数量划分为"五类七档"，具体而言，按照城区常住人口数量，超大城市人口数高于1000万，特大城市人口数500万—1000万之间，大城市人口数100万—500万之间，中等城市人口数50万—100万之间，小城市人口数<50万。该标准被大多数学者所应用，被广泛认可，且2019年国家发展和改革委员会基于该标准制定了不同分类城市的落户和户籍管理政策，显示了该划分标准的合理性，因此，本研究中的超大城市也按照此标准进行界定，指城市人口数超过1000万的城市。根据住房和城乡建设部于2022年10月公布的《2021年城市建设统计年鉴》，全国共有超大城市8个，分别为上海、北京、深圳、重庆、广州、成都、天津、武汉[②]。

---

① 王雪芹，王成新，崔学刚. 中国城市规模划分标准调整的理性思考[J]. 城市发展研究，2015，22（3）：113-118.

② 中华人民共和国住房和城乡建设部. 2021年城市建设统计年鉴[EB/OL].（2022-10-12）[2023-09-29]. https://www.mohurd.gov.cn/gongkai/fdzdgknr/sjfb/tjxx/index.html.

二、竞技体育

20 世纪 70 年代末，谷世权、过家兴在《体育是一门综合科学》中将体育划分为大众体育和竞技体育，明确提出竞技体育的概念，指出竞技体育是不断提高各项运动技术水平和成绩，夺取比赛优胜的一个体育分支①。1981 年和 1990 年全国体育学院通用教材《体育理论》和《运动训练学》分别将竞技体育定义为：为了最大限度发挥个人或集体的运动能力，争取优异成绩而进行的运动训练和竞赛，和在全面发展身体，最大限度挖掘和发挥人在体力、心理、智力等方面潜力的基础上，以提高运动技术水平和创造优异运动成绩为主要目的的一种活动过程②③。此后的体育专业教材也大体秉承这一定义的基本思路，即竞技体育就是以争取优异竞赛成绩为主要目的的高水平体育运动。

然而我国仍有不少学者对竞技体育概念存在质疑，部分学者在研究了国外 sport 的定义、历史演变及竞技体育（竞技运动）的特点、属性等基础上，提出了不同的竞技体育定义。周爱光认为竞技运动是一种具有规则性、竞争性或挑战性、娱乐性、不确定性的身体活动，并强调不能将竞技运动只解释成为高水平选手竞技运动或锦标竞技运动④。任海把竞技体育定义为是参与者通过直接或间接的身体对抗，相互激发潜能，促进其身体、心理和社会行为健康发展的体育活动，并认为它应该是一种提供给大众参与的体育形态⑤。辜德宏将竞技体育定义为一种具有组织性、规则性、竞争性或挑战性、娱乐性、不确定性的较量专项体能或技能的人文活动，并认为它具有不同程度的强化专项体能或技能、正式或非正式的组织形式及竞赛方式、多样化的参

---

① 颜天民. 竞技体育的意义：价值理论研究探微[M]. 北京：北京体育大学出版社，2003.

② 全国体育学院教材委员会. 体育理论[M]. 北京：人民体育出版社，1981.

③ 全国体育学院教材委员会. 运动训练学[M]. 北京：人民体育出版社，1990.

④ 周爱光. 试论"竞技体育"的本质属性——从游戏论的观点出发[J]. 体育科学，1996（5）：4-12.

⑤ 任海. "竞技运动"还是"精英运动"？——对我国"竞技运动"概念的质疑[J]. 南京体育学院学报（社会科学版），2011（6）：1-6.

与目标体验与收获、大众化的目标人群等特点①。本研究中的竞技体育概念是在周爱光教授对竞技体育定义的基础上，倾向于认为竞技体育指的是参与者在一定规则下，以获得优异竞赛成绩为主要目的的竞争性或娱乐性的身体活动。

我国竞技体育可以分为专业体育和职业体育。专业体育是以专业体制为核心，以创造优异运动成绩为主要目的的高水平竞技体育②。职业体育是在市场经济条件下，将职业运动员高水平体育竞赛及相关产品作为商品来经营，从中获得经济利益的一种体育经济活动③。本研究中的竞技体育包括了专业体育和职业体育。

三、城市竞技体育

城市是人类社会从野蛮到文明演进过程中的重要产物④。城市是一个地理概念，也是一个涉及政治、经济等社会多方面的综合的概念⑤。本研究主要从系统学⑥、人口学⑦和城市学科⑧视角，将城市理解为具有一定人口规模的居民集聚形成的较大区域空间，是城市各要素有机结合的复杂动态系统。目前学术界并未对城市竞技体育概念进行明确的界定。齐书春认为城市竞技体育是指在城市空间范围内，以创造优异的体育运动比赛成绩，推动城市发展、塑造城市文化特色、满足城市居民体育观赏需要的各类体育活动及其现象⑨。刘德明将城市体育定义为以参与全国城市运动会为主要目标的竞技运动，并认为城

---

① 辜德宏. 我国竞技体育发展方式转变的逻辑起点辨析[J]. 天津体育学院学报,2015,30(5)：383-387.

② 刘仁盛，庞立春. 我国竞技体育后备人才培养研究[J]. 中国体育科技，2017，53（4）：42-47.

③ Friedman A, Phillips M. Balancing strategy and accountability: A model for the governance of professional associations[J]. Nonprofit Management and Leadership, 2004, 15 (2): 187-204.

④ [美] 刘易斯·芒福德. 城市发展史——起源、演变和前景[M]. 宋俊岭，倪文彦，译. 北京：中国建筑工业出版社，1989：417.

⑤ 何一民. 中国城市史[M]. 武汉：武汉大学出版社，2012：2.

⑥ 朱铁臻. 城市现代化研究[M]. 北京：红旗出版社，2002：137-138.

⑦ 谢文蕙，邓卫. 城市经济学[M]. 北京：清华大学出版社，1996：1.

⑧ 董增刚. 城市学概论[M]. 北京：北京大学出版社，2013：1.

⑨ 齐书春，城市体育和谐发展研究[M]. 西安：西北工业大学出版社，2015.

市体育已经逐渐形成了一种偏重于竞技体育而社会体育相对偏弱发展的一种体育现象，城市体育的发展也必然会受到城市经济、社会、政治、文化、教育、自然资源等多方面的影响①，这里的"城市体育"实际指的就是"城市竞技体育"。

本研究在齐书春对城市竞技体育概念定义的基础上，综合城市的概念，倾向于认为"城市竞技体育"是具有一定人口规模的城市区域空间系统范围内，参与者在一定规则下，以创造优异的竞赛成绩、满足城市居民竞技体育需求和推动城市政治、经济、文化等发展为目标的竞争性或娱乐性的身体活动。

四、韧性

（一）工程韧性

"韧性"最早来源于机械学，英文为"resilience"，也可被翻译为"弹性""恢复力""抗逆力"等，根据所研究的领域不同，其译法含义和所揭示的原理也不尽相同②③④。当前，学界已基本达成共识，认为"resilience"译作"韧性"最接近其学术概念内涵的主流认识⑤。最早的韧性（resilience）概念出现在物理学领域，由亚历山大提出，指的是物体受到外力或受到压迫时发生变形使其恢复成原有形状的能力。加拿大生态学家 Holling 最早于 1973 年将"韧性"概念引入到生态学领域对系统问题进行研究，并命名其为"工程韧性"，用来描述系统受到扰动时恢复到原有均衡状态的能力，强调系统的恢复性⑥。工程韧性

---

① 刘德明. 我国城市体育发展及其与主要社会因素间的相关分析[J]. 南京体育学院学报（社会科学版），2009，23（2）：95-98.

② 胡晓辉. 区域经济弹性研究述评及未来展望[J]. 外国经济与管理，2012，34（8）：64-72.

③ 彭翀，袁敏航，顾朝林，等. 区域弹性的理论与实践研究进展[J]. 城市规划学刊，2015（1）：84-92.

④ 许婵，赵智聪，文天祚. 韧性——多学科视角下的概念解析与重构[J]. 西部人居环境学刊，2017，32（5）：59-70.

⑤ 江辉，徐蕴雪，卢思琪，等. 恢复力，弹性或韧性?——社会–生态系统及其相关研究领域中"Resilience"一词翻译之辨析[J]. 国际城市规划，2017，32（4）：29-39.

⑥ Holling C S. Resilience and Stability of Ecological Systems (1973)[J]. Annual Review of Ecology and Systematics, 1973, 4 (4): 1-23.

认为系统处于单一均衡状态，但是城市竞技体育等系统不可能处于均衡状态，城市竞技体育系统内要素的结构和功能随时间不断改变，因此，工程韧性概念具有局限性。

（二）生态韧性

1996 年 Holling 重新把"工程韧性"定义为"生态韧性"，并将其概念内涵拓展为：系统受到外界不利冲击时，系统改变前能吸收的冲击量级及系统改变后恢复到原有均衡或新均衡状态的能力，强调系统的抵抗和恢复性[1][2]。生态韧性的概念主要应用于生态学领域，强调了系统的多重均衡性，冲击和扰动可以改变系统的结构和功能，引起系统从一个均衡状态转入另一个均衡状态[3][4]。

尽管生态韧性的概念比工程韧性要全面，但是仍未摆脱均衡论观点。城市竞技体育系统是不断演化发展的，系统演化依赖于各城市竞技体育主体学习、调整和创新行为，这些行为是持续发展的，城市竞技体育系统不可能处于均衡状态，城市竞技体育发展过程是一个动态演进的过程，因此，生态韧性对于城市竞技体育系统仍然具有局限性，越来越多的学者从动态演进的视角去看待竞技体育的发展。

（三）演进韧性

2004 年，Walker 等提出了"社会-生态系统韧性"，认为韧性不能仅仅被看成是对系统状态的一种恢复能力，还应该是涵盖变化、适应、转变在内的能力[5]。2012 年，Davoudi 把社会-生态系统韧性定义为演进韧性或适应韧性[6]，认为系统韧性是系统自身和系统外部环境相互

---

① Holling C S. Engineering resilience versus ecological resilience [M]//Schulze P. Engineering within Ecological Constraints. Washinfton, D C: National Academic Press, 1996: 31-44.

② Ludwig D. Barriers and bridges to the renewal of ecosystems and institutions[J]. Ecological Economics, 1996, 19 (2): 185-188.

③ Reggiani A. Network resilience for transport security: Some methodological considerations[J]. Transport Policy, 2013, 28: 63-68.

④ Fingleton B, Garretsen H, Martin R. Recessionary shocks and regional employment: Evidence on the resilience of UK regions[J]. Journal of Regional Science, 2012, 52 (1): 109-133.

⑤ Walker B, Holling C S, Carpenter S R, et al. Resilience, adaptability and transformability in social-ecological systems[J]. Ecology & Society, 2004, 9 (2): 5-5.

⑥ Davoudi S, Shaw K, Haider L J. Resilience: A bridging concept or a dead end?[J]. Planning Theory & Practice, 2012, 13 (2): 299-333.

依赖的，外部环境的扰动是系统自身发展的动力，最终系统将会适应外部扰动，并与外部扰动达到共生的状态。演进韧性更多强调的是系统的复杂适应性与非均衡连续性[①]，从演进视角出发，韧性被假定是一个不断进行的过程，而不是恢复到稳定均衡状态。演进韧性认识到系统的非均衡演化特征[②]，强调系统通过不断调整自身系统要素结构以适应冲击扰动，最终实现系统长期发展的能力。

如表 2-1 所示，从 19 世纪中叶开始，韧性的概念经历了从"工程韧性"到"生态韧性"再到"演进韧性"三个阶段不同范式的演变，内涵不断丰富，研究领域不断扩展，"韧性"也已由一个单一的概念过渡成为一种系统性的概念[③]。演化韧性摒弃均衡论思想，强调系统的动态性和非均衡性的演化特征，注重系统的适应学习能力，被得到普遍的认可[④]。

城市的竞技体育发展过程是动态演化的，受外部环境和内部因素共同影响的，具有开放结构特征[⑤⑥⑦]。对于城市竞技体育系统而言，形成一个"合理缓冲"以"从容应对"不确定扰动的"韧性系统"至关重要。因此，本研究中的韧性概念基于演进韧性的视角，借鉴 Serfilippi

① Simmie J, Martin R. The economic resilience of regions: towards an evolutionary approach[J]. Cambridge Journal of Regions Economy & Society, 2010, 3 (1): 27-43.

② Pendall R, Foster K A, Cowell M. Resilience and regions: Building understanding of the metaphor[J]. Cambridge Journal of Regions, Economy and Society, 2010, 3 (1): 71-84.

③ 杨敏行，黄波，崔翀，等. 基于韧性城市理论的灾害防治研究回顾与展望[J]. 城市规划学刊，2016（1）：48-55.

④ 李连刚，张平宇，谭俊涛，等. 韧性概念演变与区域经济韧性研究进展[J]. 人文地理，2019，34（2）：1-7.

⑤ 邵桂华，满江虹. 基于系统动力学的我国竞技体育可持续发展能力研究[J]. 体育科学，2010（1）：36-43.

⑥ 邵桂华. 我国竞技体育系统耗散结构形成的路径[J]. 上海体育学院学报，2021（5）：12-16.

⑦ 陈颇. 中国区域竞技体育发展的外部环境综合测评与分类特征[J]. 西安体育学院学报，2013（3）：267-274.

等[1]、Constas 等[2]和 Béné 等[3]的思想，将"韧性"概念理解为：系统抵抗、吸收、恢复和适应各种干扰的能力，更多强调的是系统动态的调节、适应和创新发展的能力，实现系统由原有的状态向新的状态转变的过程。

表 2-1　三种韧性概念的比较

韧性	概念定义	内涵	系统特征	本质目标	适应系统
工程韧性	系统受到扰动后能够恢复到原有均衡状态的能力。	系统受到冲击后恢复到原先状态，强调恢复速度和程度。	有序线性单一稳定	抵抗-恢复	物理系统
生态韧性	系统在不改变自身结构、功能和同一性的前提所能承受的抗干扰能力。	系统受到冲击影响从一个均衡状态进入另一个均衡状态，强调系统结构和功能的稳定性。	复杂非线性多重平衡	应对-重组-适应	生态系统
演进韧性（社会-生态韧性）	系统在遭遇外部冲击和干扰之后，不断适应、调整、恢复和改进系统的能力。	韧性是一个不断演化的过程，具有创造新发展路径的可能，强调系统结构和功能的适应转化。	混沌复杂适应	调整-重组-适应-改进	社会-生态系统

资料来源：作者根据文献资料整理。

① Serfilippi E, Ramnath G. Resilience measurement and conceptual frameworks: A review of the literature[J]. Annals of Public and Cooperative Economics, 2018, 89 (4): 645-664.

② Constas M A, Mattioli L, Russo L. What does resilience imply for development practice? Tools for more coherent programming and evaluation of resilience[J]. Development Policy Review, 2021, 39 (4): 588-603.

③ Béné C, Newsham A, Davies M, et al. Review article: Resilience, poverty and development[J]. Journal of International Development, 2014, 26 (5): 598-623.

第二节　理论基础

一、复杂系统理论

　　复杂系统存在于世界的各个地方，是能够根据局部信息智能地、自主地、自适应地做出行动的主体系统。目前学术界对于复杂系统的定义还没有统一，然而对于复杂系统基本特征的认识是大体一致的，一般认为，复杂系统具有如下特征：（1）复杂系统不是繁杂的系统，是一种复合的系统。（2）复杂系统不是随机的系统，也不是简单的系统。（3）复杂系统属于一种非线性系统。（4）复杂系统内部有众多子系统，而且这些子系统间相互协同、相互依赖、一同进化。而且这些子系统会有不同的层次分类，大小也互不相同。复杂系统一般被认为具有非线性、不确定性、自适应性、动态性、突现性等特征。

　　复杂系统理论兴起于 20 世纪 90 年代的交叉学科，属于系统科学的一部分，是一种综合集成式的理论。复杂系统理论包括了协同学理论、耗散结构理论、混沌理论、自组织理论、复杂适应系统理论、突变理论、分形理论、超循环理论等，复杂系统理论打破了传统的线性因果关系，揭示了事物的非线性、动态性和复杂性等特点。复杂系统理论通常也被认为是一种复杂适应系统，介于有序和无序的完全状态中间。复杂系统理论认为，世上所有的事物都可以自成系统，同时又归属于一个更上层更高级的系统，而且每一个系统仅是构成大系统内的一个或几个要素，或者是作为这个大系统上某一个层次的事物，其系统内部的要素要和谐、共生和协调，是系统存在和发展的动力。复杂系统理论强调了系统的自适应性、自组织性，强调运用还原论和整体论二者相结合的方法来分析系统，对一切事物的存在、发展的作用机理能够做出超越了矛盾二元结构的立体的理解。钱学森等提出了开放的复杂巨系统的概念，并总结出"从定性到定量的综合集成法"来处理这类复杂系统的方法论。系统方法通常是指用系统的观点认识和处理问题的方法，也即把研究对象当作系统来认识和处理的方法。系统论是复杂系统理论的兴起和发展的基础，系统论和复杂系统理论为解释、研究和揭示复杂系统中各子系统内在联系和整体功能提供了理论支撑。

当前复杂系统理论已经在生态学、社会学等领域被广泛应用，其中最为经典的是应用于社会生态学系统、城市生态系统和社会复杂系统等。

竞技体育是一个包含了运动员、教练员、科研人员、保障人员、管理体制等各种要素及其相互关系之上开放的复杂的大系统。在同一系统中，虽然各要素都是不同性质的系统，都有各自的结构、功能和发展规律，但其各自的存在和发展又受其他系统结构和功能的制约，各要素之间存在复杂的非线性关系，并且与环境构成一个整体，任何一个要素的变化，都有可能由于这些联结关系而在系统内部进行传递和相干放大，引起其他要素变化并可能引起系统整体的巨大改变，各要素间的联系和制约呈现了竞技体育的本质属性——复杂性和综合性[1]。城市本身就是一个生态系统，是城市居民与其环境相互作用而形成的统一整体，是一种"自然-社会-经济"复合生态系统。

因此，城市竞技体育作为人与自然的复杂空间综合体，城市竞技体育与复杂系统的基本特征是一致的，具体目标就是定量反映和表达复杂系统各要素间的关系。而这种关系到底以何种方式进行度量，在以往的研究中未得到充分重视。复杂系统理论为城市竞技体育要素间的关系度量提供了新思路，本研究将利用系统分析方法，基于城市竞技体育这一复杂系统，对城市竞技体育系统各组成要素间的关联性进行分析，建立起城市竞技体育系统的层次结构，从逻辑上建立起城市竞技体育发展影响因素间的相互关系模型，在韧性理论视角下探寻城市竞技体育发展的路径。

---

① 邵桂华. 中国竞技体育可持续发展研究综述[J]. 沈阳体育学院学报，2014（5）：57-63.

二、适应性循环理论

适应性循环理论是以 Holling 为首的著名国际性学术组织"恢复力联盟"基于传统的生态系统演进的观点上的补充和延伸，传统的生态系统观点认为生态系统的演进是由开发（受干扰地区的快速建群行为）和保护（能量和物质的缓慢积累与存储）两个功能控制①。如图 2-1 所示，Holling 将释放和重组 2 个动态过程补充进传统的生态系统演进过程，并引入了韧性的概念，指出生态系统在"潜力-连接-韧性"三重属性交互的驱动作用下经历"开发（exploitation）、保存（conservation）、释放（release）和重组（reorganization）"4 个阶段，并进行周期性循环，构成适应性循环②。每个阶段分别具有潜力、连接和韧性三种属性，其中潜力指的是系统所拥有的累计资本，反映系统演进的物质基础；连接度指的是系统与外届或系统内部各组分之间的联系程度；韧性指的是维持系统持续发展的路径创造和结构调整适应能力③④。该理论反映的是复合生态系统在受到外界干扰后所进行的自组织和构建恢复能力的演进模式⑤⑥。

---

① 孙晶，王俊，杨新军. 社会-生态系统恢复力研究综述[J]. 生态学报，2007（12）：5371-5381.

② Gunderson L H, Holling C S. Panarchy: Understanding transformations in human and natural systems[M]. Chicago: Island Press, 2002.

③ Simmie J, Martin R. The economic resilience of regions: Towards an evolutionary approach[J]. Cambridge Journal of Regions, Economy and Society, 2010, 3 (1): 27-43.

④ 李连刚，张平宇，谭俊涛，等. 韧性概念演变与区域经济韧性研究进展[J]. 人文地理，2019，34（2）：1-7.

⑤ 李博，史钊源 ，韩增林，等. 环渤海地区人海经济系统环境适应性时空差异及影响因素[J]. 地理学报，2018，73（6）：1121-1132.

⑥ Li B, Shi Z Y, Tian C. Spatio-temporal difference and influencing factors of environmental adaptability measurement of human-sea economic system in Liaoning coastal area[J]. Chinese Geographical Science, 2018, 28 (2): 313-324.

适应性循环　　　　　　　　"潜力-连接度-韧性"3D适应性循环

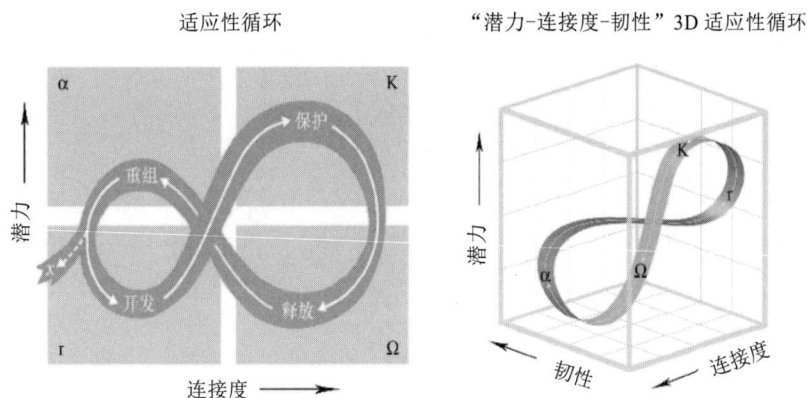

图2-1　适应性循环"潜力-连接度-韧性"3D适应性循环[①]

　　本研究将应用适应性循环理论对城市竞技体育发展的演进机制进行分析。城市竞技体育发展的演进过程，其实质就是在多重要素干扰下，城市竞技体育系统要素重组，结构重构，功能转型的过程，是一个沿着"开发-保护-释放-重组"阶段螺旋上升的阶段。

三、韧性理论

　　韧性概念的提出最早起源于生态学领域，意为系统对外界扰动的吸收和抵抗，从而保持其内部结构稳定的特性。韧性理论的研究经历了三次观念的转变，即从"工程韧性"到"生态韧性"再到"演进韧性"，随着韧性概念的转变，其理论内涵也得以不断得到丰富和拓展。

　　Holling最早以"工程韧性"的思维方式，将韧性引入到生态学研究领域，并将韧性定义为系统在遭受到外界扰动后，能够恢复到原来平衡状态的能力。该理论的核心思想如图2-2所示，认为系统仅有一个平衡状态，系统受扰动脱离平衡状态后，恢复到初始状态的速度能够反映出系统韧性的强弱。随着对系统内、外部环境互相交互作用的深入研究，Berkes等认为工程韧性的概念过于单一和僵化，基于生态学对其进行了概念的修正，认为系统的韧性存在于多个平衡状态，详

---

　　① Hagenlocher M, Renaud F G, Haas S, et al. Vulnerability and risk of deltaic social-ecological systems exposed to multiple hazards[J]. Science of the Total Environment, 2018, 631-632: 71-80.

见前文"韧性概念"部分①。

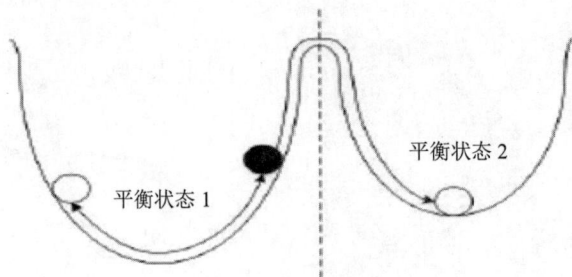

图 2-2　生态韧性图解

演进韧性不再认为系统存在规律性变化趋势，而是内外部扰动作用下不断经历着改变、适应与转化。系统内部与外部相互作用干扰形成的复杂扰动，导致系统产生不可预测的变化，经历过适应、重组等阶段后进而达到一种新的平衡状态，如此周而复始。演进韧性以Holling 和 Gunderson 提出的适应性循环理论为理论基础，体现了复杂系统在动态扰动下的变化历程②。

本研究将基于演进韧性概念及"韧性"三阶段演进曲线，以城市竞技体育系统扰动前、扰动中、扰动后的变化过程为切入点，阐述城市竞技体育系统在受到外部扰动时的作用过程。韧性理论能够形象地描述城市竞技体育系统发展变化过程，为城市竞技体育发展研究提供了新的研究视角。

四、复合生态系统理论

随着社会经济的快速发展，社会对自然环境的影响更加显著，两者之间的交往也逐渐增多。马世骏等提出了社会-经济-自然复合生态系统理论，开启了复合生态系统理论研究的先河。复合生态系统理论

---

① Berkes F, Folke C, Colding J. Linking social and ecological systems: management practices and social mechanisms for building resilience[M]. Cambridge: Cambridge University Press, 1998: 13-20.

② 许婵，赵智聪，文天祚. 韧性——多学科视角下的概念解析与重构[J]. 西部人居环境学刊，2017，32（5）：59-70.

认为，复合生态系统是由人类社会和自然环境共同构成的多层次、复杂的巨系统，它将自然子系统、社会子系统和经济子系统结合在一起，具体表现为各层之间的框架式结构，将人口聚居地、自然环境、社会经济等综合在区域内[1]-[5]。复合生态系统概念反映了人类与自然、社会等的协调关系，除了自然规律协调配置外，还包括人为调节、市场经济调节和社会调节。复合生态系统理论解决了传统科学单独研究自然和社会所不能实现的问题，同时把自然和社会的规律研究相互结合起来，能够识别人和自然作为物质运动的统一。

"社会""经济""自然"三个子系统在时间空间、结构数量和秩序等方面存在着耦合与统筹关系。复合生态系统具有结构完整性、恢复稳定性和协调同一性的特征，任何一个子系统的异常表现都会影响到其他子系统的发展，而且能够通过反馈的作用将影响作用扩大，最终可能导致整个复合系统退化。因此，只有保持复合系统结构的完整和功能的完善，才能保证其稳定有序自然发展。

城市是一种"自然-社会-经济"复合生态系统。城市竞技体育系统属于城市系统的一个子系统，同时竞技体育本身就是一个复杂的大系统，具有外在"驱动力"和内在"活力"属性[6]。鉴于此，本研究认为城市竞技体育系统本质上是一个复合生态系统，对城市竞技体育系统问题的研究应以复合生态系统为指导理论，充分考虑人类活动与城市竞技体育系统之间的关系，强调城市竞技体育的发展应适应城市的生态发展规律，服从并服务于生态系统，既能够实现城市竞技体育系统内部高效的一体化，又符合城市竞技体育可持续发展的目标。

城市竞技体育发展的研究可以认为是复合生态系统理论的具体表

① 王如松，赵景柱，赵秦涛. 再生 共生 自生——生态调控三原则与持续发展[J]. 生态学杂志，1989，8（5）：33-36.

② 彭天杰. 复合生态系统的理论与实践[J]. 环境科学丛刊，1990，11（3）：1-98.

③ 郝欣，秦书生. 复合生态系统的复杂性与可持续发展[J]. 系统科学学报，2003（4）：23-26.

④ 石建平. 良性循环的理论及其调控机制：循环经济研究新视角[M]. 北京：中国环境科学出版社，2006.

⑤ 李宾，张象枢. 复合生态系统演化过程的环境影响分析[J]. 环境与可持续发展，2009（2）：27-29.

⑥ 邵桂华. 中国竞技体育可持续发展研究综述[J]. 沈阳体育学院学报，2014（5）：57-63.

征，城市竞技体育强调研究"城市竞技体育-人类社会"复杂系统间互馈关系，具有巨系统、多要素、动态互馈等特性。本研究将基于复杂生态系统理论，从系统生命周期角度表现人与环境相互作用的关系，分析城市竞技体育发展的影响因素。

五、可持续发展理论

1987 年世界环境与发展委员会报告中，首次定义可持续发展，指"既能满足当代人类需求，同时又不损害子孙后代满足生存发展需求的能力"。可持续发展追求的是系统发展达到一种相对稳定，即维持在持续循环利用的水平上。可持续发展在人类社会发展过程中不断被提及，可持续发展是所有复杂大系统的终极目标所在，可持续发展意味着一种不间断的趋势。可持续发展概念及内涵具有复杂性、综合性、跨学科性等特征。当前可持续发展理论在城市方面的研究主要是在借鉴国外研究成果基础上不断创新改进，集中在城市可持续发展、城市生态安全以及城市生态健康等方面。可持续发展研究的概念框架主要有国际经济合作发展组织提出的"压力（Pressure）-状态（State）-响应（Response）"PSR 模型和"驱动力（Driving force）-状态（State）-响应（Response）"DSR 模型，以及欧洲环境署提出的"驱动力（Driving force）-压力（Pressure）-状态（State）-影响（Impact）-响应（Response）"DPSIR 模型等。

可持续发展的定义起源于 20 世纪 50 年代，人们审视产业革命的发展道路和由此带来的一系列全球严重问题，其核心理念是实现人与自然的和谐发展。韧性的概念与可持续发展的概念在内涵上是紧密相连的。21 世纪以来，伴随着全球对可持续发展问题的关注，学者们对韧性的研究也呈现出蓬勃发展的态势。韧性研究的通道是伴随着大量的探索性和实证研究的积累而逐步打开的。人们在关注不确定性的同时，不仅增强了对政治、经济、环境、社会、教育等风险的认识，也开始深入思考如何在全球化的进程中解决区域和地方更容易受到外部冲击所面临的现实困境。韧性研究被认为是可持续发展研究领域的扩展,强调系统的动态变化性和适应性,比对于可持续发展的静态思维,韧性更强调过程和适应,为城市,尤其是具有更高复杂性的超大城市在面对不确定性和复杂性条件下能够实现可持续发展提供了新的研究手段和路径。

本研究将选取可持续发展理论中的 DPSIR 理论模型作为超大城市竞技体育发展评价指标体系构建的理论框架以及超大城市竞技体育发展各影响因素间相互关系的理论模型。

六、相关理论对本研究的指导意义

前面分别介绍了复杂系统理论、适应性循环理论、韧性理论、复合生态系统理论和可持续发展理论的概念、基本内容等,对本研究的指导意义概括如表 2-2 所示:

表 2-2 相关理论对本研究的指导意义

理论	核心内容	指导意义
复杂系统理论	(1)揭示了事物复杂、动态以及非线性的特点。 (2)强调系统元素的自组织性,强调用整体论和还原论相结合的方法分析系统。	(1)城市竞技体育系统的复杂性决定了其不可确定性,应当接受这种不确定性,采取渐进式的规划思维。 (2)城市竞技体育本质上是一个集多种要素于一体的复杂系统,竞技体育与复杂系统的基本特征是一致的,应运用系统分析方法定量反映和表达复杂系统各要素间的关系,建立起城市竞技体育系统的层次结构。
适应性循环理论	(1)用以揭示绝大多数社会-生态系统发展的演化规律。 (2)认为社会-生态系统发展演化经过开发、保存、释放和重组 4 个阶段,每个阶段具有不同特征。 (3)反映了复合生态系统在受到外界干扰后所进行的自组织和构建恢复能力的演进模式。	(1)解析城市竞技体育发展韧性的演进机制。 (2)城市竞技体育发展的演进过程,其实质就是在多重要素干扰下,城市竞技体育系统要素重组,结构重构,功能转型的过程,是一个沿着"开发-保护-释放-重组"阶段螺旋上升的阶段。

续表

理论	核心内容	指导意义
韧性理论	（1）韧性的概念经历了工程韧性、生态韧性、演进韧性三个阶段不同范式的演变。 （2）演进韧性认为系统与外部环境是相互依赖的，外部环境的扰动是系统自身发展的动力，系统最终会适应外部扰动，达到与外部扰动共生的状态。 （3）演进韧性摒弃了工程和生态韧性的均衡思想，更多强调了系统的复杂性、适应性和非均衡性。	（1）韧性研究重点关注系统的自组织性与适应性，更多强调系统动态的调节和适应能力。 （2）韧性评价，特别是城市韧性评价研究已取得一定成果，其评价框架、指标的筛选、评价方法等对超大城市竞技体育发展评价研究具有借鉴意义。
复合生态系统理论	（1）复合生态系统是一个人类社会与自然环境组成的多层次复杂巨系统，结合了自然子系统、经济子系统和社会子系统。 （2）复合生态系统理论强调外部环境与人类活动的反馈关系，具有结构完整性、恢复稳定性和协调同一性的特征。	（1）城市竞技体育系统本质上是一个复合生态系统，对城市竞技体育系统问题的研究应以复合生态系统为指导，充分考虑人类活动与环境、自然与社会等的协同关系。 （2）超大城市竞技体育的研究可以认为是复合生态系统理论的具体表征。复合生态系统研究框架对超大城市竞技体育发展研究具有借鉴意义。
可持续发展理论	（1）可持续发展追求的是系统发展达到一种相对稳定，既维持在持续循环利用的水平上。 （2）可持续发展概念及内涵具有复杂性、综合性、跨学科性等特征。	（1）可持续发展意味着一种不间断的趋势，超大城市竞技体育的可持续发展，就必须基于复杂性思维，探寻超大城市竞技体育系统自我适应、自我演进的能力。 （2）可持续发展研究框架对超大城市竞技体育发展研究具有借鉴意义。

资料来源：作者根据文献资料整理。

第三节 文献综述

一、韧性理论的研究概述

近年来，随着全球金融危机、政治危机、气候变化等新形势的出现，尤其新冠疫情全球大流行，加速了风险的发生，各种类型"黑天鹅"和"灰犀牛"事件随时可能发生，世界面临更大的风险和不确定性[①]。因此，"韧性"应运而生，受到国内外学者的热切关注，被广泛地运用到社会生态学、经济学、管理学、城市规划学等多学科领域，已成为新时代可持续发展研究新的热点和焦点[②③]。

"韧性（resilience）"一词源于工程学概念，用以描述材料在外力作用下的抗压力、形变及复原的能力，也被翻译为"弹性"、"抵抗力"和"恢复力"等[④]。Holling 首次将"韧性"概念引入生态学领域对系统问题进行研究，并逐步发展成为"韧性理论"[⑤]。"韧性"概念主要经历了从"工程韧性"到"生态系统韧性"再到"社会生态系统韧性"的演变[⑥⑦]，"工程韧性"强调系统均衡和平衡状态，认为系统仅有一个平衡状态；"生态韧性"突破了工程韧性单一平衡的理念，基于生态学理论，强调了韧性和系统的联系，认为韧性在恢复系统均衡的基础上，

① Adger W N. Vulnerability[J]. Global environmental change, 2006, 16 (3): 268-281.

② 许婵，赵智聪，文天祚. 韧性——多学科视角下的概念解析与重构[J]. 西部人居环境学刊，2017，32（5）：59-70.

③ 杨敏行，黄波，崔翀，等. 基于韧性城市理论的灾害防治研究回顾与展望[J]. 城市规划学刊，2016（1）：48-55.

④ 汪辉，徐蕴雪，卢思琪，等. 恢复力，弹性或韧性?——社会-生态系统及其相关研究领域中 "Resilience" 一词翻译之辨析[J]. 国际城市规划，2017，32（4）：29-39.

⑤ Holling C S. Resilience and stability of ecological systems[J]. Annual Review of Ecology and Systematics, 1973, 4 (4): 1-23.

⑥ 邵亦文，徐江. 城市韧性：基于国际文献综述的概念解析[J]. 国际城市规划，2015（2）：48-54.

⑦ 倪晓露，黎兴强. 韧性城市评价体系的三种类型及其新的发展方向[J]. 国际城市规划，2021，36（3）：1-12.

更能进一步促进新的平衡，其系统具有多重平衡的特征；"社会生态韧性"将韧性概念从自然生态系统扩展到社会生态系统领域，不仅强调韧性平衡恢复，以及新的平衡状态，更强调系统在复杂社会生态系统中抵抗扰动后而激发形成适应改变的能力，即系统具有自身修复、适应和改变的能力①②③。韧性的概念随着时代的演进，被运用于不同的学科领域，在不同学科领域其概念也不尽相同。关于韧性本身的概念主要来源于国外学者，近年来国内学者主要是对韧性概念的应用进行领域的拓展，对韧性概念本身的研究较少④。从工程韧性、生态韧性再到社会生态韧性，韧性的概念、系统特征、本质目标等都发生了改变，韧性概念的内涵和外延都变得更为丰富，韧性理论的研究也更为丰满。

　　从研究层面上主要可分为微观层面个体心理韧性研究、中观层面组织韧性研究以及宏观层面的社会韧性、城市韧性、社区韧性研究三个层面。其中微观层面的心理韧性研究主要从心理学和管理学角度探讨某一类人群，如学生、教师、医生、领导人等的心理韧性的特征、心理韧性的影响机制、心理韧性的评价及如何提高相关人群的心理韧性等方面，也是"韧性"研究较多的层面。中观层面的组织韧性研究相对较少，主要从管理学角度对组织韧性的概念进行定义，对影响组织韧性的因素进行分析，探讨如何提升组织韧性，在对组织韧性评价方面，多为案例分析等质性研究，对组织韧性定量实证研究相对较少。宏观层面社会韧性、城市韧性、社区韧性研究较为丰富，社会韧性、城市韧性和社区韧性同属宏观层面，对此类研究主要集中在社会韧性、城市韧性和社区韧性的定义、韧性的机制和韧性的测量方面，近年来随着城镇化的不断加快发展，作为复杂社会生态系统的城市，是当前

---

　　① Gunderson L H, Holling C S, Light S S. Barriers broken and bridges built: A synthesis[M]. New York: Columbia University Press, 1995: 461-488.

　　② Walker B, Hollin C S, Carpenter S R, et al. Resilience, Adaptability and Transformability in Social-ecological Systems[J]. Ecology & Society, 2004, 9 (2): 5-5.

　　③ Folke C. Resilience: The emergence of a perspective for social-ecological systems analyses: Resilience, vulnerability, and adaptation: A cross-cutting theme of the international human dimensions programme on global environmental change[J]. Global Environmental Change, 2006, 16 (3): 253-267.

　　④ 黄浪, 吴超, 杨冕, 等. 韧性理论在安全科学领域中的应用[J]. 中国安全科学学报, 2017, 27（3）: 1-6.

韧性理论研究的热点与焦点，国内外大量的学者对"城市韧性"开展了广泛而深入的研究。联合国 2030 年可持续发展目标(SDGs)等国际性项目或倡议更多地关注全球环境变化和城市可持续发展问题，将"安全性、包容性、可塑性、韧性"列为城市可持续发展的核心目标。2021年《中共中央关于制定国民经济和社会发展第十四个五年规划和二〇三五年远景目标的建议》中也明确提出："顺应城市发展新理念新趋势，建设宜居、创新、智慧、绿色、人文、韧性城市。"在新一轮城市总体规划中，北京、上海等城市纷纷强调"加强城市应对灾害的能力和提高城市韧性"。韧性发展已被视为未来城市可持续发展最新理念的践行，成为国内外城市发展共识[1]。韧性理论虽起源于生态学，但由于"韧性"一词内涵和外延的丰富性，在工程学、心理学、经济学、安全学、风险管理、医疗系统、能源系统等众多领域被广泛的应用[2]。在工程学领域，基于工程系统的复杂性和安全性等，为应对不可预知的安全问题和系统的失效，提高系统韧性，使系统能够快速恢复至平衡状态显得尤为重要，相比传统的事故安全研究范式，韧性理论为安全研究提供了一种新的系统研究范式，以适应复杂动态系统健康、安全管理方法，健全安全体系必须重视工程系统的安全韧性[3][4][5]。在心理学中，自1950 年 Block 提出自我韧性概念以来，心理学学者们发现个体经历逆境，以及遭受挫折下，仍能成功适应甚至能够更好地发展，即产生更强个体心理韧性能力的提升，从而达到更深层次的身心平衡[6]。在风险灾害应对问题中，相比脆弱性，韧性理论为科学应对灾害，实施全周

---

① 钱少华，徐国强，沈阳，等. 关于上海建设韧性城市的路径探索[J]. 城市规划学刊，2017（S1）：109-118.

② Yodo, Nita, Wang, et al. Engineering resilience quantification and system design implications: A literature survey[J]. Journal of Mechanical Design, 2016, 138 (11): 111408-111421.

③ Uday P, Marais K B. Resilience-based system importance measures for system-of-systems[J]. Procedia Computerence, 2014, 28: 257-264.

④ Neches R, Madni A M. Towards affordably adaptable and effective systems[J]. Systems Engineering, 2013, 16 (2): 224-234.

⑤ Righi A W, Saurin T A, Wachs P. A systematic literature review of resilience engineering: Research areas and a research agenda proposal[J]. Reliability Engineering and System Safety, 2015, 141: 142-152.

⑥ Richardson G E. The metatheory of resilience and resiliency[J]. Journal of Clinical Psychology, 2002, 58 (3): 307-321.

期灾害管理，提升系统自组织和适应能力，为受灾地区风险应对管理提供前瞻性的研究视角[1][2]。

二、韧性评价的研究概述

关于韧性的实践应用研究也随韧性理论研究的不断深入和拓展而不断得到深化，其中对韧性的测度也成为学者们研究的重点，其中最具代表性的是通过构建评价体系对韧性进行量化评价。本研究对当前国内外已有的、较为成熟且具有代表性的系统韧性和韧性评价等研究成果进行分析，旨在将韧性理论应用于城市竞技体育系统领域研究，以期为我国城市竞技体育研究提供一种新的研究思路。

（一）韧性评价体系的构建

由于韧性研究时间不长，以及研究领域及视角的不同，国内外体系式韧性评价标准和方式也未形成统一模式，通过对国内外城市韧性、社区韧性、工程韧性等领域韧性评价研究进行回顾和梳理发现，当前国内外学者构建韧性评价体系主要以研究对象系统构成要素、系统特征以及韧性阶段过程序列为核心进行评价体系构建三种方式。

1. 以研究对象系统构成要素为核心的评价体系

该种思路在韧性评价体系构建中最为常见，根据研究对象的不同，所构建的评价体系有所不同。其中以美国洛克菲勒基金会构建的城市韧性评价体系最为典型，该基金会在顾问公司团队下开发了韧性城市指数（City Resilience Index，CRI），用于评估城市的韧性。CRI围绕健康与福祉、经济与社会、基础设施与生态系统、领导力与决策4个部分，包括12个目标和52个指标，同时结合韧性特征，用于评估城市韧性[3]。Cutter等在对社区韧性进行评价时，构建了包括生态、社会、

---

① Norris F H, Stevens S P, Pfefferbaum B, et al. Community resilience as a metaphor, theory, set of capacities, and strategy for disaster readiness[J]. American Journal of Community Psychology, 2008, 41 (1-2): 127-150.

② Cutter S L, Barnes L, Berry M, et al. A place-based model for understanding community resilience to natural disasters[J]. Global Environmental Change, 2008, 18 (4): 598-606.

③ 全美艳，陈易. 国外韧性城市评价体系方式简析[J]. 住宅科技，2019，39（2）：1-6.

经济、制度、基础建设和社区权限 6 个维度的社区韧性评价体系，并在每个维度下设立多个指标，用于评估社区的韧性①。孙阳等基于生态环境、市政设施、经济和社会发展 4 个维度，选取 24 个指标，对长三角地区部分城市进行韧性评估②。通过研究发现，在以研究对象系统要素为核心构建韧性的评价体系中，其中以政治、经济、社会、环境等最为常见，也基本能涵盖研究对象系统要素。但同时也发现一些研究，发掘系统韧性结构要素深层次的内涵要素，增加了如健康与福祉、领导力与决策、市政设施、社区权限等指标。

2. 以研究对象系统特征为核心的评价体系

此类韧性评价体系的构建对其研究对象韧性特征进行提取，在进行韧性特征提取时，一般从整体考量研究对象，对其韧性特征进行划分，也有学者基于研究对象对应不同韧性阶段所体现出的能力划分其韧性特征。其中最为经典是 Bruneau 等学者提出的 4R 框架，从整体考量社区系统，从社区抗震视角，将社区韧性划分为坚固性、冗余性、智慧型和快速性③。Parsons 和 Morleyc 从灾害视角，根据城市应对自然灾害不同阶段对应的能力，将自然灾害韧性划分为应对能力和适应能力④。Heeks 和 Ospina 将城市韧性特征划分为功能韧性和赋值韧性两大类，进一步将功能韧性划分为鲁棒性、自组织性、学习性，赋值韧性划分为冗余性、快速性、规模性、多样性和灵活性、公平性⑤。周园等在《高韧性社会》一书中，提炼出了韧性框架，将社会韧性特征划分为提早预防、敏捷响应、指挥协作、动员沟通、分散缓冲、多元

---

① 张明斗，冯晓青. 中国城市韧性度综合评价[J]. 城市问题，2018，（10）：27-36.

② 孙阳，张落成，姚士谋. 基于社会生态系统视角的长三角地级城市韧性度评价[J]. 中国人口资源与环境，2017，27（8）：151-158.

③ Bruneau M, Chang S E, Eguchi R T, et al. A framework to quantitatively assess and enhance the seismic resilience of communities[J]. Earthquake Spectra, 2012, 19 (4): 733-752.

④ Parsons M, Glavac S, Hastings P, et al. Top-down assessment of disaster resilience: A conceptual framework using coping and adaptive capacities[J]. International Journal of Disaster Risk Reduction, 2016, 19: 1-11.

⑤ Heeks R, Ospina A V. Conceptualising the link between information systems and resilience: A developing country field study[J]. Information Systems Journal, 2019, 29 (1): 70-96.

包容、融合创新、平衡致远 8 种能力①。因此，在构建城市竞技体育发展韧性评价体系的过程中应该结合城市竞技体育系统韧性的演进阶段过程，对城市竞技体育系统的韧性特征进行清晰的识别和准确的划分。

3. 以研究对象韧性阶段过程序列为核心的评价体系

当前以韧性阶段过程序列构建的评价体系，一般基于工程韧性、生态韧性和演进韧性概念，将韧性阶段划分为抵抗、吸收、恢复②，抵抗、调整、适应③，准备、吸收、恢复、适应④。Ouyang 等人基于 Bruneau 提出的社区基础设施"三阶段"韧性演进曲线模型，从灾害视角，构建了预防、吸收和恢复的城市基础设施韧性评价体系⑤。闫晨等基于 PSR（压力-状态-响应）模型，构建了"外部环境刺激、内部潜在风险、组成成分价值、组成成分特征、消防救灾能力、适应恢复力"6 个维度的历史街区防火韧性评估体系，本质上对应了韧性的抵抗力、恢复力、适应力和学习力属性⑥。在新时代，城市体育在推动城市和社会发展的作用过程与传统的面对压力和风险扰动的过程存在差异性。城市体育在推动城市和社会发展过程中面对压力和风险扰动后的重组和变化创新阶段更为重要。因此，在构建城市竞技体育韧性评价体系中，以韧性抵抗、恢复、学习、创新、发展等阶段过程序列为核心更能体现韧性应用到当前城市竞技体育发展研究的时代性和契合性。

（二）韧性定量评价方法的概述

从韧性评价的量化方法上看，主要有基于评价者主观经验的定量评价法、基于客观统计数据的定量评价法和两者相结合的方法三种

① 周园. 高韧性社会[M]. 北京：中译出版社，2021.

② 李亚，翟国方，顾福妹. 城市基础设施韧性的定量评估方法研究综述[J]. 城市发展研究，2016，23（6）：113-122.

③ Cutter S L, Barnes L, Berry M, et al. A place-based model for understanding community resilience to natural disasters[J]. Global Environmental Change, 2008, 18 (4): 598-606.

④ Igor, Linkov, Daniel, et al. Measurable resilience for actionable policy[J]. Environmental Science & Technology: ES&T, 2013, 47 (18): 10108-10110.

⑤ Yan C, Dueñas-Osorio L, Min X. A three-stage resilience analysis framework for urban infrastructure systems[J]. Structural Safety, 2012, 36-37: 23-31.

⑥ 闫晨，陈锦涛，段芮，等. 韧性城市视角下的历史街区防火韧性评估体系构建[J]. 中国安全生产科学技术，2020，16（10）：133-138.

形式。

1. 基于评价者主观经验的定量评价法

此类评价主要通过对所构建的评价体系的每个指标的定义和评价标准进行描述，然后对相关评价主体进行访谈，或通过制定评分表让评价主体进行打分对韧性进行量化评估。如，Simon 等人在对贫民区社区韧性评价时，构建外部资源、资产、能力和质量 4 个一级指标，16 个二级指标和 47 个三级指标的评价指标体系，然后对 47 个三级指标进行具体描述，按"非常差、差、一般、良好和非常好"分为 5 个评价等级，最后通过对管理人员、当地居民以及专家进行访谈获取信息，对贫民区社区韧性进行评估[1]。

2. 基于客观统计数据的定量评价法

此类研究主要基于工程韧性概念，对城市系统、城市基础设施、能源系统等进行定量的评价。Henry 等人在 Bruneau 的"三阶段"韧性演进曲线基础上，提出了"五阶段"韧性演进曲线模型，基于韧性阶段过程构建基于时间函数的系统韧性研究框架，对道路网络系统韧性进行测度[2]。缪惠全等基于灾后城市系统过程阶段，构建了 5 个维度，62 项具体指标的评价体系，对灾后城市韧性进行基于客观数据的定量评价[3]。

3. 基于主、客观的定量评价法

此类研究以美国洛克菲勒基金会的城市韧性指数（CPI）测度和 Cutter 等人的社区基准韧性指标（BRIC）为代表，通过客观数据的获取以及评价主体主观评价，对韧性进行综合测度[4]。通过研究发现，第一种定量评价方法虽然操作较为简单，但主要基于评价者的主观经验，

---

① Simon, Woolf, John, et al. Towards measurable resilience: A novel framework tool for the assessment of resilience levels in slums[J]. International Journal of Disaster Risk Reduction, 2016, 10 (19): 280-302.

② Henry D, Ramirez-Marquez J E. Generic metrics and quantitative approaches for system resilience as a function of time[J]. Reliability Engineering & System Safety, 2012, 99 (99): 114-122.

③ 缪惠全，王乃玉，汪英俊，等. 基于灾后恢复过程解析的城市韧性评价体系[J]. 自然灾害学报，2021，30（1）：10-27.

④ Cutter S L, Ash K D, Emrich C T. The geographies of community disaster resilience[J]. Global Environmental Change, 2014, 29 (29): 65-77.

对于不同的评价者，评价的结果会存在较大的差异性，评价的主观性太强；第二种方法虽然具有较强的客观性和科学性，但由于计算的方法主要源于工程学，因此，在评价中对人文类因素考虑会较少，同时，要求评价者具有较强的理工科背景和较强的数学应用能力；第三种方法能够同时考虑主观和客观因素，较为全面和合理，但在具体操作中，指标体系的构建和评价较为庞大和繁杂，具有一定的复杂性。

（三）韧性的测量方法概述

目前对各系统领域韧性进行定量的常用测量方法主要有综合指标评价、函数模型法、阈值法、遥感模型评价、图层叠置法等。其中综合指标评价主要通过分析概念内涵对研究对象韧性进行分解，建立不同韧性要素的指标体系，再确定主客观权重来计算韧性指数，来测算系统的内部韧性，计算过程相对简单，且容易操作，但是在指标选取与权重确定过程中存在一定的主观性，容易忽视要素间关系[1]。遥感模型是通过遥感栅格数据、物理与社会经济模型来评估城市韧性，关注系统韧性的空间异质性和时空演变的定量化表征[2]。函数模型法是基于各种模型，构建多维度组成的函数模型，计算韧性指数，可以明确构成要素间的相互作用，能解释韧性的成因，是当前学者们较为常用的一种方法。

综上，当前韧性的研究从研究层面上主要可分为微观层面个体心理韧性研究、中观层面组织韧性研究以及宏观层面社会韧性、城市韧性、社区韧性研究三个层面。学术领域关于"韧性"的研究日趋多元化，主要集中在工程学、心理学、经济学、社会生态学、城市风险评价、城市生态安全等领域。研究由基础理论向理论与实证的双重研究，理论研究内容主要为韧性理论在相关领域的拓展，包括研究对象韧性的定义、内涵及特征的界定和分析，实证研究主要集中在对研究对象韧性的评价方面。在韧性评价的研究中固定的评价体系框架还尚未形成。当前的研究框架和评估模型更多的是将韧性视为社会、经济、环

---

① 全美艳，陈易. 国外韧性城市评价体系方式简析[J]. 住宅科技，2019，39（2）：1-6.
② 李亚，翟国方，顾福妹. 城市基础设施韧性的定量评估方法研究综述[J]. 城市发展研究，2016，23（6）：113-122.

境等系统的功能耦合，对灾害风险应对、韧性发挥效应的时间进程关注度较低，缺乏从过程视角对系统韧性进行解析，将系统韧性视为一种过程能力的深入分析，从而探究系统韧性在各个阶段中所发挥效应的机制。评价方法也由定性研究转为定量研究，由单纯构建韧性评价指标体系到韧性的定量测算。每一种测量方法在对系统韧性进行分析上各有利弊，选择什么样的方法应当根据实际情况和评价目标确定，当前由于函数模型法具有较强的可操作性，准确率较高，因此，函数模型法在韧性定量评价中，尤其基于灾害风险理论框架的韧性定量评价中不断被应用。因此，通过构建科学合理的韧性评价体系，选取科学有效的评价方法，预测其韧性变化的方向，帮助系统应对各种扰动和变化，将是今后韧性研究的重点和趋势。

三、韧性理论在体育领域中的研究概述

鉴于前面对"韧性"翻译的界定，本文所综述的韧性不同于工程学领域材料韧性和弹性（Toughness or Elastic）、经济学领域的弹性系数（Elasticity）、建筑学领域的弹性设计（Flexibility）、规划学领域与刚性规划相对的弹性规划（Flexibility or Elasticity）、风景园林学领域新兴的恢复性设计（Restorative Design）以及生理学中的韧性和弹性（Flexibility）[①]。

通过对相关文献进行分析，现有的体育领域中关于"韧性"的研究主要集中在心理学领域，一些学者们对学生、青少年以及运动员等人群进行研究，通过对运动心理韧性进行概念的界定，编制心理韧性量表，通过定性或定量的方法，研究影响特定人群的心理韧性机制，进而帮助其改善心理韧性，促进发展[②③]。体育系统领域涉及韧性理论

---

① 汪辉，徐蕴雪，卢思琪，等. 恢复力、弹性或韧性?——社会-生态系统及其相关研究领域中"Resilience"一词翻译之辨析[J]. 国际城市规划，2017，32（4）：29-39.

② 杨文礼，翟丰，高艳敏. 心理韧性与基本心理需求：影响运动员情感表达与运动表现的因素及中介效应检验[J]. 西安体育学院学报，2020（4）：488-496.

③ 刘朝辉. 体育锻炼对大学生负性情绪的影响：自我效能感的中介作用与心理韧性的中介和调节作用[J]. 体育学刊，2020，27（5）：102-108.

的研究是近年来一个崭新的话题，目前国内外学者对体育系统领域中
韧性的研究主要有体育组织韧性、体育经济韧性、体育基础设施韧性。
Fletcher 等学者认为体育组织的特点是高度复杂的社会和组织环境，
组织韧性不仅有可能对体育组织本身的运作产生积极影响，还有可能
对个人和团队的韧性产生积极影响[1][2]。Fasey 和 Sarkar 等学者提出了
一个适用于精英体育组织的组织韧性定义，将精英体育组织韧性定义
为"精英体育组织成功应对重大变化的动态能力。它产生于多层次（员
工、团队和组织）相互作用的特征和过程，这些特征和过程使组织能
够准备、适应重大变化并从中学习"，并确定了精英体育组织的韧性特
征，为该领域未来的研究和实践提供了重要的基础[3]。国内一些学者结
合城市规划对体育基础设施等韧性进行研究，如侯叶等从体育建筑与
城市发展适应性视角出发，通过对体育建设中的一些不适应城市良性
发展的现状进行分析，提出针对城市发展的体育建筑适应性设计策略，
其认为体育建筑的适应性指城市的体育建筑应随着城市发展的不同阶
段所呈现的不同特征去调整涉及策略，以满足城市发展背景和城市发
展需求[4]。胡沾沾等基于大赛后体育设施的有效利用对城市空间与功
能的协调发展构成了重大的"外部压力"的背景下，以杭州市奥体博
览城片区为例，构建韧性视角下的"后亚运效应"PSR 模型，阐述外
部压力、城市状态和响应机制，提出了奥体博览城韧性响应策略[5]。王
璐等以韧性为视角，认为基于韧性价值观的节事设施再利用，强调的
是变化、适应和改变的能力。以节事空间和城市空间的耦合关系为切
入点，洛杉矶和亚特兰大两个奥运城市进行样本分析，探讨节事设施
及其空间再利用的韧性特征，研究节事后城市如何利用节事留下的城

① David F A, Christopher R D, Wagstaff B. Organizational psychology in elite sport: Its emergence, application and future[J]. Psychology of Sport and Exercise, 2009, 10 (4): 427-434.

② Morgan P, Fletcher D, Sarkar M . Defining and characterizing team resilience in elite sport[J]. Psychology of Sport and Exercise, 2013, 14 (4): 549-559.

③ Fasey K J, Sarkar M, Wagstaff C, et al. Defining and characterizing organizational resilience in elite sport[J]. Psychology of Sport and Exercise, 2021, 52: 101834-101834.

④ 侯叶，杜庆. 体育建筑与城市发展的适应性策略研究[J]. 华中建筑，2014，32（9）：7-12.

⑤ 胡沾沾，王纪武，徐婷立，等. 基于"后亚运效应"的韧性城市规划调控研究——以杭州市奥体博览城片区为例[J]. 建筑与文化，2020（10）：99-102.

市遗产，从而实现节事建设的长期适应性①。还有学者基于大型体育场馆运行特点，基于管理学视角，将其运营韧性界定为大型体育场馆在运营期能够有效抵抗、吸收扰动，维持、恢复其公共服务供给水平并得到自适应性发展的能力。并基于复杂网络模型构建大型体育场馆运营韧性评估指标体系，并对其进行实证研究②。王裕雄等基于居民体育参与行为的变化视角，认为我国体育经济具有的独特韧性会帮助其在受疫情洗礼后打开新的增长空间③。

综上，虽然韧性理论起源于工程学，并在社会生态学领域中得到发展，但在心理学、风险管理、工程学、自然灾害、能源系统、医疗系统、教育系统等许多其他领域，韧性理论也受到了广泛的关注。与其他学科相比，体育领域中关于"韧性"的研究较为缺乏。对体育领域关于韧性的研究也主要基于工程学韧性、心理学韧性的概念进行研究，体育系统领域中的韧性理论的研究还鲜有涉及，且研究深度不足。随着韧性研究领域的不断扩展，韧性理论已成为当前研究的热点问题之一。其他多学科领域中对韧性理论的应用研究，为韧性理论在体育系统领域中的研究提供了可参考的借鉴。

四、竞技体育发展的研究概述

目前国内对竞技体育发展的研究众多，且研究范围广泛，研究内容可分为基础理论研究和实证研究，其中基础理论研究内容集中竞技体育发展方式的研究，以及竞技体育发展中的问题与对策的研究。实证研究集中在竞技体育发展评价的研究。研究目的以明晰新时代竞技体育发展中存在的问题和发展方式转变的路径。

---

① 王璐，孙润中. 基于韧性的节事设施再利用与空间耦合研究[J]. 现代城市研究，2020，35（4）：98-102.

② 凌胜，詹含章，胡志贤，等. 基于复杂网络理论的大型体育场馆运营韧性动态评估研究[J]. 城市建设理论研究，2020，5（14）：97-98.

③ 王裕雄，王超，周腾军，等. 极端条件下体育经济韧性的微观行为基础：从 SARS 到新冠疫情的历史自然实验研究[J]. 北京体育大学学报，2021，44（4）：105-119.

（一）基础理论研究

1. 竞技体育发展方式的研究

在对竞技体育发展方式的研究中学者们从不同角度对不同时期竞技体育发展方式进行梳理，认为任何发展方式都是相对的、动态的，都是历史进程中的发展方式，是要随着它基于的现时的主客观条件的变化实施动态的调整和更新中，当前我国局部赶超、争光为先的竞技体育发展方式仍呈现出一系列不均衡、不协调、不可持续的消解因素，出现成本代价的不断增加、运行效能的由盛及衰等困境①。竞技发展方式是指推动竞技体育积累量与优化质的要素组合与制度安排②。新时代竞技体育发展仍存在一定程度的发展不平衡、冲突和错位等问题，这些都亟须我国加强竞技体育发展方式的有效转变③。

2. 竞技体育发展中的问题与对策的研究

学者们认为竞技体育发展虽取得巨大的成绩，但由于新时代体育强国建设和竞技体育发展方式转变需要，仍面临诸多问题，如竞技成绩下滑、运动项目结构性缺陷、创新驱动不足、治理能力有待提升、后备人才萎缩等。对此，新时代竞技体育发展应转变发展方式从竞技体育多元价值拓展、发展体制、机制、竞赛体制、信息资源、科技助力、后备人才培养、竞技体育文化等方面持续进行改革④⑤⑥。

（二）竞技体育评价的研究概述

当前对竞技体育评价的研究从研究层面上看，主要从宏观层面（国家）、中观层面（区域）以及微观层面（地方）三个层面对竞技体育发

---

① 鲍明晓，李元伟. 转变我国竞技体育发展方式的对策研究[J]. 北京体育大学学报，2014（1）：9-23.

② 辜德宏，吴贻刚，陈军. 我国竞技体育内生式发展方式的概念、分类、内涵与特征探析[J]. 天津体育学院学报，2012，27（5）：382-385.

③ 马德浩. 新中国成立70年我国竞技体育发展方式演进历程与展望[J]. 中国体育科技，2021，57（1）：4-11.

④ 钟秉枢. 新时代竞技体育发展与中国强[J]. 上海体育学院学报，2018，42（1）：12-19.

⑤ 潘孝贵. 新时代竞技体育构建强国形象的路径与策略[J]. 江西社会科学，2019，39（12）：224-232.

⑥ 卢文云. 迈向体育强国我国竞技体育发展面临的问题与对策[J]. 沈阳体育学院学报，2020，39（2）：75-81.

展进行评价，其中以系统论为基础对竞技体育发展整体情况进行评价的研究最多。

当前对竞技体育发展评价绝大部分的研究是基于系统科学理论，根据竞技体育系统的要素、结构和特性，进行竞技体育发展评价体系的构建。评价的方法既有定性分析，也有定量评估，还有二者的结合，随着时代的发展，研究方法也从主观的定性研究逐渐转向科学性较强的定量研究，其中常用定量评价的方法主要有线性加权、模糊数学以及函数模型法等。早期研究结论较为简单、研究方法较为单一，如徐本力认为我国竞技体育的发展应注重最佳投入与最佳产出，投入应由量向质转变，由局部向整体转变，由非系统向系统转变，由经验向信息投入转变[①]。

21 世纪以来学者们对竞技体育发展的评价方法也逐渐丰富，能够从多个层面探索竞技体育的发展评价问题，其中较为成功且具有典型性的研究包括：刘志民、虞重干等利用专家问卷法从 120 项原始评价指标中筛选出 41 项较为关键的指标，初步形成了"体育经济发展指标""体育社会发展指标""体育环境发展指标""体育资源发展指标" 4 个一级指标，涵盖 41 个二级指标的较为完备的竞技体育可持续发展评价指标体系[②]。邓万金等将竞技体育的核心竞争力作为切入点，对我国竞技体育的评价指标体系进行了构建的同时，又基于竞技体育系统的结构，按照动力类指标、支撑类指标和环境类指标来整理各类影响因素的研究思路，对我国竞技体育可持续发展的评价指标体系的构建具有一定的启示作用[③]。夏崇德等根据竞技体育的系统结构和系统特征，将"发展度、协调度、持续度"一同考虑，对我国竞技体育的综合发展水平进行评价[④]。余宏在对影响我国竞技体育发展内外部因素

① 徐本力. 试论现代竞技体育中的最佳投入与最佳产生[J]. 体育科学，1988（4）：31-35.

② 刘志民，虞重干，刘炜，等. 竞技体育可持续发展的评价指标体系[J]. 体育学刊，2002，9（1）：15-19.

③ 邓万金，张雪芹. 我国竞技体育核心竞争力指标体系构建研究[J]. 成都体育学院学报，2011，37（2）：31-35.

④ 夏崇德，陈颜，殷樱. 竞技体育可持续发展的综合评价体系研究[J]. 北京体育大学学报，2007，30（11）：1564-1570.

分析的基础上，构建了竞技体育发展水平的综合评价指标体系，其中涵盖了人力资源状况、竞赛成果、举办赛事能力以及外部激励因素 4 个一级指标，8 个二级指标和 27 个三级指标，运用灰色关联法测定重庆市 1997—2010 年的竞技体育发展水平[①]。邵桂华、满江虹等学者立足于复杂性思维，将竞技体育看作复杂大系统，运用动力学方法，分析影响竞技体育可持续发展各因素之间的因果关系，构建的竞技体育可持续发展系统评价体系，并运用系统仿真对竞技体育可持续发展能力进行模拟预测，为解决复杂系统问题提供非常有益的借鉴[②]。

综上，虽然目前关于竞技体育发展的研究较多，然而，当前的研究或是集中于对理论的阐述，影响因素的分析，或是集中于对竞技体育指标体系的构建，对竞技体育未来的发展模式和发展道路，大部分研究仍是浅尝即止。虽然部分学者以系统方法为基础，利用层次分析法、模糊综合评价等方法，根据竞技体育系统的要素、结构和特性，较为全面地建立起竞技体育系统发展评价的方法和体系，以实现对竞技体育系统可持续发展状态和进程的表征和评估。但是，随着新时代我国竞技体育进入了改革式发展阶段，以及竞技体育的市场化和产业化逐渐深入，我国竞技体育发展呈现出高质量、自适应式以及再生式发展的态势。立足于复杂性思维的角度，在探明竞技体育系统与外部环境之间关系的基础上，基于竞技体育系统发展阶段性过程，建立起竞技体育系统的层次结构，以确定竞技体育系统在现实中的运行结构的定量的研究还较为缺乏。

五、城市体育的研究概述

随着全球城市化的快速发展，全球各城市作用与功能不断得到扩

---

① 余宏. 基于 AHP-GRAP 模型的重庆市竞技体育发展水平综合评价[J]. 西南师范大学学报：自然科学版，2014（4）：187-192.

② 邵桂华，满江虹. 基于系统动力学的我国竞技体育可持续发展能力研究[J]. 体育科学，2010（1）：36-43.

展与深化，体育在推动现代化城市建设中的重要性越发凸显①。已有的关于城市体育的研究主要集中在全球著名体育城市建设、城市体育生态风险防控、城市体育规划三个方面。

（一）全球著名体育城市建设研究

在对全球著名体育城市的研究中，学者们普遍认为，全球著名体育城市具有高水平的竞技体育、活跃的大众体育、丰富的具有影响力的世界级赛事、发达的体育产业、全球影响的体育文化传播辐射力、优质的体育资源配备能力等，全球著名体育城市建设的目标为推动各城市体育健康和可持续的发展②③④。随着经济社会的发展使城市体育系统的复杂性日益增加，外界环境不断处于变化之中，我国各城市在创建著名体育城市过程中面临来自政治、经济、文化和技术风险也与日俱增，风险的发生也"不可避免"⑤。

研究内容主要集中在国外著名体育城市建设的经验启示和著名体育城市评价指标体系的构建两个方面。部分学者通过对国外著名体育城市体育评价指标的理论分析以及国外城市建设全球著名体育城市的实践考察，提出我国构建部分城市全球著名体育城市评价指标体系和建设全球著名体育城市应采取的策略⑥⑦⑧。在构建著名体育城市评价指标体系研究中，大部分学者通过借鉴国外著名体育城市评价指标，

① 丁一，戴健. 伦敦建设全球著名体育城市的指标维度分析与启示[J]. 上海体育学院学报，2019，43（1）：65-71.

② 李先雄，李艳翎. 国际化体育城市评价指标体系研究[J]. 武汉体育学院学报，2017，51（7）：38-43.

③ 尹永佩，唐文兵，姜传银. 创建国际体育城市的评价指标研究——以上海为例[J]. 武汉体育学院学报，2018，52（4）：24-31.

④ 丁一，戴健. 核心评价指标体系框架下纽约体育发展现状研究及其对上海的启示[J]. 西安体育学院学报，2019，36（4）：385-392.

⑤ 戴健，焦长庚. 全球著名体育城市构建的内在逻辑与优化路径——基于上海体育名城建设的分析[J]. 体育学研究，2019，2（3）：8-18.

⑥ 陈林华，薛南，王跃. 欧美体育城市的评价指标体系探讨[J]. 体育与科学，2011（2）：18-22.

⑦ 唐文兵，姜传银. 中外体育城市评价指标体系的对比研究[J]. 武汉体育学院学报，2014，48（5）：26-30.

⑧ 丁一，戴健. 伦敦建设全球著名体育城市的指标维度分析与启示[J]. 上海体育学院学报，2019，43（1）：65-71.

采用德尔菲法和层次分析法对指标进行筛选和赋权，维度包括体育文化、体育赛事、职业体育、竞技体育、体育设施、体育产业、体育人口等方面；评价对象以北京和上海等超大型城市为主；评价指标中国际体育城市评价指标中竞技体育指标较多，起到重要的作用；评价方法以主观定性分析为主，客观定量评价较少，研究仍主要以线性思维对城市体育发展情况进行评价和研究。

（二）城市体育生态风险防控研究

城市体育生态风险防控主要关注城市在承办大型体育赛事过程中的对城市生态环境的风险规避和风险防控。由于大型体育赛事承办具有复杂性，其风险来源众多，风险具有"叠加性"、"隐蔽性"、"动态变化"和"不确定性"特点，风险后果也呈现出"多样性"，变得"不可预测"。当前学者们主要从生态学视角和风险管理视角，对城市在体育赛事举办过程中产生的负面效应和风险进行研究，并提出相应的对策。如闫二涛等基于生态学视角，以生态位、共生等相关理论探讨体育赛事价值发挥的影响因素，并提出相应的增效路径，以避免体育赛事的过度竞争，实现体育赛事的可持续发展[1]。梁波等认为承办体育赛事对城市产生的威胁具有不确定性、动态变化性和叠加性等特点。应赛前加强赛事举办城市生态承载力的评估、赛中加强赛事举办城市的生态环境监控和赛后加强举办城市生态环境的修复补偿的应对策略[2]。更进一步构建大型体育赛事承办中的城市生态风险防范行动者网络，通过构建风险评估体系，进行实证研究[3][4]。

（三）城市体育规划研究

城市体育规划指在一定的时代背景和区域范围，为满足市民日益

---

① 闫二涛，王鹏. 基于生态学的体育赛事价值增效路径研究[J]. 教育理论与实践，2017，37（6）：60-62.

② 梁波，张卫星，李莉，等. 大型体育赛事对城市生态环境的胁迫效应及应对策略研究[J]. 武汉体育学院学报，2018，52（5）：31-35.

③ 梁波. 大型体育赛事承办中的城市生态风险识别及防范策略研究——基于不同利益相关者的视角[J]. 天津体育学院学报，2019，34（5）：425-431.

④ 梁波，李伟，李峻峰. 城市承办大型体育赛事生态风险评估体系的构建研究[J]. 成都体育学院学报，2020，46（2）：34-41.

增长、多元化的健康需求，促进城市协调和可持续发展，对城市体育总体发展进行科学的规划，包括体育政策的制定、城市体育空间和环境的优化、体育场地设施的合理配置、社会体育组织的培养、体育赛事的计划与组织等。城市体育规划问题的复杂性和重要性日益凸显，实施难度空前加剧，时空境遇与历史场景均发生深刻变化[1]。当前此类研究主要集中在对体育空间的规划，体育场馆设施是城市空间的重要组成部分，因此成为学者们研究的热点问题。

学者们基本认同体育场馆设施的建设对城市的建设和发展具有催化和推动作用[2][3][4][5]。一些学者运用地理学理论，以体育场馆为研究对象对城市体育空间布局进行实证研究[6][7]。如王雷等通过建立体育场馆周边地域的空间及属性数据库，利用 GIS（地理信息系统）空间分析技术对数据库进行汇总分析，认为需以体育场馆的生态环境和环境与区域之间可持续发展做支撑[8]。蔡玉军等基于"效率-公平""空间-行为互动"等理论，利用 GIS 空间分析技术对上海市中心城区社区体育场所进行研究，评价上海市中心城区社区体育场所的可达性，并在遵循上海社区公共运动场优化布局原则的基础上提出了改进策略与

---

① 刘忠举. 我国城市体育规划现状、问题与对策[J]. 西安体育学院学报，2017，34（5）：563-568.

② 陈翀，刘源. 综合体育中心周边地区城市开发探索——以广东省奥林匹克体育中心周边地区为例[J]. 城市规划，2009（B03）：102-108.

③ 林显鹏. 体育场馆建设在促进城市更新过程中的地位与作用研究[J]. 城市观察，2010（6）：5-23.

④ 胡振宇. 新中国体育建筑发展历程初探[J]. 南方建筑，2006（4）：26-29.

⑤ 王西波. 大型体育设施与城市关系评估初探[J]. 城市建筑，2008（11）：11-13.

⑥ 赵靓. 上海市杨浦区体育场地信息平台及其空间分布的研究[D]. 上海：上海体育学院，2011：14.

⑦ 张欣. 基于地理信息技术的城市公共体育设施服务辐射能力分析[J]. 沈阳体育学院学报，2012，31（2）：35-38.

⑧ 王雷，刘国新. 地理信息技术对体育场馆可持续利用的规划研究[J]. 软件导刊，2010（12）：113-114.

方法①②③。从系统生命周期角度看，城市体育规划概念强调"事前规划"，在规划过程中应强化主体责任意识、深化风险防控管理，加强城市体育规划全过程管理，具有前瞻性的特点。

六、城市竞技体育发展的研究概述

体育的发展离不开城市，同时体育又是促进城市发展的重要力量④，竞技体育发展水平已成为一个国家政治经济水平的重要标志。学者们通过理论与实证的研究表明：城市竞技体育的发展越高，城市实力也越强，城市促进了体育的发展，更推动了竞技体育运动的进程⑤。城市居民通过参加竞技体育等形式的体育活动，可以提高市民的素质，进而对城市整体文化水平的提升、城市精神的塑造、城市形象的改善与提高等，促进城市可持续性发展⑥⑦。作为城市竞技体育作用下最直接的产物，职业体育和体育赛事已成为城市竞技体育研究中的主要问题。

（一）城市职业体育

职业体育为社会提供体育竞技表演产品，对体育产业整体的发展规模及其市场效益起到了重要的波及性影响，对城市发展的作用日益增长。丁一等通过实地考察，认为美国职业体育俱乐部在城市的振兴和发展过程中起到了积极的作用，美国职业体育俱乐部垄断经营的运

① 蔡玉军，邵斌，魏磊，等. 城市公共体育空间结构现状模式研究——以上海市中心城区为例[J]. 体育科学，2012，32（7）：9-17.

② 蔡玉军，邵斌. 城市公共体育空间基本理论与应用研究[J]. 成都体育学院学报，2014（3）：38-42.

③ 蔡玉军，邵斌，董宝林，等. 基于 GIS 的上海市中心城区社区公共运动场可达性研究[J]. 体育科研，2015，36（2）：68-75.

④ 陈林华，刘东锋. 国际体育赛事举办与我国城市国际化历程，经验与展望[J]. 体育科学，2019，39（11）：15-25.

⑤ 胡小军，旷儒. 和谐社会体育与城市的互动发展——以珠江三角洲地区江门市为例[J]. 广州体育学院学报，2008，28（2）：47-49.

⑥ 韩冬. 体育促进我国大城市市民素质提高的实证研究——以北京、上海和沈阳为例[J]. 体育科学，25（6）：87-93.

⑦ 韩冬，王旭，沈建刚. 体育对提高我国现代化大都市市民素质的作用[J]. 上海体育学院学报，2007，31（3）：20-23.

作模式是其获得城市，特别是城市公共资源支持的基础①。鲍明晓结合对 20 世纪 90 年代以来美国职业体育俱乐部与城市之间的相互关系进行较系统的梳理认为，职业体育、体育经济的全球化进程不断加快，国际体育组织的全球体育影响力及控制力与日俱增，在全球城市的形成与发展过程中起到重要的推动作用②。

（二）城市体育赛事

作为体育产业重要组成部分的体育竞赛表演产业已成为众多城市新的经济增长点，且越来越多地被视为加快城市基础设施建设、打造城市品牌形象和提升城市核心竞争力的重要路径与参考指标。因此，体育赛事成为大部分的学者的研究热点问题。学者们基于不同视角对体育赛事推动城市发展问题进行研究，学者们基本认同体育赛事与城市发展具有辩证统一的关系，体育赛事受城市资源制约，又反过来影响城市资源，城市举办大型体育赛事能够助推城市发展，但同样也会对城市产生不良影响③④。大型体育赛事可以举办能够促进人才的国际化流动、推动产业结构升级和加强国际交流，有利于推进城市国际化⑤⑥。一些学者基于实证研究，从定量的角度分析体育赛事对举办地城市经济、综合效益的影响，以及体育赛事与城市发展的耦合协调关系，认为体育赛事对举办地城市经济、综合效益具有正向影响，体育赛事与城市两系统各组成要素之间具有互相作用、彼此影响的关系⑦⑧。

---

① 丁一，姚颂平. 美国职业体育俱乐部与城市发展相互关系研究——基于 20 世纪 90 年代以来的数据分析[J]. 成都体育学院学报，2012，38（10）：26-30.

② 鲍明晓. 职业体育改革与发展的中国路径[J]. 体育科研，2010，31（3）：24-33.

③ 余阿荣. 大型体育赛事对城市文化软实力影响研究[J]. 体育文化导刊，2017（12）：8-12.

④ 毛丰付，郑芳，朱书琦. 重大体育赛事对城市经济发展的影响 ——基于中国 70 个大中城市面板数据分析[J]. 上海体育学院学报，2020，44（5）：24-36.

⑤ 吴明华，金育强，刘亚云."体育赛事营销"理念与区域性中心城市国际化路径选择——以长沙为例[J]. 北京体育大学学报，2012（4）：26-29.

⑥ 黄宝连. "大事件"效应与城市国际化进程[J]. 中共浙江省委党校学报，2017（1）：88-92.

⑦ 惠艳，徐本力. 从北京奥运会看 2010 年广州亚运会对广州城市发展的综合效益[J]. 山东体育学院学报，2010，26（3）：1-7.

⑧ 鄢慧丽. 体育赛事与举办地城市发展的耦合时序演化及影响因素研究[J]. 中国体育科技，2019（3）：51-58.

综上，无论在全球著名体育城市建设中，还是在城市体育生态风险防控以及城市体育规划中，单纯地对风险进行规避和抵御都显得较为片面，难以真正达到城市体育健康和可持续的发展的目标。韧性理论强调系统面对内外扰动时产生的不可预测的变化，从复杂生态系统全周期的全过程角度，不仅仅关注系统面对风险干扰时的承受能力，更关注系统承受风险干扰后的快速恢复和进一步发展的能力，强调的是一种动态发展的能力。城市竞技体育的系统韧性与城市竞技体育可持续发展的关联性如何呢？通过对城市韧性的研究中可以看出，当前学者们已基本达成共识，认为韧性与可持续发展密切相关，提升城市韧性是促进城市可持续发展的必然途径①。随着社会的不断发展，外部环境处于不断变化之中，系统复杂性日趋增加。用传统的、静态的可持续发展思维和方法研究社会-生态系统问题显得过于简单，因此，从韧性理论视角可以为可持续发展问题的研究提供较为崭新及更好的解释②。鉴于此，本研究认为韧性与可持续发展并非相同，但互不冲突，城市竞技体育可持续发展关注的是城市体育长期发展的连续性，而城市竞技体育发展则更加关注系统抵抗风险、恢复和再学习能力，两者息息相关。

七、相关研究述评

（一）相关研究的概述

1. 当前韧性的研究从研究层面上主要可分为微观层面个体心理韧性研究、中观层面组织韧性研究以及宏观层面社会/城市韧性研究三个层面。学术领域关于"韧性"的研究日趋多元化，综述起来主要集中在工程学、心理学、经济学、社会生态学、灾害学等领域。

2. 与其他学科相比，体育领域中关于韧性理论的研究较为缺乏。对体育领域关于韧性的研究也主要基于工程学韧性、心理学韧性的概

---

① Robin, Leichenko. Climate change and urban resilience[J]. Current Opinion in Environmental Sustainability, 2011, 3 (3): 164-168.

② Fiksel, Joseph. Sustainability and resilience: Toward a systems approach[J]. IEEE Engineering Management Review, 2007, 35 (3): 5-5.

念进行研究，体育系统领域中的韧性理论的研究还鲜有涉及，且研究深度不足。随着韧性研究的日益受到关注，韧性研究领域的不断扩展，城市韧性、经济韧性、社区韧性、组织韧性等领域的韧性研究，为韧性理论在体育系统领域中的研究提供了新的思路和有益借鉴。

3. 竞技体育发展的研究一直是国内外学者研究的热点。目前国内关于竞技体育发展的研究主要有竞技体育发展方式研究、竞技体育发展中问题及策略研究和竞技体育发展评价的研究。研究集中于对理论的阐述，影响因素的分析，对策性研究较为普遍。对竞技体育发展评价的研究主要基于"静态思维"，基于竞技体育系统要素结构进行研究。基于"复杂性""动态性思维"等对竞技体育未来的发展模式和发展道路的研究仍较为缺乏。

4. 随着全球城市化的快速发展，全球各城市作用与功能不断得到扩展与深化，体育尤其是竞技体育已成为推动城市发展转型的重要手段，越来越多的学者关注于城市体育的研究。学者们基于不同学科和视角对竞技体育推动城市发展以及建设著名体育城市的意义、存在的问题和解决措施等进行研究，并取得丰富的研究成果，为我们持续探寻城市竞技体育可持续发展之路提供了必要的前期研究基础。

（二）相关研究的特征

1. 研究始终与社会需求、时代发展密切关联，随着城市化进程的不断加快，对竞技体育的研究逐渐由宏观的国家层面向城市、社区等微观层面转移。

2. 对城市竞技体育的研究内容趋向综合，横向拓展，纵向深入，综合运用多学科基础理论进行交叉研究。

3. 对竞技体育系统领域的研究，立足于时代特征，由简单的线性思维方式转向复杂的非线性思维，更加关注系统自身特征要素和外部环境变化所具有的可塑性。

4. 研究注重理论和实证的结合，相关评价的研究，由对单一评价到多维度综合评价，评价方法逐渐由定性研究转为定量及综合研究，评价日趋合理、客观、科学。

（三）相关研究的不足

1. 研究视角较为单一。能够体现竞技体育动态发展特征的研究仍然较少，理论分析框架稍显薄弱，未深入考虑城市竞技体育系统复杂性、动态性和不确定性等特征，难以支撑城市竞技体育系统动态发展问题的研究，未来研究应更加关注系统自身特征要素和外部环境变化所具有的可塑性，立足于复杂性思维，基于动态发展视角对城市竞技体育进行研究。

2. 缺乏宏观性与系统性研究。随着城市化进程的不断加快，对竞技体育的研究逐渐由宏观的国家层面向城市、社区等微观层面转移，但对城市竞技体育的研究偏重中观和微观层面，对城市竞技体育的研究仅作为体育城市研究的一部分，缺乏宏观性与系统性研究。未来研究以系统性思维，把城市竞技体育作为系统，从系统和要素、要素和要素、系统和环境的相互联系、相互作用中综合地对城市竞技体育发展问题进行研究。

3. 理论研究较多，实证研究较少。基于城市竞技体育系统复杂性、动态性和不确定性等特征，对城市竞技体育发展的研究较为缺乏，尤其是对城市竞技体育评价的研究。当前对城市竞技体育评价的研究未充分考虑到城市的复杂多变性，以及竞技体育系统与外部环境之间的关系。未来研究更应立足于复杂性思维的角度，在探明竞技体育系统与外部环境之间关系的基础上，基于竞技体育系统发展阶段性过程，建立起竞技体育系统的层次结构，借助数学方法，对城市竞技体育发展情况和态势进行实证研究。

（四）研究拟取得的突破

综上所述，当前学者们从不同的视角对城市竞技体育发展进行研究，并取得丰富的研究成果，为我们探寻我国城市竞技体育的可持续发展之路提供了必要的研究基础。本研究将在前人研究的基础上，基于韧性理论，立足于复杂性和动态性思维，以演进韧性为切入点，从宏观视角对我国超大城市竞技体育系统受到扰动的反应过程进行理论与实践研究。目的在于进一步探索推动我国城市竞技体育动态、健康可持续性发展的路径模式与实现途径，为政府布局城市竞技体育发展战略决策和政策选择提供一定的依据。

第三章 韧性理论应用于我国超大城市竞技体育发展研究的适用性

在新发展阶段，我国城市，尤其是超大城市的竞技体育发展在面临机遇的同时，也面临更多的风险和不确定性。韧性被认为是系统在日益增长且变幻莫测的风险和挑战中正常运行并保持创新的能力，也是应对内外环境变化风险和挑战的一种有效手段。本章通过对我国城市竞技体育发展所面临的内部环境和外部环境的挑战、城市竞技体育系统的演进模式以及城市竞技体育系统的特征分析，对韧性理论应用于我国超大城市竞技体育发展研究的适用性进行分析。

第一节 我国城市竞技体育发展内在诉求与韧性理论相适应

"乌卡"（VUCA）一词来源于美国学者 Warren Bennis 和 Burt Nanus 的领导理论，最先应用于军事领域后逐渐应用于行政管理领域，指的是经济社会表现出的易变性（Volatile）、不确定性（Uncertain）、复杂性（Complex）和模糊性（Ambiguous）①。当前"世界处于百年未有之大变局"，全球经济下行，新冠疫情等传染性疾病不安全因素威胁持续蔓延，国际格局和体系正发生深刻的变化，对城市竞技体育发展产生重大影响，增加了风险和不确定性，城市，尤其是超大城市竞技体育发展的内外部环境也更加复杂多变。城市化的快速发展，使人口结构、产业结构等发生变化②，释放人们的体育需求，人们对竞技体育的需求

---

① 张男星，王新风. 乌卡时代高等教育发展的境遇及其应对思考[J]. 中国高教研究，2022，349（9）：83-87.

② 陈颓，殷樱，夏崇德. 社会人口结构与竞技体育关系研究[J]. 武汉体育学院学报，2006，40（12）：8-8.

发生了易变。同时，随着科技领域在竞技体育领域中的强势推进和融合，不同学科和成果与竞技体育之间的协同与整合变得更为普遍，加快了竞技体育自身系统性变革,竞技体育与外部世界的界限日益模糊。在"乌卡"（VUCA，Volatile，Uncertain，Complex，Ambiguous 的缩写）环境下，我国城市和竞技体育各方面的不稳定、不确定、复杂性和模糊性给城市，尤其是超大城市竞技体育的发展带来了巨大冲击。内外环境的变化在为我国城市竞技体育发展带来巨大机遇的同时，也使城市竞技体育发展面临着更多的风险和挑战。

一、我国城市竞技体育发展外部环境的挑战

当前"世界处于百年未有之大变局"，国际格局和体系正发生深刻的调整，我国已进入国际国内双循环，以国内循环为主的新发展格局。同时随着现代化城市的建设，我国城市，尤其是超大城市的人口和空间越来越密集，城市社会组织和矛盾越来越复合，城市面临着不确定性和空前复杂的风险[①]。其一，从国际发展环境来看，世界各国和上海、北京等超大城市间在政治、经济、文化、科技等领域的竞争日益激烈，进入了动荡变革期，也减缓了体育全球化发展的进程，对竞技体育发展造成重大的影响，阻碍了国际赛事的发展空间和职业体育的发展，冲击了体育产业的发展，体育用品等零售业、制造业和服务业面临着停滞或负增长[②]。其二，从国内发展环境来看，首先，在全面建设小康社会阶段，社会主要矛盾发生转变，对竞技体育融入社会的发展提出了新的要求，要求竞技体育的价值从单一的金牌价值向服务社会发展的多元价值转向。竞技体育体制机制与社会经济转型发展和升级不相适应，政府、社会、市场、个人之间联动机制不健全[③]。其次，城市化

---

① 邵亦文，徐江. 城市韧性：基于国际文献综述的概念解析[J]. 国际城市规划，2015（2）：48-54.

② 鲍明晓. 当前中国体育发展的内外环境分析[J]. 成都体育学院学报，2022，48（2）：1-5.

③ 甘荔桔，李成梁. 新时代中国竞技体育系统联动的生成逻辑、现实审视与推进路径[J]. 沈阳体育学院学报，2022，41（6）：90-96.

的快速发展，使人口结构、产业结构等发生变化[①]。尤其是北京、上海等超大城市的人口数量的快速增长虽然提高了城市体育人口，释放体育需求，为竞技体育发展提供重要的基础，但同时人口数量的快速增长也造成体育场地资源的不足，人口的老龄化制约竞技体育后备人才培养[②]，人口的高速流动阻碍了体育文化的代际传承[③]。城市化快速发展使中国社会产业结构和就业结构发生调整，体育作为第三产业得到迅速发展，为城市竞技体育发展市场化和职业化提供了发展动力，但过度的商业化导致竞技体育发展短期的功利化，也给城市竞技体育带来如假球、贪腐等负面影响，损害竞技体育公平竞争的本质特征[④]。

二、我国城市竞技体育发展内部环境的挑战

城市化的进程，为我国城市竞技体育的发展带来了资源优势，竞技体育实现了飞速的发展。北京、上海、深圳、广州等超大城市竞技体育更是凭借经济和地域等优势，实现了竞技体育的突飞猛进。然而随着经济市场化改革的持续深入，城市竞技体育发展中仍存在一些矛盾和问题：其一，资源要素紧缺。当前竞技体育资源要素还存在明显的政府依赖性。从财力资源看，竞技体育发展资金总量不足、渠道单一、市场资本投入服务能力低；从人力资源上看，运动员、教练员、科研人员等人才总量不足、结构不合理，高素质人才缺乏，运动员文化教育缺失、运动员保障不足、人才流动机制不健全；从物力资源看，体育用地困难，体育场地不足。其二，竞技体育后备人才不足。较为单一的后备人才培养模式，造成了后备人才的"全线告急"，传统和非传统优势项目后备人才均呈现不同程度的萎缩。竞技体育多元培养方

① 陈颇，殷樱，夏崇德. 社会人口结构与竞技体育关系研究[J]. 武汉体育学院学报，2006，40（12）：8-8.

② 缪佳.上海竞技体育在建设全球著名体育城市中的发展探索与思考[J]. 体育科研，2022，43（3）：1-7.

③ 李威. 城市化视域下我国体育产业发展的机遇与挑战[J]. 山东体育学院学报，2019，35（1）：6-6.

④ 辜德宏. 我国竞技体育发展中社会和市场力量的作用及优化策略研究[J]. 体育科学，2022，42（2）：10-10.

式和保障体系不完善，不同运动项目和地区间后备人才不平衡。其三，项目结构不均衡。基础大项和"三大球"项目发展水平不高，职业体育发展滞后。其四，科研助力发展不够。缺乏高水平的科研创新成果、科技资源整合不足、科技成果实践转化率不高，导致科技引领竞技体育发展动力不足。

因此，在"乌卡"（VUCA）环境下，面对城市内外部环境的挑战，如何提升我国城市竞技体育系统在日益增长且变幻莫测的风险和挑战中正常运行并保持创新的能力，即竞技体育系统自身组织、功能协调、适应不确定性的能力，进而推动城市竞技体育高质量发展，实现发展增长由外部驱动向自我导向的有序转变是当前亟须解决的问题。韧性理论强调系统发展的动态性，表现为系统应对外部动态的变化，做出相应反应，及时、有效地恢复并保持系统基本功能的运行，更为重要的是系统能够从变化中"进化"到一种新的稳定状态。因此，为了应对"乌卡"（VUCA）环境下城市内外部环境的挑战，实现城市竞技体育动态和可持续性的发展，就需要提升城市竞技体育系统在应对风险和挑战中的韧性。"乌卡"（VUCA）环境下的困境也是当前我国城市竞技体育发展与改革面临的前所未有的境遇，城市竞技体育发展如何被动适应与积极应对这样的时代环境，如何提升韧性是当前我国城市竞技体育，尤其是超大城市竞技体育发展的内在诉求。

第二节　我国城市竞技体育系统演化模式与系统韧性演化模式相适应

韧性的本质来源于加拿大生态学家 Holling 建立的适应性循环理论，如图 2-1 所示，适应性循环理论以时间为序列将系统每构成一个适应性循环过程分为"开发（exploitation）、保存（conservation）、释放（release）和重组（reorganization）" 4 个阶段，每个阶段分别具有潜力、连接和韧性三种属性，其中潜力指的是系统所拥有的累计资本，反映系统演进的物质基础；连接性指的是系统与外届或系统内部各组分之间的联系程度；韧性指的是维持系统持续发展的路径创造和结构调整适应能力①②。该理论反映的是复合生态系统在受到外界干扰后所进行的自组织和构建恢复能力的演进模式③④。从时间序列上看，城市竞技体育系统一方面来自系统内部因子的动态变化，另一方面来自系统外部的扰动，导致城市竞技体育系统发生适应性循环变化，同时城市竞技体育系统内部因子的动态变化和外部的扰动推动系统适应性演化周期转变的动力。

一、开发阶段

在开发阶段（γ），系统的潜力随着各类资本的不断积累而增加，连通度随着系统与外界以及系统内部要素间的联系逐渐加强，系统抵抗外界冲击及适应变化的韧性也不断加强并达到最大值。就城市竞技体育而言，城市发展初期，地方政府为彰显实绩、满足政治需求，在举国体制下，通过统一配置、调配不断加大对竞技体育事业人力、物力和财力等的投入，以计划手段对体育资源进行配置，形成了高度集中的体育行政管理体制，以及管理、训练、竞赛一体化的结构，实现城市竞技体育的快速发展。

二、保护阶段

保护阶段（K），随着城市竞技体育系统潜力和连通度的不断加强，系统发展效率逐渐减缓，系统状态趋于稳定，此时系统极易受到外界干扰，韧性随之不断下降。该阶段表现为城市竞技体育处于高投入、

---

① Simmie J, Martin R. The economic resilience of regions: Towards an evolutionary approach[J]. Cambridge Journal of Regions, Economy and Society, 2010, 3 (1): 27-43.

② 李连刚，张平宇，谭俊涛，等. 韧性概念演变与区域经济韧性研究进展[J]. 人文地理，2019，34（2）：1-7.

③ 李博，史钊源，韩增林，等. 环渤海地区人海经济系统环境适应性时空差异及影响因素. 地理学报，2018，73（6）：1121-1132.

④ Li B, Shi Z Y, Tian C. Spatio-temporal difference and influencing factors of environmental adaptability measurement of human-sea economic system in Liaoning coastal area[J]. Chinese Geographical Science, 2018, 28 (2): 313-324.

低产出的粗放式发展阶段，随着城市竞技体育发展规模的不断扩大，政府单一的资金来源难以满足竞技体育的发展眼球，原有的资源配置模式暴露出诸多弊端[1]，竞技体育管理体制仍呈现垂直化管理，垂直化的管理使得竞技体育资源受到禁锢，市场等资源要素流动受限，得不到充分有效的利用，资源配置上存在路径依赖。

三、释放阶段

释放阶段（Ω），经过抵抗阶段，系统僵化，城市竞技体育系统韧性逐渐下降，当外界的干扰突破阈值时，外界的干扰因子会一定程度地干扰、制约和阻碍城市竞技体育系统内部要素间的相互作用方式，此时，系统内部所积累的资源开始释放，从而导致城市竞技体育系统构成要素之间的连接性降低，系统韧性也达到最低值。此阶段一般表现为城市竞技体育发展遇到瓶颈，在城市经济体制、政治体制，以及竞技体育价值和需求等发生改变的情况下，推动城市竞技体育市场化、职业化、产业化的发展成为一种必然。政府、社会、市场、个体多元主体间协同治理效果不佳，竞技体育难以充分利用社会资本，从而导致了竞技体育结构规模发展受限、投入产出效益失衡、科技赋能不够、竞技体育后备人才不足、职业体育市场化程度不高等众多问题[2][3]，城市竞技体育发展无法满足城市居民对竞技体育的需求和城市发展的需要。此时城市竞技体育系统构成要素之间的连接性较低，促使城市竞技体育系统外部人才、资金、技术和信息等资源要素和内部资源要素的释放，这些资源要素在系统内外的自由流动。然而，在释放阶段，城市竞技体育系统内部也表现出较高的潜力，赋予了城市竞技体育系统创新重组的机会，在此阶段需要不断寻求创新及新的发展动力，对

---

① 王茜，方千华. 中国竞技体育资源优化配置的突变模型与时空演进规律[J]. 成都体育学院学报，2011，37（1）：3640-3640.

② 杨国庆，彭国强. 改革开放 40 年中国竞技体育发展回顾与展望[J]. 体育学研究，2018，1（5）：12-22.

③ 任海，张佃波，单涛，等. 体育改革的总体思路和顶层设计研究[J]. 体育学研究，2018，1（1）：1-12.

城市竞技体育系统要素进行调整、重构，再适应，从而推动城市竞技体育向更优状态的转变。

四、重组阶段

在重组阶段（α），系统积累资本的释放以及各要素间的连接性降低，引起系统内部各组成要素、结构和功能不停地震荡和变化，也赋予了系统创新重组的机会，系统开始重组或更新要素结构，引发新的技术变革和创新，资本又开始重新积累，系统与外界以及系统内部各要素间的连接又逐步增强，韧性得以提升，系统又进入到一个新的开发阶段继续演进。

根据适应性循环中"潜力-连接-韧性"三个属性变化的标准化组合，系统并非按照"开发-保护-释放-重组"4个阶段依次发展，发展过程中也存在贫穷、僵化、锁定和未知陷阱[①]。以锁定为例，当前我国及各城市举国体制的竞技体育实现了快速的发展。各地方城市竞技体育发展在国家举国体制下形成了具有省属、市属特性的举国体制竞技体育制度，以团体力量办竞技体育的制度不仅为全国体育系统的发展演变设定了路径依赖，对各地方体育事业发展同样形成了路径依赖[②]。尽管我国已由计划经济转变到市场经济，但各地方竞技体育仍着眼于全运会和奥运会夺取优异成绩的体育工作思路，在历次的竞技体育改革中，均是对原有举国体制的修正和补错，延续着原有的体制。资源配置的主导权高度集中于各地方政府，在实现政绩的背后是大量的资金投入和资源使用的低效率[③]。这种举国体制的制度使得竞技体育在新时代的发展中不能满足多主体的利益要求，导致路径闭锁，陷入锁定陷阱，表现为系统呈现低潜力、高连接力、高韧性的组合结构。贫穷、僵化和未知陷阱分别表现为系统呈现低潜力、低连接力、低恢复；

---

① 金校名，李博. 中国沿海地区海洋渔业产业生态系统适应性循环过程及驱动机制[J]. 生态学报，2021，41（14）：5857-5867.

② 孔庆鹏."同心圆"实证[M]. 南京：江苏科学技术出版社，2005.

③ 朱玉霞，黄华明，孙国民. 区域竞技体育发展路径的创新研究——以江苏省为例[J]. 山东体育科技，2013，35（4）：15-18.

高潜力、高连接力、高韧性；高潜力、低连接力、低韧性的组合结构。

因此，城市竞技体育发展的演进过程，其实质就是在多重要素干扰下，城市竞技体育系统要素重组、结构重构、功能转型的过程，城市竞技体育发展系统的演化模式与演进韧性的适应性循环阶段相适应。

第三节　我国城市竞技体育系统特征与系统韧性特征相适应

一、系统性

系统是由一组结构有序、功能独立且相互联系的诸多要素集合，城市竞技体育系统是由城市政治、经济、科技、资源、文化等为外部环境系统，竞技体育制度、竞技体育人力、物力和财力资源要素为核心系统，群众体育、体育产业、体育文化等为关联系统组合成的复杂系统，各子系统通过与外部环境进行能量、物质、信息交换，再把物质、能量、信息等传递给系统核心，各系统要素相互作用，形成了较为稳固的结构，维持城市竞技体育系统的稳定发展，具有多要素、多层次、复杂非线性的系统特点。

韧性理论中，系统韧性指在系统发展过程中，通过主动调整系统要素，使得系统在面对极端风险冲击情景发生突变的动态过程中，所具备防御力、恢复力、适应力等韧性能力[①]，表现的是一种综合能力。系统性视角下的韧性不是各部分机械相加的总和，是一个有机的整体。"稳定力、抵抗力、恢复力和适应力"共同筑成了系统的韧性，每一种能力要素都在整个体系中处于一定的位置，有着特殊且重要的意义，每一种能力又反过来影响整体韧性和其他能力，而系统韧性的阶段性更呈现一定发展变动的规律性，每一种能力要素若偏离，就会影响到

---

① 詹承豫，高叶，徐明婧. 系统韧性：一个统筹发展与安全的核心概念[J]. 广州大学学报（社会科学版），2022，21（4）：16-16.

系统发展的整体效果①。

就城市竞技体育发展而言，城市经济的积累为竞技体育发展奠定了物质基础，城市化进程、人口聚集、经济结构的调整为竞技体育发展提供了良好的基础条件，举国体制下，政府部门运用行政手段对竞技体育进行集中管理，为竞技体育资源要素的积累提供了制度保障，这些资源要素相互作用，形成了较为稳固的结构，维持城市竞技体育系统的稳定，表现为城市竞技体育发展中的稳定力。随着经济全球化和城市现代化的发展，城市竞技体育应对的内外环境干扰也不断增多，内外环境的变化使得竞技体育系统内在发展的各要素之间的自然逻辑遭到破坏，造成竞技体育发展的停滞或倒退，此时需要对原有竞技体育体制的修正和补错，使城市竞技体育恢复原来的发展，表现为城市竞技体育发展中的抵抗和恢复能力。城市竞技体育经过短暂的停滞或倒退后，应顺应时代发展要求，将转变城市竞技体育发展方向，建立政府、社会、市场多元主体相融相助的管理体制与运行机制，加强群众体育、体育产业、体育文化系统与竞技体育系统之间的协同联动，促使竞技体育系统间要素结构的调整，为竞技体育发展提供新的发展动力，进而推动竞技体育的发展，表现为城市竞技体育发展中的适应能力。韧性理论视角下的城市竞技体育发展的系统性主要体现为城市竞技体育发展中的稳定力、抵抗力、恢复力和适应力的阶段性、层次性、关联性和规律性。因此，韧性理论与城市竞技体育发展中的系统性特征相适应。

二、自组织性

从前文城市竞技体育发展系统演化过程分析，城市竞技体育系统是一个开放系统，随着内外环境的变化处于动态变化中，尽管各个城市的竞技体育经过多年的发展积累了一定的基础要素资源储备，形成了较为稳定的内部结构。当城市竞技体育系统面对内外环境的冲击较

---

① 廖茂林，苏杨，李菲菲. 韧性系统框架下的城市社区建设[J]. 中国行政管理，2018，394（4）：57-62.

小，造成城市竞技体育发展出现短期的波动，这些基础要素储备组成系统屏障，形成城市竞技体育发展内在的基础弹性空间，通过基础资源要素的积累释放韧性因子，将城市竞技体育出现的负面问题和漏洞能够在原有体制机制框架内得到弥补或缓解，使城市竞技体育系统经过短暂的波动又基本回到原本的状态。然而一旦内外环境的变化超过了城市竞技体育可承受的临界点，就会使得城市竞技体育系统偏离原来的适应态，诱发了竞技体育的结构性与功能性变革，为城市竞技体育系统注入了新的生产要素、创新要素，增强了系统要素的流动性，竞技体育结构内部各要素与其他子系统间相互作用，使城市竞技体育系统重新进入新的适应态，随之形成了新的竞技体育运行机制与外部环境，改变了原有的竞技体育要素形态，并在动态中稳定下来，促使城市竞技体育系统的重构，表现出一定的自组织性。

韧性理论不仅关注系统短期在内外环境冲击下的应对，更强调系统在受到扰动中，实现自我恢复和自我更新的潜能，体现系统与外界环境交互中的"自适应"表现，也就是一种自组织能力①。

就城市竞技体育发展而言，城市现代化发展的开放环境中，城市竞技体育系统内外部因素相对其他历史时期具有显著性的变化，这一变化不仅表现在城市经济、社会、政治、文化、生态等领域的复杂因素的叠加，更加变为内外部因素间的相互影响，由此可能带来的竞技体育发展状态，如竞技体育成绩的短期剧烈波动以及长期竞技体育发展中的隐患，如运动项目发展不均衡、竞技体育后备人才短缺等。城市竞技体育本身在经济、运动员、教练员、体育场地设施等财力、人力和物力资源要素方面具有一定的依赖、积累和沉淀特点，较为容易受到外部环境中扰动因素的影响，呈现出一种突发性的冲击，造成城市竞技体育短期内发展的停滞。这种突发性的短期的竞技体育发展状态的波动，一般容易暴露出城市竞技体育发展深层次领域的矛盾问题。然而无论是短期内的应对还是长期的调整，都离不开竞技体育结构化

---

① 吉尔贝托·C. 加洛潘，巴勃罗·古特曼，埃克托尔·马莱塔，等. 关于全球性贫困、持久发展和环境问题的理论研究方法[J]. 国际社会科学杂志（中文版），1990（3）：85-108.

的改革。竞技体育发展在危机中或变化中遭遇显著的冲击，为防止这种短期的突发性危机演变为长期城市竞技体育发展障碍，形成持续性压力的可能性，我们需要对城市竞技体育进行结构性改革，例如通过制度与政策的制定或调整，创新竞技体育治理模式，加快城市竞技体育市场化、职业化的进程，形成新的发展路径，表现为城市竞技体育发展中的自组织性。因此，韧性理论与城市竞技体育发展中的自组织特征相适应。

第四节　我国城市竞技体育发展现实需求与韧性发展理念相适应

一、以韧性发展理念引领我国城市竞技体育可持续发展

韧性理论强调系统发展的动态性，表现为系统应对外部动态的变化所做出的相应反应，及时、有效地恢复并保持系统基本功能的运行，更为重要的是系统能够从变化中"进化"到一种新的稳定状态。在新发展阶段，我国竞技体育发展处于"两个大局"的时代交汇阶段，面对经济全球化和世界竞技体育发展格局等变化，新发展阶段在赋予了城市竞技体育发展新的机遇的同时，也给城市竞技体育发展提出了新的挑战。环境的复杂多变以及快速城市化进程加剧了城市竞技体育，尤其是超大城市竞技体育发展中各类矛盾和风险发生，竞技体育发展面临战略转型和成绩提升的双重压力，各种可以预见和难以预见的风险因素明显增多，在新发展阶段，必须不断提升在危机中开新机，在变局中开新局的能力[①]。因此，在新发展阶段，为了应对城市竞技体育发展中各类矛盾和风险，避免城市竞技体育系统内在发展的各要素之间的自然逻辑遭到破坏，引发城市竞技体育发展不平衡、冲突和错位问题，这就要求强化风险意识，对城市竞技体育系统结构进行优化或重组，以保持系统内部各要素之间的高度耦合，在不断变化的发展环

---

① 鲍明晓. 当前中国体育发展的内外环境分析[J]. 成都体育学院学报，2022，48（2）：1-5.

境中，通过创新发展路径，实现城市竞技体育的可持续性发展。

二、以韧性发展理念适应新时代我国社会主要矛盾转化的客观要求

韧性发展理念不仅强调系统应对风险的基础准备性能力和受到干扰后保持稳定发展的能力，更强调了系统在受到干扰恢复后，不断完善自身的创新发展能力。新发展阶段我国城市竞技体育发展处于快速发展向高质量发展的转型阶段，随着我国经济社会发展的主要矛盾的转变，城市竞技体育应切实转变发展方式，顺应城市经济和社会发展的需要，才能推动质量、效率和动力的变革，解决好城市竞技体育发展中存在的不平衡不充分问题，摆脱竞技体育项目的发展规模、结构、效益不均衡、区域间发展不平衡的困境，从追求数量规模的快速增长转向质量效益的平稳发展①，不断激发发展活力，满足人们的竞技体育需求，在"稳中求进"中实现竞技体育向更高效率、更高质量和更可持续的方向发展。因此，新发展阶段的城市竞技体育，尤其是超大城市竞技体育的发展要实现从数量规模到质量效益的平稳发展，就要求推进举国体制与市场机制有机融合，整合竞技体育体制性资源，强化政府调控与市场资源配置协同，统筹政府、社会、市场、个人、行业等多元力量，优化竞技体育发展环境，从要素驱动向创新驱动转变，增强竞技体育发展稳定和创新发展能力。

三、以韧性发展理念增强我国城市竞技体育内生动力

韧性发展理念不仅强调系统受到外界干扰后迅速恢复所需要的应对能力，更多强调的是长期演进中系统的调适能力。在市场经济的推动下，我国城市竞技体育已经朝着多元化市场经济体制并轨，尽管上海等超大城市已经基本完成了竞技体育发展职业化和市场化进程，但是长期以来我国城市竞技体育发展主要仍是依靠政府单一的政策和保

---

① 杨国庆."十四五"我国竞技体育发展的时代背景与创新路径[J]. 武汉体育学院学报，2021，55（1）：5-12.

障等资源要素驱动发展，这种依靠政府单一的资源要素驱动的方式无法很好地吸收市场和社会的资源，使得竞技体育的发展缺乏自我造血和自我生存的能力，从而导致社会参与度以及运行创新机制不足，制度创新、组织保障、科技助力等创新驱动要素与城市经济社会发展难以匹配，竞技体育主动融入城市发展的能力还不足，难以正真推动城市的发展①。因此，尽管城市化为竞技体育市场化和职业化发展带来了很大的空间，但是也要求城市竞技体育发展应该在发展变革的进程中，顺应城市化发展趋势，通过政策调节、资源配置、技术变革等手段不断完善自身的调适能力，实现竞技体育发展方式由赶超向全面协调发展的转变。

第五节　本章小结

　　本章在对我国城市竞技体育发展所处的内外环境挑战、城市竞技体育发展系统的演进模式以及城市竞技体育系统的特征分析的基础上，对韧性理论应用于我国超大城市竞技体育发展研究的适用性进行分析。研究结果表明，其一，提升城市竞技体育系统的韧性是城市竞技体育发展的内在诉求。在"乌卡"环境下，城市和竞技体育各方面的不稳定、不确定、复杂性和模糊性给城市竞技体育的发展带来了巨大冲击。内外环境的变化为城市竞技体育发展带来巨大机遇的同时，也使城市竞技体育发展面临着更多的风险和挑战。韧性理论强调系统发展的动态性，表现为系统应对外部动态的变化，做出相应反应，及时、有效地恢复并保持系统基本功能的运行，更为重要的是系统能够从变化中恢复后"进化"到一种新的稳定状态。因此，我国城市竞技体育发展应积极应对"乌卡"时代环境，提升韧性是当前我国城市竞技体育发展的内在诉求。其二，城市竞技体育发展系统演化模式与系

---

　　① 杨国庆，彭国强. 改革开放 40 年中国竞技体育发展回顾与展望[J]. 体育学研究，2018，1 （5）：12-22.

统韧性的演化模式相适应，演化过程是一个"开发、保存、释放和重组"的适应性循环的过程。其三，城市竞技体育系统的系统性和自组织性特征与系统韧性的系统性和自组织性特征相适应。其四，我国城市竞技体育发展现实需求与韧性发展理念相适应。以韧性发展理念可以引领我国城市竞技体育可持续发展，韧性发展理念是适应新发展阶段我国社会主要矛盾转化的客观要求，韧性发展理念可以增强我国城市竞技体育的内生动力。

第四章　韧性理论视角下我国超大城市竞技体育发展的理论研究

　　韧性理论视角下我国超大城市竞技体育发展的理论研究的内容是把握我国城市竞技体育发展方式存在的现实问题与转型方向。本章继前一章对韧性理论应用于我国超大城市竞技体育发展研究的适用性分析的基础上，进一步将韧性理论引入我国超大城市竞技体育发展问题的研究中，借鉴不同学科领域中韧性理论成熟的研究成果，基于韧性理论对城市竞技体育发展的演进过程、城市竞技体育发展的特征和城市竞技体育发展的内涵进行了分析。进一步从理论层面对韧性理论视角下的城市竞技体育发展问题进行探讨，以期能够为我国城市竞技体育发展研究提供了一种新的逻辑起点参考，也为后续实证研究奠定理论基础。

第一节　韧性理论视角下我国城市竞技体育发展的演进过程

　　城市竞技体育系统由诸多要素相互作用构成一个非线性的系统结构，城市竞技体育系统具有系统性和自组织性等特征，这一非线性系统协同演化进程使得城市竞技体育系统发生涨落，能够驱动开放系统失稳，远离平衡态，在系统非线性作用的基础上，形成新的稳定结构[1]。城市竞技体育系统是一个演化的、动态的，具有外在"驱动力"和内在"活力"，一旦受到外在的冲击力、外部驱动力下降或内在适应性减

---

① 邵桂华. 我国竞技体育系统耗散结构形成的路径[J]. 上海体育学院学报, 2021（5）: 12-16.

少，城市竞技体育系统就可能停滞或崩溃[1]。城市竞技体育作为一个社会-生态系统，在应对外界干扰时同样具有适应和可持续发展的能力，与演进韧性着重强调持续学习、适应和转型能力相适应。城市竞技体育发展的演进过程也是城市竞技体育系统在应对外界干扰时，不断适应、调整、恢复和改进系统能力的过程。当前国内外众多学者基于Bruneau[2]提出的社区基础设施"三阶段"韧性演进曲线模型，以系统韧性的阶段过程将各系统韧性的演进过程划分为抵抗、吸收、恢复[3][4]阶段，抵抗、调整、适应[5][6]阶段，以及准备、吸收、恢复、适应[7][8]阶段。本研究同样基于"三阶段"韧性演进曲线模型将城市竞技体育系统在风险扰动变化下的演进过程划分为准备、吸收、恢复和调试[9][10]阶段，如图4-1所示。

① 邵桂华. 中国竞技体育可持续发展研究综述[J]. 沈阳体育学院学报，2014（5）：57-63.

② Bruneau M, Chang S E, Eguchi R T, et al. A framework to quantitatively assess and enhance the seismic resilience of communities[J]. Earthquake Spectra, 2012, 19 (4): 733-752.

③ Ayyub B M. Systems resilience for multihazard environments: Definition, metrics, and valuation for decision making[J]. Risk Analysis, 2014, 34 (2): 340-355.

④ 李亚，翟国方，顾福妹. 城市基础设施韧性的定量评估方法研究综述[J]. 城市发展研究，2016，23（6）：113-122.

⑤ Yodo, Nita, Wang, et al. Engineering resilience quantification and system design implications: a literature survey[J]. Journal of Mechanical Design, 2016, 138 (11): 1-13.

⑥ Cutter S L, Barnes L, Berry M, et al. A place-based model for understanding community resilience to natural disasters[J]. Global Environmental Change, 2008, 18 (4): 598-606.

⑦ Igor, Linkov, Daniel, et al. Measurable resilience for actionable policy[J]. Environmental Science & Technology: ES&T, 2013, 47 (18): 10108-10110.

⑧ Yan C, Dueñas-Osorio L, Min X. A three-stage resilience analysis framework for urban infrastructure systems[J]. Structural Safety. 2012, 36-37: 23-31.

⑨ Ayyub B M. Systems resilience for multihazard environments: Definition, metrics, and valuation for decision making[J]. Risk Analysis, 2014, 34 (2): 340-355.

⑩ 李亚，翟国方，顾福妹. 城市基础设施韧性的定量评估方法研究综述[J]. 城市发展研究，2016，23（6）：113-122.

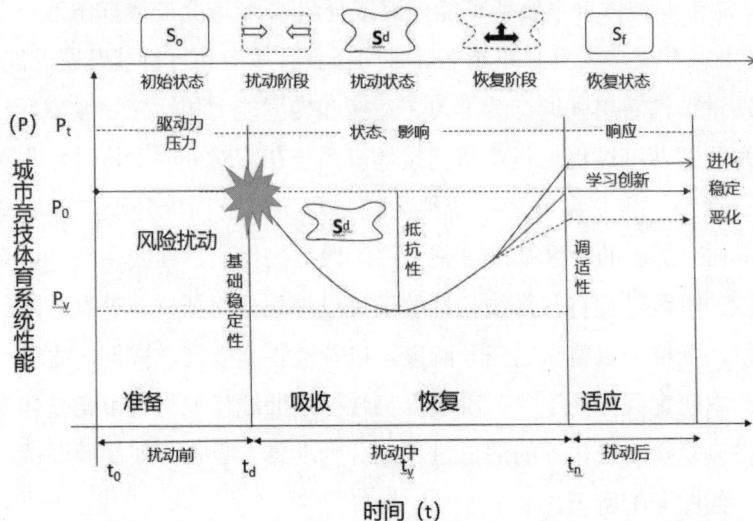

图 4-1　基于"三阶段"韧性演进曲线模型的城市竞技体育发展演进过程[①]

其一，准备阶段。当城市竞技体育系统处于准备阶段（$t_0 \sim t_d$）时，系统依靠城市竞技体育长久发展积累的基础要素资源储备，维持城市竞技体育系统平衡和稳定，表现出系统的基础稳定性，即城市竞技体育系统在面对竞技体育改革发展中可能发生的各类矛盾和风险扰动前的准备和预防。

其二，吸收阶段。当城市体育系统处于吸收阶段时（$t_d \sim t_v$），城市竞技体育系统受到各类矛盾和风险扰动并对其进行抵抗，城市竞技体育系统内在发展的各要素之间的自然逻辑可能遭到破坏，此时，如系统韧性较强，城市竞技体育系统内结构可以通过系统结构更新和重组，保持系统内部结构的稳定，有效抵御风险，系统仍能保持基础的运行，表现出较好的抵抗性。

其三，恢复阶段。当城市竞技体育系统在 t_d 时，系统性能可能降到最低点，此时城市竞技体育系统在恢复阶段（$t_v \sim t_n$）时开始对风险扰动做出反应，通过政策调节、资源配置、技术变革等手段和措施不

---

① 李阳力，陈天，臧鑫宇. 围水定策——中国 31 个省份水生态韧性评价与优化战略思考[J]. 中国软科学，2022（6）：96-110.

断完善城市竞技体育系统的自我发展能力，逐渐恢复系统性能并达到稳定或打破其原有的竞技体育发展路径实现进一步发展，表现出一定的适应和创新发展的能力。

其四，调试阶段。当城市竞技体育系统处于吸收和恢复阶段时，由于城市竞技体育系统所面对的风险扰动的程度以及竞技体育基础要素资源储备的不同，使得城市竞技体育系统性能下降速度有所不同，使城市竞技体育发展在面对风险扰动的第四阶段与初始阶段相比可能出现稳定、进化和恶化三种情况，即：（1）城市竞技体育系统进行结构型调整，回到原有发展路径，表现出稳定发展态势；（2）城市竞技体育系统结构进行重组或更新，转向到更优状态，表现出进化发展态势；（3）城市竞技体育系统发生结构性断裂，脱离现实发展路径，表现出恶化发展态势。

第二节　韧性理论视角下我国城市竞技体育发展的特征

韧性理论作为近几年兴起的新理论，着重突出社会-生态系统在应对干扰的演进过程中不断学习、适应和转型的能力[1]。随着韧性概念的演进，其内涵不断丰富，应用研究的领域也不断扩展，"韧性"也已由一个单一的概念过渡成为一种系统性的概念[2]。由于韧性理论的可塑性和灵活性，学者们将韧性理论应用于工程、社会、经济等不同学科领域，形成了工程韧性、社会韧性、经济韧性、城市韧性、能源韧性、农业韧性、产业韧性、基础设施韧性、网络韧性、物流韧性等概念[3]。如表4-1所示，通过多学科领域对韧性的概念化定义的分析看，虽然

---

① 唐明凤，吴亚芳. 基于创新生态系统视角的韧性社区建设与治理研究[J]. 湖南社会科学，2021（1）：96-103.

② 杨敏行，黄波，崔翀，等. 基于韧性城市理论的灾害防治研究回顾与展望[J]. 城市规划学刊，2016（1）：48-55.

③ Meerow S, Newell J P, Stults M. Defining urban resilience: A review[J]. Landscape and Urban Planning, 2016, 147: 38-49.

各个学科领域对韧性的关注维度不尽相同,对韧性的概念化各有倚重,但学者们普遍认为韧性是一种系统在抵抗外界干扰过程中表现出的抵抗、恢复、适应和发展的能力。

表 4-1　不同学科领域对韧性的概念化定义

研究对象	系统韧性的概念	韧性特征	代表性学者
城市韧性	城市系统及其所有组成的跨时空网络在受到干扰时能够保持或迅速恢复所需功能,并快速转换限制当前或未来的自适应能力。	恢复能力、自适应能力	Meerow S, Newell J P, Stults M [1], 2016
社区韧性	社区在遇到干扰后运用一系列适应性能力沿着功能性和适应性的正轨发展的一个过程。	适应性能力	Norris, F H [2], 2008
经济韧性	经济面对市场、竞争和环境等冲击时的抵抗能力或恢复其增长路径的能力,通过必要的经济结构和社会制度的适应改变以维持或恢复其原有增长路径或者转变到一个新的发展路径。	稳定能力、抵抗能力、恢复能力、适应能力	Martin R, Sunley P [3], 2015
农业韧性	农业系统消化和吸收外界干扰的一种抗冲击能力。	吸收能力、抵抗能力、	何亚莉等 [4],2021

① Meerow S, Newell J P, Stults M. Defining urban resilience: A review[J]. Landscape and Urban Planning, 2016, 147: 38-49.

② Norris F H, Stevens S P, Pfefferbaum B, et al. Community resilience as a metaphor, theory, set of capacities, and strategy for disaster readiness[J]. American Journal of Community Psychology, 2008, 41: 127–150

③ Martin R, Sunley P. On the notion of regional economic resilience: Conceptualization and explanation[J]. Journal of Economic Geography, 2015, 15 (1): 1-42.

④ 何亚莉,杨肃昌. "双循环"场景下农业产业链韧性锻铸研究[J]. 农业经济问题, 2021, 502 (10): 78-89.

续表

研究对象	系统韧性的概念	韧性特征	代表性学者
网络韧性	城市网络系统借助于城市间社会、经济、工程与组织等各领域的协作和互补关系，能够预防、抵御、响应和适应外部急性冲击和慢性压力的影响并从中恢复或转换的能力。	预防能力、抵抗能力、响应能力、适应能力	Beck M B[1],2013
组织韧性	组织在应对不利情境时呈现出来的预测能力、维稳能力、生存能力、忍受能力、适应能力、应对能力、学习能力、发展能力乃至茁壮成长能力等众多能力组合形成的动态的、灵活的组织能力。	预测能力、维稳能力、生存能力、忍受能力、适应能力、应对能力、学习能力、发展能力	Carvallo,A. ,and Areal N.[2],2016
能源韧性	能源系统对来自气候、经济、技术和社会等因素的扰动进行抵御，并在事后复原与复兴的能力。	抵抗能力、复原能力	Afgan N,Veziroglu A[3],2012

注：作者根据相关文献整理。

　　城市竞技体育系统由诸多要素相互作用构成一个非线性的系统结构，这一非线性系统协同演化进程使得城市竞技体育系统发生涨落，能够驱动开放系统失稳，远离平衡态，在系统非线性作用的基础上，形成新的稳定结构[4]。城市竞技体育系统是一个演化的、动态的，具有外在"驱动力"和内在"活力"，一旦受到外在的冲击力、外部驱动力

---

① Beck M B, Walker R V. Nexus security: Governance, innovation and the resilient city[J]. Frontiers of Environmental Science & Engineering, 2013, 7 (5): 640-657.

② Carvallo A, Areal N. Great places to work: Resilience in times of crisis[J]. Human Resource Management, 2016, 55 (3): 479-498.

③ Afgan N, Veziroglu A. Sustainable resilience of hydrogen energy system[J]. International Journal of Hydrogen Energy, 2012, 37 (7): 5461-5467.

④ 邵桂华. 我国竞技体育系统耗散结构形成的路径[J]. 上海体育学院学报，2021（5）：12-16.

下降或内在适应性减少，城市竞技体育系统就可能停滞或崩溃①。城市竞技体育作为一个社会–生态系统，在应对外界干扰时应具有适应和可持续发展的能力，与演进韧性着重强调持续学习、适应和转型能力相适应。

因此，基于韧性理论和城市竞技体育系统的特征分析，可以将城市竞技体育系统的韧性理解为城市竞技体育系统在抵抗外界干扰过程中表现出的抵抗、恢复、适应和发展的能力。

一、系统韧性的特征

对于系统韧性的特征，由于在学科的内部以及各学科之间，对于韧性的理解也不尽相同，从工程韧性、生态韧性再到社会生态韧性，韧性的概念、特征、本质目标等都发生了改变。通过对多学科领域关于韧性特征的研究发现，当前大部分国内外学者基于 Bruneau②提出的社区基础设施"三阶段"韧性演进曲线模型，将韧性阶段划分为抵抗、吸收、恢复③④阶段，抵抗、调整、适应⑤⑥阶段，以及准备、吸收、恢复、适应⑦⑧阶段，用以反映系统的稳定能力、抵抗或吸收能力、恢复能力和适应能力。稳定能力指的是系统在内外部环境干扰下维持自身系统稳定的能力；抵抗或吸收能力指的是系统在内外部环境干扰下，

① 邵桂华. 中国竞技体育可持续发展研究综述[J]. 沈阳体育学院学报，2014（5）：57-63.

② Bruneau M, Chang S E, Eguchi R T, et al. A framework to quantitatively assess and enhance the seismic resilience of communities[J]. Earthquake Spectra, 2012, 19 (4): 733-752.

③ Ayyub B M. Systems resilience for multihazard environments: Definition, metrics, and valuation for decision making[J]. Risk Analysis, 2014, 34 (2): 340-355.

④ 李亚，翟国方，顾福妹. 城市基础设施韧性的定量评估方法研究综述[J]. 城市发展研究，2016，23（6）：113-122.

⑤ Yodo, Nita, Wang, et al. Engineering resilience quantification and system design implications: a literature survey[J]. Journal of Mechanical Design, 2016, 138 (11): 1-13.

⑥ Cutter S L, Barnes L, Berry M, et al. A place-based model for understanding community resilience to natural disasters[J]. Global Environmental Change, 2008, 18 (4): 598-606.

⑦ Igor, Linkov, Daniel, et al. Measurable resilience for actionable policy[J]. Environmental Science & Technology: ES&T, 2013, 47 (18): 10108-10110.

⑧ Yan C, Dueñas-Osorio L, Min X. A three-stage resilience analysis framework for urban infrastructure systems[J]. Structural Safety, 2012, 36-37: 23-31.

形成有效的系统自我抵御屏障，以降低内外环境干扰对系统造成的破坏；恢复能力指的是系统在受到内外部环境干扰后，系统能够较快回归之前的增长路径的能力；适应能力指的是系统在受到内外部环境干扰后，通过系统内部结构的转型调整，驱动系统转向更优路径发展中所表现的更新和转型能力。如，Francis 与 Bekera 等认为"抵御能力、吸收能力与恢复能力"是韧性系统的三个主要特征[①]。Martin 和 Sunley 基于演化韧性的角度，将经济韧性的特征分为抵御力、恢复力、适应力和更新力 4 个方面，侧重体现经济系统动态变化的过程，被众多学者所肯定及采纳[②③]。也有部分学者以及系统在应对扰动时的抵抗阶段、吸收阶段、恢复阶段和适应阶段所表现出来的特性将系统韧性特征划分为鲁棒性、冗余性、灵活性、多样性、自组织性、学习创新性等。如，Bruneau 等提出韧性的特性包括坚固性、冗余度、谋略性及迅速性[④]；Peiwen Lu 等认为韧性可被诠释为系统的鲁棒性和迅速性[⑤]；美国洛克菲勒基金会发起"全球韧性百城"（100 Resilient Cities）计划认为城市韧性特征为反思力、随机应变性、稳健性、冗余性、灵活性、包容性和综合性[⑥]；社区韧性被认为具有自主能动性、资源冗余性和快速反应性等特征[⑦]；华中科技大学认为电力系统韧性具有鲁棒性、冗余性、机敏性和快速性 4 个特征[⑧]；能源系统韧性具有的鲁棒性、快速性和冗余性等特征；医疗系统韧性被认为具有自组织、响应性、学习性、

① 李亚，翟国方，顾福妹. 城市基础设施韧性的定量评估方法研究综述[J]. 城市发展研究，2016（6）：113-122.

② Martin R, Sunley P. On the notion of regional economic resilience: Conceptualization and explanation [J]. Journal of Economic Geography, 2015 (1): 1-42.

③ Nystrom K. Regional resilience to displacements[J]. Regional Studies, 2017 (1): 1-19.

④ Bruneau M. Enhancing the resilience of communities against extreme events from an earthquake engineering perspective[J]. Journal of Security Education, 2005, 1 (4): 159-167.

⑤ Lu P, Stead D. Understanding the notion of resilience in spatial planning: A case study of Rotterdam[J]. The Netherlands Cities, 2013, 35 (4): 200-212.

⑥ Foundation R. Characteristics of resilient systems[EB/OL]. 2013[2021-01-03]. http://www.100resilientcities.org/resources/#section-3.

⑦ 段亚林. 韧性社区：突发事件风险治理新向度[J]. 甘肃行政学院学报，2021（2）：11-11.

⑧ 陈磊，邓欣怡，陈红坤，等. 电力系统韧性评估与提升研究综述[J]. 电力系统保护与控制，2022，50（13）：12-12.

冗余性等特性；产业生态系统韧性具有多样性、进化性、流动性、缓冲性、网络性等特征。

通过国内外不同领域学者们对韧性特征的分析可以看出，由于韧性是一个多元化的概念，因此不同研究领域、研究对象以及研究目的，其系统韧性的特征也不尽相同，但都体现出系统在不同韧性阶段中所表现出的综合能力，即抵抗力、恢复力和适应力，以及系统在应对扰动时的抵抗阶段、吸收阶段、恢复阶段和适应阶段所表现出来的鲁棒性、冗余性、多样性、自组织性、学习性等特性。

二、城市竞技体育发展的特征

系统的韧性强调的是系统在受到环境干扰后运用一系列适应性能力，维持或恢复其原有增长路径或者转变到一个新的发展路径，呈现的是一种动态演化的过程。城市竞技体育系统中的韧性也同样强调了城市竞技体育系统在抵抗外界干扰过程中的适应性和演进性。前面基于韧性理论将城市竞技体育发展的演进过程划分为准备、吸收、恢复、适应[1][2]4 个阶段，考虑到本研究首次将韧性理论应用于城市竞技体育发展的研究，因此借鉴了国内外学者最常采用的以系统韧性演进阶段过程为依据划分系统韧性特征的方法，结合城市竞技体育系统的特征，同样以城市竞技体育系统适应扰动的阶段过程将城市竞技体育系统发展的特征划分为稳定能力、抵抗能力、恢复能力和适应能力。下面从城市竞技体育系统发展的 4 个阶段过程对城市竞技体育系统发展的特征进行阐述。

（一）稳定能力——准备阶段

城市竞技体育发展中的稳定能力是指城市竞技体育系统依靠城市长久发展积累的竞技体育资金、竞技体育人才、体育场地设施和技术等基础要素资源储备，维持城市竞技体育系统平衡、稳定发展的能力。

---

① Igor, Linkov, Daniel, et al. Measurable resilience for actionable policy[J]. Environmental Science & Technology: ES&T, 2013, 47 (18): 10108-10110.

② Yan C, Dueñas-Osorio L, Min X. A three-stage resilience analysis framework for urban infrastructure systems[J]. Structural Safety, 2012, 36-37: 23-31.

当城市竞技体育系统处于准备阶段（$t_0 \sim t_d$）时，系统依靠城市竞技体育长久发展积累的资金、人力资源（运动员、教练员、科研人员等）、物质资源（体育场馆、设备、器材等）、科技资源（科研设备、科技成果等）和文化资源（运动训练的理论与方法）等资源要素，在既有的竞技体育机制和体制下推动城市竞技体育有序发展，城市竞技体育系统处于相对稳定状态之中，系统内部结构和功能均能够保持一定的稳定性，表现出系统的基础稳定性，即城市竞技体育系统在面对竞技体育改革发展中可能发生的各类矛盾和风险扰动前的准备和预防。

（二）抵抗能力——吸收阶段

城市竞技体育发展中的抵抗能力是指城市竞技体育在受到干扰后，为防止城市竞技体育系统发展因脱离当前发展路径而造成的系统衰退的能力。其意义在于城市竞技体育系统要具备超出自身需求的资源冗余，从而为抵抗干扰提供充足的竞技体育资源储备。

当系统遭到内外环境干扰时，充足的资源储备能够延缓系统功能水平的下降速度，从而给各主体采取措施留出更多的时间，以此提高系统抵抗干扰的能力，避免系统衰退或崩溃[①]。在城市开放条件下，城市竞技体育所处的环境更为复杂多变，面临人口资源、财政资源、土地资源以及体制机制等多方面的干扰，干扰因子将打破城市竞技体育系统的平衡，使得城市竞技体育系统的运行偏离平衡点，竞技体育发展状态将呈现不同程度的波动，系统呈现无序不稳定的状态，表现为竞技体育成绩下滑、运动项目的结构性缺陷、创新驱动不足、后备人才萎缩等。此时城市竞技体育系统处于抵抗阶段（$t_d \sim t_v$），城市竞技体育系统受到各类矛盾和风险扰动并对其进行抵抗，城市竞技体育系统内在发展的各要素之间的自然逻辑可能遭到破坏，此时，凭借城市竞技体育原有的资金、人才、物质、技术和信息等基础资源要素储备，运用行政手段，在原有的体制下，使城市竞技体育系统维持原有的结构，抵抗风险，系统仍能保持基础的运行，表现为城市竞技体育系统

---

① 赵玉帛，张贵，王宏. 数字经济产业创新生态系统韧性理念，特征与演化机理[J]. 软科学，2022，36（11）：10-10.

的资源冗余度。

（三）恢复能力——恢复阶段

城市竞技体育发展中的恢复能力是城市竞技体育系统在受到内外环境干扰后，通过调整资源配置、技术变革等对政策体系的转变而使其系统快速地恢复其原有路径的能力。

从韧性理论来看，以流动性来表征系统的恢复能力，指的是系统各要素、主体和地区之间资金流、人才流、技术流和信息流等创新要素在系统内部高速流动，保障系统的开放性和动态性功能，其意义在于，打破系统内要素之间的流动壁垒，通过调动系统要素的响应能力，填补系统受到干扰后出现的各种缺口[①]。当城市竞技体育系统处于恢复阶段（$t_v \sim t_n$）时，通过引入社会和市场等要素资源，打破系统内要素之间的流动壁垒，使城市竞技体育系统内资金、竞技体育人才、场地基础设施、科学技术等资源要素高速流动，将城市竞技体育出现的问题能够在现有竞技体育体制机制框架内得到弥补或缓解，使城市竞技体育系统经过短暂的波动又基本回到原本的状态，系统重新回到原先的状态，表现为城市竞技体育系统要素的流动性。

（四）适应能力——适应阶段

城市竞技体育发展中的适应能力是指城市竞技体育系统在受到干扰恢复后，通过调整、适应、更新、转型等方式来使系统转向到更优状态，进而推动城市竞技体育在发展变革的进程中不断完善自身，借此冲击而打破其原有的发展路径的一种进化能力。

当城市竞技体育系统处于抵抗和恢复阶段时，由于城市竞技体育系统所面对的风险扰动的程度以及竞技体育基础要素资源储备的不同，使得城市竞技体育系统性能下降速度有所不同，使城市竞技体育发展在面对风险扰动的适应阶段与准备阶段相比可能出现稳定、进化和恶化三种情况：（1）城市竞技体育系统进行结构型调整，回到原有发展路径，表现出稳定发展态势；（2）城市竞技体育系统结构进行重

---

① Yan Y, Zhang J J, Guan J. Network embeddedness and innovation: Evidence from the alternative energy field[J]. IEEE Transactions on Engineering Management, 2019 (99): 1-14.

组或更新，转向到更优状态，表现出进化发展态势；（3）城市竞技体育系统发生结构性断裂，脱离现实发展路径，表现出恶化发展态势。当环境变化突破某一临界阈值时，城市竞技体育系统无法通过原有积累的资源要素和体制机制恢复到原先的状态，此时城市竞技体育系统就将偏离原先的适应态，诱发城市竞技体育发生结构性改变。城市竞技体育发展中的适应能力就强调了在受到环境变化后，城市竞技体育发展应该顺应经济社会发展的变化，通过政策调控，重新对竞技体育的资源进行配置，将竞技体育主动融入社会和城市的发展，激发社会主体活力，打破政府独管的体制结构，充分利用市场资源，形成多主体协同的城市竞技体育治理网络结构，以科技创新引领城市竞技体育发展，从而使城市竞技体育发展转向到更优状态，表现出进化发展态势，在学习和创新发展中形成一种新的有序结构。

第三节　韧性理论视角下我国城市竞技体育发展的内涵

一、我国城市竞技体育发展中的基础稳定性

城市竞技体育发展中的基础稳定性指的是城市竞技体育系统在应对竞技体育改革发展中发生的各类矛盾和风险扰动时所表现出的一种稳定能力，对系统起到基础性、支撑性的作用。城市竞技体育发展是相对复杂多变的过程，城市竞技体育资源是竞技体育系统正常运行的条件和保证，主要涉及竞技体育发展中的人力、物力、财力和科技资源，如运动员、教练员、科技人员、竞技体育财政投入、体育场地等。除此之外，城市的经济、人口、文化、自然等资源也是竞技体育发展的关键要素。这些资源要素相互作用、相互影响，具有一定的结构和功能，共同维持城市竞技体育系统的正常运行。当城市竞技体育系统在面临渐变式或突变式风险的干扰与冲击时，城市竞技体育系统的这些资源要素通过相互间影响和作用，调整或重组系统结构，维持城市

竞技体育系统的稳定性，这些资源要素对城市竞技体育系统起到支撑作用，表现出城市竞技体育发展中的基础稳定性。

城市竞技体育发展中的基础稳定性随着城市竞技体育的不断发展呈现出如下特点：其一，这种基础稳定性是城市竞技体育在发展中长久积累的基础要素资源储备，因此城市竞技体育发展中的基础稳定性呈现出历史依赖性的特点；其二，城市竞技体育系统依赖其基础要素储备，组织系统屏障应对风险，因此城市竞技体育发展中的基础稳定性呈现出前摄性的特点；其三，城市竞技体育系统基础要素资源储备随着城市发展和竞技体育改革处于不断的变化之中，因此城市竞技体育发展中的基础稳定性呈现出动态性的特点；其四，不同的城市具备不同基础要素资源储备，因此不同城市竞技体育发展中的基础稳定性呈现出差异性的特点。

二、我国城市竞技体育发展中的演化性

城市竞技体育发展的演化性指的是城市竞技体育在发展过程中不断地变化推进，由一种稳定状态转化成另一种更高级的稳定状态的能力。城市竞技体育发展中的演化性主要体现在城市竞技体育系统中各要素间的相互作用，导致城市竞技体育系统产生多样性和变化性。

城市竞技体育系统是一个由城市系统和竞技体育系统以及若干功能相互连锁、行为交互影响的子系统和主体结合而成的复杂系统，其中竞技体育系统结构是一个多层次，多种要素和多项环节构成的系统性结构复合体[①]，包括体制结构、组织结构、目标结构和价值结构等[②]。竞技体育的结构性问题是竞技体育发展中的关键与核心问题。一个好的竞技体育结构体必然具有部门协同、结构优良、各子系统要素高度耦合、协调互补的结构关系，依靠这种结构关系，在应对各种扰动和冲击中可以形成一定的结构性的螺旋空间，保障各子系统的良性运行，

---

① 辜德宏. 竞技体育发展方式构成要素与结构模型分析[J]. 沈阳体育学院学报，2016（2）：44-51.

② 彭国强，杨国庆. 新时代中国竞技体育结构性改革的特征、问题与路径[J]. 武汉体育学院学报，2018，52（10）：5-12.

避免长期变革或短期冲击中的"要素失衡"或"结构断裂"。从我国竞技体育发展方式转变历程可以看出，我国竞技体育发展方式的改变，实质上是竞技体育结构的改变，目的是使竞技体育能够融入经济社会发展之中。

城市经济社会环境的变化促使城市竞技体育发生转变，诱发了竞技体育的结构性与功能性变革，当竞技体育结构出现变化使得整个竞技体育系统偏离原来的适应态时，竞技体育结构内部各要素之间与其他子系统间相互作用，使城市竞技体育系统重新进入到新的适应态，随之形成了新的竞技体育运行机制与外部环境，改变了原有的竞技体育要素形态，并在动态中稳定下来，促使城市竞技体育系统的重构，竞技体育系统即使在面临风险的干扰与冲击下，也可以利用自身的适应机制和自组织力量及时做出相应的调整，在适应当下经济社会环境变化下保持自身结构的合理性，这一优化调整的过程强调了系统的学习和创新能力。

城市竞技体育系统是一个开放的系统，开放的系统会随着相关联的系统的变化而变化[①]。城市竞技体育发展中的演化性，体现在城市竞技体育系统结构为适应城市社会系统的发展，利用其自身结构进行分化重组，通过内外涨落的共振协调，使其结构内部要素在共振中达到新的稳定状态。在新发展阶段，城市竞技体育发展系统为适应社会政治、经济、文化、教育等领域事业发展的要求，实现创新发展，必须调整系统要素结构，由体育系统向体育、教育、社会、市场等多系统网络式立体联动结构改变[②]，从单一管理向多元治理的体制结构转变，从要素驱动向创新驱动的组织结构转变，从金牌至上向展现综合实力的复合型目标结构转变，从服务国家的单一价值向满足社会需要的多元价值结构转变[③]。

---

① 雷国雄，李声明. 经济发展方式的历史演进性与一般演进规律[J]. 广西财经学院学报，2013，26（6）：1-7.

② 甘荔桔，李成梁. 新时代中国竞技体育系统联动的生成逻辑、现实审视与推进路径[J]. 沈阳体育学院学报，2022，41（6）：90-96.

③ 彭国强，杨国庆. 新时代中国竞技体育结构性改革的特征、问题与路径[J]. 武汉体育学院学报，2018，52（10）：5-12.

三、我国城市竞技体育发展中的调适性

城市竞技体育发展中的调适性指的是城市竞技体育发展为适应城市和社会经济发展的变化，主动对其自身内部系统进行调节和适应的能力，即长期演进中城市竞技体育要具备一定的能动性调适能力。决策者可通过政策改革和弹性体制的建设用于应对国家和城市社会经济不同发展阶段所产生的特殊要求，鼓励并诱导创新导向和更有效率的结构性变革，减少风险带来的影响、降低国家和城市发展的成本，保证国家和城市各项事业长期稳定发展，这就是良好的制度功能所带来的可调节的适应性，即变化中的调适性。"明者因时而变，知者随事而制"，好的制度具有应对形势变化的适应能力，能够根据时与势的不同而灵活调整，做到因势而谋、应势而动、顺势而为。

从计划经济到市场经济，城市竞技体育随着城市化快速发展，社会经济的发展取得了重大的成就，城市化发展推动了城市竞技体育向市场化和职业化转向，在转向的过程中，制度的调整和创新起到了极为重要的作用[1]，主要表现在统合社会、平衡结构与政策调节中[2]。在社会主义市场经济体制的影响下，我国竞技体育市场化改革的进程，折射出我国从计划经济到市场经济的变革，我国竞技体育市场化的改革也可以说是制度的调适与变迁[3]。如，为了克服体育发展在市场化中产生的不利因素，1996 年发布了《进一步加强体育经营活动管理的通知》，就是对 1994 年发布的《关于加强体育市场管理的通知》制度的调整和创新。2016 年国家体育总局印发《竞技体育"十三五"规划》，提出我国竞技体育也要充分发挥资源配置中市场的决定性作用，是对我国竞技体育市场化改革的进一步延伸。之后，随着竞技体育发展的外部环境和自身发生的变化，原先的制度不断更新和确立，我国竞技体育的市场化发展也取得了长足的发展。我国竞技体育每一次的市场

① 许永刚，孙民治. 中国竞技体育制度创新[M]. 北京：人民体育出版社，2006.

② 李路曲. 制度变迁的动力、特性与政治发展[J]. 学习与探索，2013（7）：44-51.

③ 田丽敏，李赞，熊文. 我国竞技体育市场化改革：制度变迁的阶段划分，变迁特征及其启示[J]. 武汉体育学院学报，2019，53（5）：23-27.

化改革推进都是对原有制度的调适和创新，也正是这种制度的调适和创新能力能够让我国竞技体育在稳定发展的前提下，不断地变革完善。只有通过制度的调适和创新，才能促使国家和城市竞技体育的发展能够与时俱进，从而不断满足国家和城市社会经济的动态需求。

第四节　本章小结

本章在通过对不同学科领域中韧性的概念、系统韧性的演进过程以及系统韧性的特征和内涵的总结分析，进一步从理论层面对韧性理论视角下的我国城市竞技体育发展的演进过程、城市竞技体育发展的特征和城市竞技体育发展的内涵进行了探讨。研究认为：（1）我国城市竞技体育系统的韧性可以理解为城市竞技体育系统在抵抗外界干扰过程中表现出的抵抗、恢复、适应和发展的能力。（2）我国城市竞技体育系统在风险扰动变化下的演进过程可以划分为准备、吸收、恢复和调试4个阶段。（3）我国城市竞技体育发展的特征为稳定能力、抵抗能力、恢复能力和适应能力。其中稳定能力指的是城市竞技体育系统依靠城市长久发展积累的竞技体育资金、竞技体育人才、体育场地设施和技术等基础要素资源储备，维持城市竞技体育系统平衡、稳定发展的能力。抵抗能力指的是城市竞技体育在受到干扰后，为防止城市竞技体育系统发展因脱离当前发展路径而造成的系统衰退的能力。恢复能力指的是城市竞技体育系统在受到内外环境干扰后，通过调整资源配置、技术变革等对政策体系的转变而使其系统快速地恢复其原有路径的能力。适应能力指的是城市竞技体育系统在受到干扰恢复后，通过调整、适应、更新、转型等方式来使系统转向到更优状态，进而推动城市竞技体育在发展变革的进程中不断完善自身，借此冲击而打破其原有的发展路径的一种进化能力。（4）我国城市竞技体育发展的内涵可以归纳为城市竞技体育系统在演进过程中所表现出的基础稳定性、演化性和调适性。其中基础稳定性指的是城市竞技体育系统在应对竞技体育改革发展中发生的各类矛盾和风险扰动时所表现出的一种稳定能力，对系统起到基础性支撑性的作用。演化性指的是城市竞技体育在发展过程中不断地变化推进，由一种稳定状态转化成另一种更高级的稳定状态的能力。调适性指的是城市竞技体育发展为适应城市和社会经济发展的变化，主动对其自身内部系统进行调节和适应的能力，即长期演进中城市竞技体育要具备一定的能动性调适能力。

第五章　我国超大城市竞技体育发展评价指标体系的构建

理论要应用于实践，能否在理论分析的基础上对我国超大城市竞技体育发展中的韧性进行评价是本研究要探讨的重点。本章在对韧性视角下我国超大城市竞技体育发展的理论研究的基础上，基于城市竞技体育发展的演进过程，构建了我国超大城市竞技体育发展的评价指标体系，旨在将理论研究与实践相结合，为下一章对我国超大城市竞技体育发展情况进行定量评价提供测量工具。

第一节　评价指标体系框架的选择

要对我国超大城市竞技体育系统在对抗扰动过程中的韧性进行全面科学的解析和评价，选择一个逻辑清晰、能将复杂问题简单化，又能多维全面地进行系统理论分析的框架是关键。很多学者经过长期的研究和不断的完善，提出了很多系统韧性评价理论模型。归纳起来，现有系统韧性评价体系的常见构建思路分为评价对象基本构成要素、韧性特征、韧性阶段过程三种[①]。相比与构建静态的评价体系，选择合适的理论模型框架构建动态的评价体系的逻辑性与关联性更强，描绘动态变化的我国超大城市竞技体育发展情况更为合理。

在以系统韧性特征和阶段过程构建的评价体系中，DPSIR 模型因为可以更加深入和细化地描述社会生态系统的运行过程，能够更好地反映人与环境系统间的相互关系，在系统韧性研究中被广泛认可和应用，也是国内外较为常见的以韧性阶段过程为构建思路的系统韧性的

---

① 倪晓露，黎兴强. 韧性城市评价体系的三种类型及其新的发展方向[J]. 国际城市规划，2021，36（3）：7-7.

基本理论模型①②③。

如图 5-1 所示，DPSIR 模型是 1993 年欧洲环境署基于 PSR 理论模型演化而来，是在 PSR 模型和 DSR 模型基础上发展起来的④，能够很好地显示外部环境与人类活动之间的关系，具有跨学科的优势，是成熟的社会-生态分析的理论模型，被广泛应用于不同学科领域的服务于复杂环境系统的分析和评价中⑤⑥。本研究选取 DPSIR 模型作为我国超大城市竞技体育发展评价指标体系构建的框架，对城市竞技体育发展中的系统韧性进行解析和构建评价指标体系，主要原因有以下几个方面：

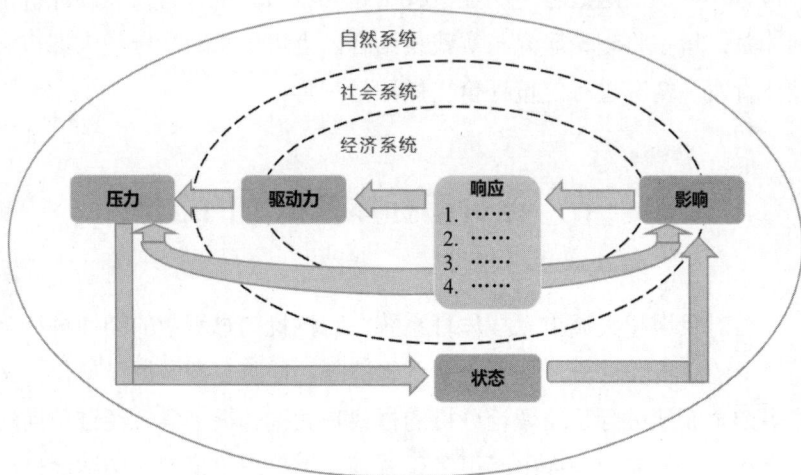

图 5-1　基于复合生态系统的 DPSIR 模型作用机制图

---

① 马文林, 郭丽平, 王海婷, 等. 社区生态系统气候韧性概念及评估研究[J]. 生态经济, 2023, 39（3）: 177-183.

② 李雪铭, 刘凯强, 田深圳, 等. 基于 DPSIR 模型的城市人居环境韧性评价——以长三角城市群为例[J]. 人文地理, 2022, 37（1）: 54-62.

③ 吴洋宏, 周小亮, 李广昊. 新发展格局下中国区域经济韧性动态双向评价指标体系构建与应用[J]. 学术交流, 2022, 341（8）: 98-111.

④ Smeets E, Weterings R. Environmental indicators: Typology and overview[J]. European Environment Agency, 1999, 25 (25): 19-19.

⑤ 邵超峰, 鞠美庭. 基于 DPSIR 模型的低碳城市指标体系研究[J]. 生态经济, 2010（10）: 95-99.

⑥ 赵翔, 贺桂珍. 基于 CiteSpace 的驱动力-压力-状态-影响-响应分析框架研究进展[J]. 生态学报, 2021, 41（16）: 6692-6705.

第一，韧性理论视角下超大城市竞技体育发展的韧性强调的是城市竞技体育系统在受到环境干扰后运用一系列适应性能力，维持或恢复其原有增长路径或者转变到一个新的发展路径，呈现的是一种动态演化的过程。因此，我们将超大城市竞技体育发展韧性的演进过程划分为准备、吸收、恢复、适应4个阶段，以城市竞技体育系统适应扰动的阶段过程将城市竞技体育发展韧性的特征划分为稳定能力、抵御能力、恢复能力和适应能力。而DPSIR模型可以完整地描述演进韧性下的韧性阶段过程[①]，从驱动力（D）、压力（P）、状态（S）、影响（I）和响应（R）5个维度将系统韧性演进过程分解为准备、吸收、恢复和适应4个阶段过程，与城市竞技体育发展的准备、吸收、恢复、适应的演进过程相一致。

第二，城市系统是城市居民与其环境相互作用而形成的统一整体，是一种"自然-社会-经济"复合生态系统[②]。竞技体育本质上也是一个演化的、动态的，受外部环境和内部因素共同影响的，具有开放结构特征的复杂巨系统[③][④]。城市竞技体育系统作为城市系统的一个子系统，本质上是一个复合生态系统，也同样具有开放性、复杂性、动态平衡性等特征。因此，对城市竞技体育系统问题的研究应充分考虑人类活动与城市竞技体育系统的响应关系，强调城市竞技体育的发展应该适应城市的生态发展规律，服从并服务于生态系统，既能够实现城市竞技体育系统内部高效的一体化，又符合城市竞技体育可持续发展的目标。

第三，DPSIR理论模型不仅能够解释外部环境与人类活动的因果关系，同时涵盖了经济、社会、环境、政策四大要素，能够很好地显示外部环境与人类活动之间的关系，指标选择具有较强的覆盖性。城

---

① Sarkki S, Komu T, Heikkinen H I, et al. Applying a synthetic approach to the resilience of Finnish reindeer herding as a changing livelihood[J]. Ecology and Society, 2016, 21 (4): 14-14.

② 王宏亮，高艺宁，王振宇，等. 基于生态系统服务的城市生态管理分区——以深圳市为例[J]. 生态学报，2020，40（23）：8504-8515.

③ 邵桂华，满江虹. 基于系统动力学的我国竞技体育可持续发展能力研究[J]. 体育科学，2010（1）：36-43.

④ 邵桂华. 我国竞技体育系统耗散结构形成的路径[J]. 上海体育学院学报，2021（5）：12-16.

市竞技体育发展的系统属性决定了城市竞技体育发展的研究既要包含社会、经济、环境各个维度，又要体现系统要素间的关联性。

第四，DPSIR 模型中的因果关系为城市竞技体育发展影响要素间作用关系的研究提供了一种研究范式：虽然 DPSIR 理论模型各维度表征的是人类在活动中对外部环境的不同反馈，但其循环方式与城市竞技体育在发展过程中受到扰动时的韧性演进机制相契合。DPSIR 模型继承了 PSR 和 DSR 采用"原因-效应-反应"的逻辑关系的优点，可以完整描述了城市竞技体育发展系统的演进过程①。

第五，DPSIR 模型反映出城市对竞技体育系统的管理思想：该模型不仅分析了整个城市竞技体育发展系统的综合状况，也能够辨析影响城市竞技体育发展系统的原因，评价城市竞技体育发展响应措施的实施绩效。该模型强调了城市竞技体育发展管理者的重要性，"响应"维度涵盖了城市管理者对竞技体育发展模型改善等方面的管理措施。同时，该模型提出了"影响"对"响应"的激发作用，"响应"对"驱动力""压力""状态"的反馈作用，将城市竞技体育发展系统架构为闭环和往复的过程，描述了城市管理者对竞技体育发展韧性变化的响应能力和调控能力。这种动态循环、持续修正的管理模式也是城市竞技体育可持续发展的重要措施和保障。

综上，韧性理论视角下我国超大城市竞技体育发展的研究可以认为是复合生态系统理论的具体表征。韧性理论视角下超大城市竞技体育发展研究的对象是人类活动与自然资源与环境之间的相互影响关系。因此，相比于构建静态的城市竞技体育发展研究范式，选择 DPSIR 模型从"驱动力-压力-状态-影响-响应"因果链的五大力量动态、联系地分析城市竞技体育发展演进情况，构建动态的研究范式描绘动态变化的城市竞技体育发展情况，其逻辑性与关联性更强，也是当前城市竞技体育发展研究中较为缺乏的。因此，本研究在韧性理论视角下选择 DPSIR 理论模型作为我国超大城市竞技体育发展评价指标体系

---

① Sarkki S, Komu T, Heikkinen H I, et al. Applying a synthetic approach to the resilience of Finnish reindeer herding as a changing livelihood[J]. Ecology and Society, 2016, 21 (4) : 14-14.

构建的理论框架，不仅能够体现出系统韧性发展的阶段性特征①，也能体现韧性理论应用到我国超大城市竞技体育发展研究的时代性和契合性。

第二节　评价指标体系构建的原则

切实可行且有效的评价指标体系，能够充分反映我国超大城市竞技体育发展的特点和情况，对最大限度发挥竞技体育在城市发展中的作用有重要作用。因此，对指标体系进行构建的过程中，要明确其设计原则，韧性理论视角下我国超大城市竞技体育发展评价指标体系构建的原则如下：

一、全面性原则

城市和竞技体育都是一个复杂系统，城市竞技体育的发展与政治、经济、环境、文化等多方面息息相关。城市竞技体育发展中的韧性也贯穿于城市竞技体育发展的整个过程中，是一种综合能力的反映。因此，在构建韧性理论视角下我国超大城市竞技体育发展评价指标体系的过程中，应将指标划分为多个不同的层级，以此能够较为全面地反映我国超大城市竞技体育发展的整个过程阶段的特征。

二、科学性原则

本研究所构建的我国超大城市竞技体育发展评价指标体系是以DPSIR模型和"三阶段"韧性演进模型为基础的，是对其他学科领域和其他学者研究成果的借鉴和发扬，目的为衡量并提升城市竞技体育发展中的韧性。指标的选取应秉承合理和科学的态度，能够客观真实地反映城市竞技体育发展中韧性的特征和状况，以保证研究成果的真

---

① 李雪铭，刘凯强，田深圳，等. 基于DPSIR模型的城市人居环境韧性评价——以长三角城市群为例[J]. 人文地理，2022，37（1）：45-62.

实性。

三、动态性原则

城市竞技体育发展中的韧性是随着城市和竞技体育的发展而不断变化的，是动态发展的。因此，在我国超大城市竞技体育发展评价指标体系构建的过程中应选取既能反映当前我国城市竞技体育发展中韧性的状态，也能反映城市竞技体育发展中韧性的变化态势。

四、可操作性原则

本研究在选取我国超大城市竞技体育发展评价的指标上避免主观判断的指标，选择可度量和可获取的指标。在我国超大城市竞技体育发展评价指标体系的实际应用中有统一、客观的参照标准，进而保证评价结果的科学性。

第三节　评价指标体系构建的思路

韧性理论视角下我国超大城市竞技体育发展评价指标体系建立的主要目的是评估我国超大城市竞技体育系统的韧性水平和发展态势。本研究通过资料收集与系统分析，评价指标的初选，评价指标的修正和优化评价指标权重的确定4个基本步骤构建韧性理论视角下城市竞技体育发展评价指标体系。（1）资料收集与系统分析是在对现有文献和我国超大城市竞技体育发展现状总结的基础上进行归纳和演绎，是为初选指标的设定做材料和理论支撑。（2）评价指标的初选是在对我国超大城市竞技体育系统的韧性较为全面、系统的理解基础上，尽可能设定全面的初级指标，为最终指标确定做铺垫。（3）评价指标的修正和优化是通过对专家进行咨询对初选的评价指标进行修正和优化，直到符合评价指标筛选的标准。（4）评价指标权重的确定是根据构建的评价指标体系，采用层次分析法和熵值法相结合综合赋权法确定评价指标体系各层次指标的最终权重。

第四节　评价指标的初选

对韧性理论视角下我国城市竞技体育发展的演进过程、系统韧性特征和内涵理解的深度和广度影响着我国超大城市竞技体育发展评价指标体系的构建。无论何种指标体系，均有其认识上的局限性，不可能包括城市竞技体育发展过程中的所有内容。由于当前韧性理论视角下我国超大城市竞技体育发展的研究目前基本属于空白，在研究前期缺少可参照性内容。因此，本研究在选取韧性理论视角下我国超大城市竞技体育发展评价指标内容时，对竞技体育评价和各类城市体育评价的相关文献进行了梳理，以为韧性理论视角下我国超大城市竞技体育发展评价指标内容的取舍进行参考。

在基于韧性理论初步构建我国超大城市竞技体育发展的评价指标体系过程中，通过大量文献梳理和专家咨询等前期先行研究的铺垫，按照评价指标体系的构建原则，初步对我国超大城市竞技体育发展评价指标进行选择。

一、一级指标的确定

基于韧性理论研究我国超大城市竞技体育发展的目的是提升我国超大城市竞技体育系统在面临内外部环境变化过程中所具备的系统自身基础性稳定能力，长期发展中的演进性的恢复能力以及适应变化的适应能力，是一种过程性的综合发展能力。这种综合发展能力主要表现在扰动前系统的准备"驱动"过程、暴露于扰动源的"压力"过程、扰动中系统内部的"状态"过程和系统外部的"影响"过程、扰动后恢复系统运行能力和遭受危机后适应新环境的"响应"过程中。同时，通过专家访谈等方法咨询竞技体育、城市体育发展、韧性理论方面的专家。根据 DPSIR 理论模型将一级指标确定为"驱动力""压力""状态""影响""响应"。其中"驱动力"指的是促使城市竞技体育系统韧性发生变化和发展的外部和内部环境资源要素，也是促使城市竞技体育系统的韧性发生变化的最初的指标；"压力"指的是在"驱动力"的作用下，直接施压在城市竞技体育系统内的促使城市竞技体育系统的韧性发生变化的要素；"状态"指的是城市竞技体育系统的韧性在"驱动力"和"压力"下的现实表现；"影响"指的是当城市竞技体育系统的韧性发生变化时对体育其他领域等方面产生的效应；"响应"指的是面对城市竞技体育系统的韧性发生变化时而采取的有效措施及对策。

二、二级指标的初选

（一）驱动力二级指标的初选

在 DPSIR 理论模型中，"驱动力（D）"是系统发生变化的根源，是推动城市竞技体育发展的根本原因，也是促使城市竞技体育发展中系统韧性发生变化的原始动力，主要指推动城市竞技体育发展的基础资源要素。在城市竞技体育系统经历扰动前，良好的"驱动力"可以有效预防内外部环境变化对城市竞技体育系统的冲击和扰动，表现为城市竞技体育系统的稳定和预防能力，城市竞技体育的发展也是受到外部和内部环境共同作用发展的，外部环境是竞技体育发展所必须依赖的前提条件，内部环境是竞技体育系统自组织发展的动力[①]。城市竞技体育系统内部和外部资源要素相互作用、相互影响，共同驱动着城市竞技体育的发展。

因此本研究从外部驱动力和内部驱动力两方面提炼能够反映超大城市竞技体育发展中系统韧性的驱动力指标。外部驱动力即外部环境是竞技体育发展所必须依赖的前提条件，是影响竞技体育变化和发展的关键要素，也是促使竞技体育发展发生变化的最初要素，包括经济、

---

① 邵桂华, 满江虹. 基于系统动力学的我国竞技体育可持续发展能力研究[J]. 体育科学, 2010（1）：36-43.

社会、自然等方面多种要素①②。内部驱动力即内部环境是竞技体育系统自组织发展的动力，是竞技体育发展的关键所在，主要指在竞技体育发展中的人力、物力、财力和科技要素。

（二）压力二级指标的初选

在 DPSIR 理论模型中，"压力（P）"指环境变化的内在压力因子，施压在系统内的促使系统韧性发生变化的因素。压力指的是城市竞技体育在发展过程中，阻碍城市竞技体育发展，施压在城市竞技体育系统的促使城市竞技体育发展中系统韧性发生变化的因素，这些因素给城市竞技体育发展带来的直接或间接的压力和风险。城市竞技体育系统在内外环境驱动力的刺激下，直接或间接施压于系统内部，促使城市竞技体育系统内部的结构要素发生变化，此时，城市竞技体育内部系统则需要通过快速调整，对外部冲击进行缓冲，表现为一种对冲击缓冲的能力。

因此本研究从直接压力和间接压力两方面提炼反映超大城市竞技体育发展中系统韧性的压力指标。直接压力指的是直接阻碍城市竞技体育发展的内部因素，如竞技体育财政预算的萎缩、运动员教育和退役安置、教练员的培养质量以及竞技体育发展中的道德失范现象等③，这些因素都直接对城市竞技体育发展产生影响，影响经济体育健康发展④。间接压力指的是间接阻碍城市竞技体育发展的外部环境因素。尽管全国各地方的竞技体育随着国家竞技体育的蓬勃发展而快速的发展，尤其是部分城市借助城市群一体化发展等带来的优势，以及著名体育城市建设带来的资源机遇，但是，同时部分城市如上海也面临着来自人口资源、财政资源等方面的压力⑤，这些外部环境因素将间接阻

① 邵桂华. 我国竞技体育系统耗散结构形成的路径[J]. 上海体育学院学报，2021（5）：12-16.

② 邓万金，张雪芹. 我国竞技体育核心竞争力指标体系构建研究[J]. 成都体育学院学报，2011，37（2）：31-35.

③ 巩庆波，吴瑛，胡宗媛. 竞技体育制度变迁背景下教练员权利保障研究[J]. 体育科学，2018，38（2）：74-81.

④ 周莹，宋君毅. 中国竞技体育道德风险及其规避[J]. 西安体育学院学报，2009，26（5）：527-530.

⑤ 马德浩. 上海竞技体育发展的机遇，挑战与对策[J]. 体育科研，2020，41（1）：19-28.

碍城市竞技体育的发展，对城市竞技体育系统的正常运行形成一定的压力。

（三）状态二级指标的初选

在 DPSIR 理论模型中，"状态（S）"指的是系统在"驱动力"和"压力"的作用下，导致系统产生各种形变，呈现出不同的"状态"。这种"状态"也是城市竞技体育发展在"驱动力"和"压力"下的现实表现，也是城市竞技体育所要达到的一种目标，即创造优异的体育运动比赛成绩、满足城市居民竞技体育需要，并最终推动城市的整体发展。

因此，本研究从竞技体育成绩因素、职业体育发展因素和体育赛事发展因素三个方面提炼反映超大城市竞技体育发展中系统韧性的状态指标。从竞技体育的定义可以看出，竞技体育首先以创造优异成绩为目标，竞技体育成绩最直接的反映就是运动员获得的运动成绩，如，创世界纪录数、获得世界冠军数和奥运冠军数[1]。竞技体育包括了专业体育和职业体育，专业体育主要以创造优异的成绩为目标，职业体育是在市场经济与社会经济交汇并存的背景下诞生的，是一种高度专业化和商业化的竞技体育，是竞技体育的一种高级形态，以满足人民日益增长的体育需要和体育强国建设为目标[2]。职业体育俱乐部是职业体育发展的基础，职业体育俱乐部高质量发展有助于激发体育竞赛表演业的活力，满足人民群众日益增长的体育文化需求[3]。大型体育赛事在推动城市化发展中具有重大的作用，反映一座城市体育的发展综合水平的重要指标[4]，影响着城市每一个人的生活，满足城市居民体育需要。同时，体育赛事的举办的目标与韧性城市建设具有目标一致性[5]，

---

[1] 魏婷，张怀川，许占鸣，等."十四五"时期我国竞技体育发展目标与举措[J]. 体育文化导刊，2021（1）：75-80.

[2] 张兵. 新时代体育强国建设进程中职业体育高质量发展路向[J]. 体育科学，2020，40（1）：16-25.

[3] 钟秉枢，韩勇，邢晓燕，等. 论新发展阶段我国职业体育俱乐部的规范化发展[J]. 体育学研究，2022，36（6）：1-13.

[4] 刘东锋. 论全球体育城市的内涵、特征与评价[J]. 体育学研究，2018，1（4）：58-65.

[5] 苑琳琳，李祥林. 体育赛事举办与城市韧性建设关系及融合发展路径研究[J]. 体育与科学，2021，42（4）：91-103.

即提高人们健康意识，形成健康生活方式，满足居民体育需求[①]，推动城市可持续发展。

（四）影响二级指标的初选

在 DPSIR 理论模型中，"影响（I）"指的是城市竞技体育在发展过程中，竞技体育发展的现实状态对竞技体育其他领域系统状态的影响。同时，城市竞技体育其他领域的系统状态也会对城市竞技体育状态产生一定的影响。群众体育、竞技体育、体育产业、体育文化和体育外交作为体育强国建设纲要的五大战略任务，在发展过程中相互影响。

因此，本研究从群众体育、体育产业、体育文化和体育外交 4 个维度提炼反映超大城市竞技体育发展中系统韧性的影响指标。群众体育和竞技体育是我国体育事业发展的两大支柱，竞技体育对群众体育具有引领作用，同时要发挥群众体育对竞技体育人才培养和转化等的价值，两者相互补充、相互支撑[②]。《体育强国建设纲要》提出 2035 年体育产业成为国民经济支柱性产业的战略目标，以及推动体育其他领域发展的战略任务。体育产业为竞技体育、群众体育等提供物资基础和保障，也是连接竞技体育、群众体育、体育文化等的载体和润滑剂，推动着竞技体育等领域良性的循环发展[③]。竞赛表演业作为体育产业的核心产业，对拉动体育产业的整体发展具有重要的影响[④]。文化在人类生存和社会起到重要的作用[⑤]，体育文化也从深层次制约和支配个体参与体育行为和社会体育活动[⑥]。同样，竞技体育带给个体的也不仅仅是运动本身的激情和审美，也包含了文化价值和竞技体育本身所滋

---

① 张现成，苏秀艳，王景璐，等. 大型体育赛事举办与改善民生的耦合路径[J]. 北京体育大学学报，2015，38（1）：25-30.

② 邵桂华，王晨曦. 竞技体育与群众体育协同发展的多主体适应行为模式研究[J]. 北京体育大学学报，2020，43（12）：71-83.

③ 王子朴，朱亚成. 新时代中国体育强国建设中的体育产业发展逻辑[J]. 北京体育大学学报，2018，41（3）：8-13，47.

④ 黄海燕. 新阶段、新形势：我国体育产业发展战略前瞻[J]. 上海体育学院学报，2022，46（1）：20-31.

⑤ 徐洪兴. 二十世纪哲学经典文本：中国哲学卷[M]. 上海：复旦大学出版社，1999：474.

⑥ 陈林会，刘青. 我国竞技体育传统优势项目可持续发展的文化支撑[J]. 北京体育大学学报，2014（6）：8-15.

生的土壤价值。习近平总书记认为我国体育强国建设在自身奋力前进的同时，也需要与国外建立协作网络，互相借鉴优势，取长补短①。竞技体育作为体育重要的组成部分，有着丰富的软资源，对软实力和综合实力的提升具有重要作用，通过对外交往发挥竞技体育精神等软实力在国家和地区的发展中的重要作用②。

（五）响应二级指标的初选

在 DPSIR 理论模型中，"响应（R）"指的是主体在面对系统状态发生变化时而采取的有效措施及对策。"响应"反映的是城市竞技体育系统主体，包括城市竞技体育管理部门、非政府部门的竞技体育组织、运动员、教练员、居民等对风险的应对和恢复能力，以及在扰动中汲取经验并优化自身组织结构的能力，即学习和创新能力。城市竞技体育系统响应的过程就是系统主体调配资源，应对风险扰动，提升自身适应及学习能力的过程，一般可以分为预警、恢复和学习创新三个阶段。

因此，本研究从预警能力、恢复能力和学习创新能力三个方面提炼反映超大城市竞技体育发展中系统韧性的响应指标。预警能力指预测和预防的能力，也是风险管理的第一步，指的是系统在受到扰动前的准备阶段，主体应根据以往的数据与资料，掌握风险发生的一般规律，运用合理的方法、手段，对系统未来风险发生的可能性进行预测，以及将信息高效、快速传递到全社会的能力。恢复能力指的是系统受到扰动后从危机中恢复到系统受到扰动前的水平③。学习创新能力指的是系统在受到扰动后，不仅恢复到原有的水平，甚至能适应危机后的新环境，并通过学习创新，进而达到一个更高水平的能力，是系统韧性十分重要的组成部分。

---

① 赵富学. 习近平新时代体育外交重要论述的核心内涵、价值意蕴及实践特质[J]. 体育科学，2019，39（9）：14-23.

② 刘玉亮，张勤. 我国竞技体育在公共外交中的作用[J]. 体育文化导刊，2012（11）：5-8.

③ Bruneau M, Chang S E, Eguchi R T, et al. A framework to quantitatively assess and enhance the seismic resilience of communities[J]. Earthquake Spectra, 2003, 19 (4): 733-752.

三、三级指标的初选

（一）驱动力三级指标的初选

本研究认为"驱动力"是推动城市竞技体育发展的原动力，主要指影响城市竞技体育发展中系统韧性的基础资源要素。诸多学者认为竞技体育的发展受到外部和内部环境共同驱动，外部环境是竞技体育发展所必须依赖的前提条件，也是促使竞技体育发展发生变化的最初指标，竞技体育的发展离不开区域基础资源的支撑，区域经济、政治、文化、教育资源对竞技体育发展具有重要的影响①②。良好经济、交通和人口受教育环境对城市体育的发展产生正向的影响③。因此，本研究从经济、社会、教育、科技、医疗、自然环境等方面选取地区生产总值、人口出生率、人均可支配收入、教育支出、科技支出、医疗卫生机构数、森林覆盖率等 25 个指标作为外部驱动力的三级指标。内部驱动是竞技体育系统自组织发展的动力，内部驱动力包括竞技体育资源要素，如人力、物力、财力和科技资源要素，因此本文选取竞技体育预算支出、体育产业总数、体育场馆机构数、优秀运动队运动员人数、体育科研人员数量等 12 个指标作为内部驱动力的三级指标。

（二）压力三级指标的初选

"压力"不仅直接影响城市竞技体育的发展，而且会迫使决策者、领导者和参与者做出相应的反应。有学者认为尽管地方竞技体育随着国家竞技体育的蓬勃发展而快速发展，但是部分城市如上海也面临着来自人口资源、财政资源等方面的压力④。自然人口增长率的下降以及人口老龄化伴随的青少年人口萎缩也将导致竞技体育后备人才的匮

---

① 夏崇德，陈颇，殷樱. 竞技体育可持续发展的综合评价体系研究[J]. 北京体育大学学报，2007，30（11）：1564-1570.

② 陈颇. 中国区域竞技体育发展的外部环境综合测评与分类特征[J]. 西安体育学院学报，2013（3）：267-274.

③ 朱洪军. 国际大型体育赛事市场环境影响因素实证研究[J]. 上海体育学院学报，2012，36（6）：20-24.

④ 马德浩. 上海竞技体育发展的机遇，挑战与对策[J]. 体育科研，2020，41（1）：19-28.

乏①。也有学者认为体育运动中一定存在着生态环境问题，体育运动与生态环境两者间相互影响②。自然环境关乎人类的福祉，也决定着体育发展的规模和速度，近年来由于空气质量、气候异常等生态环境变化也使得各种大型体育赛事取消，赛事参与率降低等③。诸多学者认为后备人才不足，优秀运动员文化教育水平不够进一步导致其升学、就业、退役安置等一系列问题的发生，将对竞技体育发展带来较大的影响④⑤。还有学者认为，举国体制下竞技体育人才流动问题突出，高水平教练员流失严重，教练员受教育文化程度不高等现象，严重影响了教练员队伍的稳定和发展⑥。有学者认为，竞技体育领域中的道德风险，在国内外是普遍现象，竞技体育发展中的道德失范现象，将严重影响竞技体育的健康发展。

因此，本研究从城市经济、社会、人口、环境等方面选取 GDP 增长速度、人口自然增长率、PM2.5 年平均浓度等 10 个指标作为间接压力的初选指标。从人力、物力、财力资源以及体育道德规范几个方面选取体育产业增长率、一级以上运动员发展人数、体育后备人才增长人数、高级职称以上在职教练员占比、重大体育安全事故次数等 9 个指标作为直接压力的初选指标。

（三）状态三级指标的初选

城市竞技体育的发展"状态"是城市竞技体育发展中系统韧性在"驱动力"和"压力"下的现实表现，也是城市竞技体育所要达到的一种目标，即创造优异的体育运动比赛成绩、满足城市居民竞技体育需要，并最终推动城市的整体发展。竞技体育首先以创造优异成绩为目

---

① 马德浩. 我国竞技体育人才资源萎缩的原因探析与应对策略[J]. 体育与科学，2016（5）：98-104.

② 郭振，王松，阿柔娜，等. 改革开放 40 年我国体育与生态环境研究述评[J]. 体育学刊，2020，27（4）：84-90.

③ 朱洪军. 我国体育赛事绿色发展路径研究[J]. 西安体育学院学报，2021，38（5）：565-570.

④ 杨国庆. 中国竞技体育的发展困境与纾解方略[J]. 上海体育学院学报，2022，46（1）：1-9.

⑤ 柳鸣毅，孔年欣，龚海培，等. 体教融合目标新指向：青少年健康促进与体育后备人才培养[J]. 体育科学，2020，40（10）：8-20.

⑥ 巩庆波，吴瑛，胡宗媛. 竞技体育制度变迁背景下教练员权利保障研究[J]. 体育科学，2018，38（2）：74-81.

标，自新中国成立以来，我国竞技体育取得了辉煌的成绩，创世界纪录数、获得世界冠军数和奥运冠军数骤增①。诸多学者在构建著名体育城市评价指标体系时都将重大体育赛事和职业体育俱乐部纳入到构建的指标体系中②③，大型体育赛事的举办是反映一座城市体育的发展综合水平的重要指标，同时除了举办大型体育赛事，拥有著名的职业体育俱乐部也是最为显著的表现④。与此同时，重大体育赛事的举办和职业体育的发展也可以满足城市居民竞技体育需要。因此，本文选取创造世界纪录数、重大赛事获奖牌数、获世界冠军运动员人数和获得全国冠军人数 4 个指标作为竞技体育成绩的初选指标；选取职业体育俱乐部数量、职业体育联赛上座率和体育赛事收视率 3 个指标作为职业体育发展的初选指标反映城市职业体育发展情况；选取每年举办重大国际性体育赛事的次数、每年举办全国性体育赛事的次数和竞赛表演业增加占体育产业增加值比例 3 个指标作为体育赛事发展的初选指标。

（四）影响三级指标的初选

在城市竞技体育发展作用过程中，群众体育、体育产业等体育其他领域的发展会对竞技体育系统造成一定的影响，反过来，城市竞技体育系统韧性"状态"的变化也将会对体育其他几个领域的发展造成各种"影响"。本文依据体育强国建设纲要的五大战略任务："群众体育、竞技体育、体育产业、体育文化、体育外交"将"影响"维度分为"群众体育""体育产业""体育文化""体育外交" 4 个维度指标，用以反映城市竞技体育对于其他 4 个方面的影响⑤。本研究在综合前人的研究的基础上，选取国民休质达标率、国民体质监测站点数量等

　　① 魏婷，张怀川，许占鸣，等."十四五"时期我国竞技体育发展目标与举措[J]. 体育文化导刊，2021（1）：75-80.

　　② 陈林华，薛南，王跃. 欧美体育城市的评价指标体系探讨[J]. 体育与科学，2011（2）：18-22.

　　③ 宋忠良，陈华伟，贺新家. 国际体育中心城市评价指标体系构建及实证研究[J]. 河南师范大学学报：自然科学版，2015（5）：173-178.

　　④ 刘东锋. 论全球体育城市的内涵、特征与评价[J]. 体育学研究，2018，1（4）：58-65.

　　⑤ 国务院办公厅. 体育强国建设纲要. 国办发〔2019〕40 号[EB/OL]. [2023-09-02]. http://www.gov.cn/zhengce/content/2019-09/02/content_5426485.htm.

9 个指标作为群众体育的三级初选指标；选取体育产业总值、体育产业占 GDP 比率等 4 个指标作为体育产业的三级初选指标；选取体育博物馆、体育纪念馆、体育荣誉室的数量和体育书籍、期刊、报纸、音像等出版物数量等 4 个指标作为体育文化的三级初选指标；选取在国际体育组织中任职人数和国际出访、到访人数等 3 个指标作为体育外交的三级初选指标。

（五）响应三级指标的初选

"响应"指的是城市竞技体育主体在面对城市竞技体育系统"状态"发生变化时而采取的有效措施及对策。城市竞技体育系统"响应"的过程就是系统主体调配资源，应对风险扰动，提升自身适应及学习能力的过程，分为预警、恢复和学习创新三个阶段。在当今大数据驱动的时代，城市竞技体育系统预警能力主要表现为对数据的搜集和传递能力，体现在城市整体信息化和智慧化程度以及城市体育系统的网络信息化水平。本研究在综合前人的研究的基础上，选取信息通信管线长度、移动互联网用户数、家庭宽带接入用户等 6 个指标作为预警能力的初选三级指标。恢复能力指的是城市竞技体育系统在受到扰动后，各主体通过投入、整合及调动相应的财力、物力和人力等资源，使系统尽可能快速地恢复到遭受扰动前的状态。因此本文在综合前人的研究基础上，选取体育彩票销售额、等级运动员发展人数等 19 个指标作为恢复能力的初选三级指标。学习创新能力指的是系统在受到扰动后，不仅恢复到原有的水平，甚至能适应危机后的新环境，并通过学习创新，进而达到一个更高水平的能力。在城市竞技体育系统中这种学习创新能力主要表现在科技创新，体现在城市竞技体育系统科学技术水平。因此，本文结合前人研究选取科技创新中心指数、每万人口发明专利拥有量等 7 个指标作为学习创新能力的初选三级指标。

基于上述分析，本研究初步选择了韧性理论视角下超大城市竞技体育发展评价的指标，其中包括一级指标 5 项、二级指标 14 项、三级指标 109 个。指标来源如表 5-1 所示。

表 5-1　韧性理论视角下我国超大城市竞技体育发展评价初选指标一览表

一级指标	二级指标	三级指标	指标部分来源
驱动力	外部驱动力	地区生产总值	陈颀（2013）、王国凡等（2012）、何国民等（2011）、夏崇德等（2007）、满江虹等（2015）
		人均 GDP	王国凡等（2012）、何国民等（2011）、陈颀等（2007）、夏崇德等（2007）、刘志民等（2002）、余宏（2014）
		第三产业贡献率	王国凡等（2012）、夏崇德等（2007）、余宏（2014）
		地方财政收入	陈颀等（2007、2013）、夏崇德等（2007）
		人均可支配收入	陈颀（2013）、余宏（2014）
		城镇人口数	
		人口密度	陈颀（2013）
		第三产业就业人数	陈颀（2013）
		城镇职工基本医疗保险人数	陈颀（2013）、夏崇德等（2007）
		城镇职工基本养老保险人数	陈颀（2013）、夏崇德等（2007）
		教育经费	陈颀等（2007、2013）、夏崇德等（2007）
		每 10 万人口高等教育学校在校生人数	陈颀（2013）、余宏（2014）
		普通高校师生比例	陈颀（2013）
		地方财政科学技术支出	夏崇德等（2007）
		国有企事业单位科学研究人员数	陈颀（2013）
		专利申请数量	专家经验
		R&D 人员全时当量	专家经验
		医疗卫生机构数	陈颀（2013）
		每千人卫生人员数	陈颀（2013）、余宏（2014）
		医疗卫生机构床位数	陈颀（2013）
		客运总量	陈颀（2013）、朱洪军（2012）
		城市公园绿地面积	陈颀（2013）

续表

一级指标	二级指标	三级指标	指标部分来源
驱动力	外部驱动力	全年环境空气质量优良率	刘志民等（2002）、朱洪军（2012）、朱传耿（2020）
		森林覆盖率	陈颀（2013）、朱传耿（2020）
		单位地区生产总值能耗	陈颀（2013）
		竞技体育财政预算支出	何国民等（2011）、邹月辉等（2020）、赵吉峰（2021）
		体育场地面积	张凤彪（2015）、赵鲁南（2014）
		体育场馆数量	张凤彪（2015）、赵鲁南（2014）
	内部驱动力	优秀运动队运动员人数	何国民等（2011）、宋忠良（2012）、王智慧（2014）、邹月辉等（2020）、赵吉峰（2021）
		等级运动队教练员数量	赵鲁南（2018）、邹月辉等（2020）、朱传耿（2020）
		各级裁判员数量	何国民等（2011）、赵鲁南（2018）、陈颀等（2007）
		体育系统从业人数	赵鲁南（2018）、罗智波等（2013）
		体育科研人员数量	满江虹等（2015）、赵吉峰（2021）
		体育科学技术经费支出	满江虹等（2015）、赵吉峰（2021）
		体育科研机构数	张雷等（2020）
		体育科研仪器设备	赵鲁南（2018）
压力	间接压力	GDP 增速	马德浩（2020）
		常住人口自然增长率	陈颀（2013）、马德浩（2020）
		65 岁以上人口数	马德浩（2020）
		文盲人口占 15 岁以上人口比率	马德浩（2019）、朱洪军（2012）
		0～14 岁人口年龄结构比	王国凡等（2012）、马德浩（2020）
		城镇登记失业率	陈颀（2013）
		刑事案件发生率	夏崇德等（2007）
		PM2.5 年平均浓度	朱洪军（2021）、朱传耿（2020）
		突发环境事件次数	朱洪军（2021）
		自然灾害受灾人口	经验

一级指标	二级指标	三级指标	指标部分来源
状态	直接压力	体育后备人才数	何国民等（2011）、邓万金等（2018）、钟秉枢（2018）、杨国庆（2022）、柳鸣毅（2020）
		大专以上学历优秀运动员占比	刘志民等（2002）
		运动员受伤率	刘志民等（2002）、巩庆波（2018）、徐开娟等（2019）
		运动员流动率	刘志民等（2002）、巩庆波（2018）、徐开娟等（2019）
		运动员合理安置率	刘志民等（2002）、巩庆波（2018）、徐开娟等（2019）
		本科以上学历教练员占比	刘志民等（2002）
		教练员流动率	刘志民等（2002）、巩庆波（2018）、徐开娟等（2019）
		重大体育安全事故次数	周莹等（2009），吴合斌等（2016）黄莉等（2019）
		重大赛风赛纪事件数量	周莹等（2009），吴合斌等（2016）黄莉等（2019）
	竞技体育成绩	重大赛事获奖牌数	《竞技体育"十三五"规划》
		获世界冠军运动员人数	王国红（2010）、陈林华（2011）、宋忠良（2012）
		获全国冠军运动员人数	王国红（2010）、陈林华（2011）、宋忠良（2012）
		创造世界纪录数	王智慧（2014）、魏婷等（2021）
	职业体育发展	职业体育俱乐部数量	宋忠良（2012）、刘东峰（2018）李鋆等（2020）
		职业体育联赛上座率	李鋆等（2020）、夏铭娜等（2020）
		体育赛事收视率	赵鲁南（2018）
	体育赛事	每年举办重大国际性体育赛事的次数	李鋆等（2020）、夏铭娜等（2020）、余宏（2014）
		每年举办全国性体育赛事的次数	李鋆等（2020）、余宏（2014）
		竞赛表演业增加占比	李鋆等（2020）、夏铭娜等（2020）

一级 指标	二级 指标	三级指标	指标部分来源
影响	群众 体育	国民体质达标率	何国明（2012）、罗潇（2016）、邹德新（2019）
		国民体质监测站点数量	黄海平（2007）
		《国家学生体质健康标准》优良率	刘志明（2002）
		经常参加体育锻炼的人数占总人口比例	邹德新（2019）、朱传耿（2020）、王智慧（2014）
		人均公共体育场地面积	邹德新（2019）、朱传耿（2020）、王智慧（2014）
		体育社会指导员发展人数	体育改革发展"十四五"规划、卓健南（2015）
		体育社会组织数	体育改革发展"十四五"规划、卓健南（2015）
	体育 产业	体育产业总值	黄莉等（2019）、朱传耿（2020）、王晨曦等（2020）
		体育产业占 GDP 比率	邹德新（2019）、黄莉等（2019）、王晨曦等（2020）
		人均体育消费	王晨曦等（2020）
		从事体育类经济活动单位数量	朱传耿（2020）
	体育 文化	体育博物馆、体育纪念馆、体育荣誉室的数量	夏铭娜等（2020）
		体育书籍、期刊、报纸、音像等出版物数量	宋忠良（2012）、王智慧（2014）、罗潇（2016）
		国家级"体育非遗"项目的数量	罗潇（2016）、夏铭娜等（2020）
	体育 外交	在国际体育组织中任职人数	宋忠良（2012）、黄莉等（2019）
		国际体育组织总部数量	宋忠良（2012）、罗智波等（2013）
		国际出访、到访人数	宋忠良（2012）、殷勤（2013）、体育改革发展"十四五"规划
响应	预警 能力	信息通信管线长度	夏崇德等（2007）
		移动互联网用户数	路兰等（2020）、杨晓冬等（2021）
		家庭宽带接入用户	宋蕾（2020）
		城市智慧发展水平指数	杨京英（2013）、楚金华等（2021）
		体育局官网用户访问总量	体育改革发展"十四五"规划
		体育局主动公开信息数量	专家经验

续表

一级指标	二级指标	三级指标	指标部分来源
恢复能力		媒体平台发布体育信息数	专家经验
		体育彩票销售额	刘志民等（2002）、体育改革发展"十四五"规划
		体育彩票公益基金竞技体育支出	赵吉峰（2021）、体育改革发展"十四五"规划
		等级运动员发展人数	邓万金等（2018）、何国民等（2011）、夏崇德等（2007）
		等级教练员发展人数	邓万金等（2018）、夏崇德等（2007）
		等级裁判员发展人数	邓万金等（2018）、夏崇德等（2007）
		"三大球"后备人才数	体育改革发展"十四五"规划
		国家级高水平后备人才培养基地数量	宋忠良（2012）、赵鲁南（2018）、朱传耿（2020）
		青少年运动员注册人数	李崟等（2020）、体育改革发展"十四五"规划
		各类青少年体育俱乐部数量	《体育发展"十四五"规划》、《竞技体育"十三五"规划》、夏铭娜等（2020）
		各级各类体校数量	《体育发展"十四五"规划》、《竞技体育"十三五"规划》
		体育传统项目学校数量	夏铭娜等（2020）
		体育系统文化课教师人数	邓万金等（2018）
		体育场馆经费支出	满江虹等（2015）、朱传耿（2020）
		新增体育场地面积	赵鲁南（2018）
科技创新能力		科技创新中心指数	经验
		每万人口发明专利拥有量	汪涛等（2021）
		竞技体育备战攻关项目数量	夏崇德等（2007）、陈小平（2018）、肖毅等（2020）、谢军（2020）
		竞技体育科技成果项目数	谢军（2020）、肖毅等（2020）
		体育科技成果获奖	肖毅等（2020）
		体育科技成果论文	肖毅等（2020）

第五节　评价指标的修正与优化

一、咨询专家的选取及专家积极性与权威性判断

（一）专家的基本情况

本研究根据德尔菲法的要求，确定所咨询的专家为在竞技体育管理、城市体育发展、体育经济管理等领域的专家学者和管理者，初步选定共计 20 名专家[①]。专家具体情况如表 5-2 所示：

表 5-2　专家基本情况

研究或工作领域	人数	研究或工作领域	人数
韧性理论研究	2	城市体育学研究	4
竞技体育学研究	8	体育经济管理学研究	3
体育行政管理部门	3		

表 5-3　专家基本信息表

序号	姓名	职称/职务	单位	研究方向
1	张 MQ	教授	上海外国语大学	韧性理论
2	于 BX	副教授	上海交通大学	韧性理论
3	李 H	教授	上海体育大学	体育经济管理
4	蔡 YJ	教授	上海体育大学	城市体育发展
5	韩 D	教授	上海体育大学	竞技体育发展
6	舒 SF	教授	上海体育大学	竞技体育发展
7	戴 J	教授	上海体育大学	城市体育发展
8	郑 JK	教授	上海体育大学	城市体育发展
9	郭 B	副局长	上海市体育局	城市体育发展
10	王 HW	书记	上海竞技体育管理中心	竞技体育发展

---

① Brown B B. Delphi process: A methodology used for the elicitation of opinions of experts[J]. Rand, 1968: 3925-3925.

序号	姓名	职称/职务	单位	研究方向
11	杨 PG	巡视员	上海市体育局	城市体育发展
12	池 J	教授	北京体育大学	竞技体育发展
13	辜 DH	教授	湖南师范大学	竞技体育治理
14	任 HT	教授	泉州师范学院	竞技体育治理
15	彭 GQ	教授	南京体育学院	竞技体育治理
16	霍 DL	教授	华南理工大学	体育经济管理
17	刘 C	教授	东华大学	体育经济管理
18	张 S	教授	安徽财经大学	城市体育发展
19	赵 JF	副教授	曲阜师范大学	竞技体育发展
20	许 K	副教授	泉州师范学院	竞技体育治理

（二）专家的积极性系数

专家积极性系数可用发放给专家问卷的回收比率来表示，专家问卷回收的比率越高，则说明专家的积极性程度越高，反之则越低。每个轮次的专家积极性系数结果见表 5-4，第一轮、第二轮、第三轮专家问卷的回收率分别为 95%、100% 和 100%，说明邀请的专家对本研究的支持度非常高。

表 5-4　2022 年专家三轮问卷回收情况表

轮次	发放时间	发放问卷数	回收问卷数	回收率	有效问卷	积极性
第一轮	3 月 20 日至 4 月 20 日	20	19	95%	19	95%
第二轮	4 月 21 日至 5 月 7 日	19	19	100%	19	100%
第三轮	5 月 8 日至 5 月 25 日	19	19	100%	19	100%

（三）专家的权威性判断

专家的权威程度（Cr）通常依靠专家对咨询事项的熟悉程度（Cs）和判断依据（Ca）两个要素来衡量[1]，权威系数 Cr=（Ca 判断依据+Cs 熟悉程度）/2，Cr 值范围为 0～1，>0.7 说明可接受，>0.8 说明专家的

---

[1] 万宇. 上海市初中生体育素质评价指标体系研究[D]. 上海：上海师范大学，2015：96.

权威程度较高。

专家熟悉程度统计。参考文献调研结果，研究将专家熟悉程度分为 5 个等级，即"非常熟悉"、"比较熟悉"、"一般熟悉"、"不太熟悉"和"不熟悉"，每个等级分别赋予"1、0.8、0.5、0.2、0"的分值①，见表 5-5。在第一轮专家咨询中对专家进行专家熟悉度的填写。

表 5-5　专家熟悉程度评分标准

	非常熟悉	比较熟悉	一般熟悉	不太熟悉	不熟悉
分值	1	0.8	0.5	0.2	0

统计专家判断依据主要是专家对咨询事项给出判断时所考虑的主要因素。笔者在文献分析的基础上，设计了专家判断依据评分标准，见表 5-6，结果如表 5-7 所示。

表 5-6　专家的判断依据评分标准

指标判断	依据程度		
主要依据	大	中	小
理论分析	0.3	0.2	0.1
实践经验	0.5	0.4	0.3
同行了解	0.1	0.05	0.025
专家直觉	0.1	0.05	0.025
合计	1	0.7	0.45

表 5-7　专家权威性判断结果统计

判断依据	理论知识	实践经验	同行了解	专家直觉	熟悉程度
专家 1	0.2	0.5	0.1	0.025	0.8
专家 2	0.2	0.5	0.05	0.1	0.8
专家 3	0.2	0.5	0.1	0.1	0.8
专家 4	0.3	0.4	0.1	0.1	1
专家 5	0.3	0.5	0.1	0.1	1

---

① 吴建新，欧阳河，黄韬，等. 专家视野中的职业教育校企合作长效机制设计——运用德尔菲专家咨询法进行的调查分析[J]. 现代大学教育，2014（5）：74-84.

续表

判断依据	理论知识	实践经验	同行了解	专家直觉	熟悉程度
专家 6	0.3	0.5	0.05	0.05	0.5
专家 7	0.3	0.5	0.1	0.05	0.8
专家 8	0.3	0.5	0.05	0.05	1
专家 9	0.3	0.5	0.05	0.05	0.8
专家 10	0.2	0.4	0.05	0.05	0.5
专家 11	0.3	0.5	0.025	0.05	0.8
专家 12	0.2	0.5	0.05	0.05	1
专家 13	0.3	0.5	0.05	0.05	0.8
专家 14	0.2	0.5	0.05	0.1	1
专家 15	0.3	0.4	0.05	0.1	0.8
专家 16	0.2	0.4	0.05	0.05	0.8
专家 17	0.3	0.5	0.05	0.05	1
专家 18	0.3	0.5	0.05	0.05	0.8
专家 19	0.3	0.5	0.05	0.05	0.8
平均值	0.263158	0.478947	0.061842	0.064474	0.831579

通过计算显示受邀专家的权威系数为 0.85，表示最终接受咨询的 19 名专家具有较高的权威性。

二、指标修正与优化的方法与标准

本研究在三轮德尔菲专家咨询过程中，根据专家意见和统计分析参数对指标进行修正与优化。

（一）专家意见协调度

专家意见协调度用变异系数（CV）和肯德尔系数（W）来表示。通过计算指标的变异系数（CV）和肯德尔系数（W）来判断专家对每个指标的评价是否存在较大差异。

变异系数（CV）：变异系数越小专家的协调程度越高，一般认为变异系数大于 2.5，则认为该指标的专家协调程度不够[1]。

---

① 邢禾，何广学，刘剑君. 德尔菲法筛选结核病防治知识调查指标的研究与预试验评价[J]. 中国健康教育，2006，22（2）：91-95.

肯德尔系数（W）：协调系数（W）在 0～1 之间，W 越大说明专家意见协调程度越高。如果 $P<0.01$ 或 $P<0.05$，说明专家评估或预测协调性好，结果可取；如果 $P>0.05$，说明结果不可取[①]。

（二）专家意见集中度

专家意见集中度用均数（M）和变异系数（CV）来表示。通过计算指标的均数（M）和变异系数（CV）来判断专家对每个指标的重要性程度，即其意见是否集中。

均数（M）：均数（M）的计算方法是由所有对针对指标评分的专家打分之和除以专家数，均数（M）越大证明指标的重要性越高。

变异系数（CV）：变异系数（CV）的计算公式为，（标准差 SD/平均值 Mean）*100%，变异系数越小说明专家对指标的意见越统一。

（三）指标筛选的方法与标准

本研究分别计算每项指标的均数、变异系数，均数小于 3.5[②]，变异系数大于 0.25，予以删除。

本研究根据全面性、科学性、可行性等原则，为了防止重要的指标被剔除，在以上两个数值衡量标准中，两个数值全未达到标准的指标才予以直接剔除，对于有一个数值未达到标准的，将根据研究需要以及专家的意见进行取舍。

三、专家征询结果与分析

（一）第一轮专家征询结果与分析

在第一轮的专家征询中，制定第一轮《我国超大城市竞技体育发展评价指标体系专家咨询问卷》，请专家根据各指标对"我国城市竞技体育发展评价指标体系"的重要程度给出相应的分值（分值共分为 5 个等级：非常重要 5 分，比较重要 4 分，一般重要为 3 分，不太重要为 2 分，很不重要为 1 分），并对指标进行修改、补充，以及提出相应

① 李银霞，袁修干. 改进德尔菲法在驾驶舱显示系统工效学评价指标筛选中的应用研究[J]. 航天医学与医学工程，2006，19（5）：368-372.

② 余道明. 体育现代化理论及其指标体系研究[D]. 福州：福建师范大学，2008：113.

的修改意见。

首先，汇总第一轮德尔菲调研专家的反馈意见情况。

其次，采用 SPSS25 软件对专家数据进行描述统计量和非参数检验统计分析。

最后，根据专家的反馈意见和统计分析参数，对第一轮德尔菲专家咨询指标体系的相应指标进行修改、增补及删减。

第一轮发送专家咨询表 20 份，回收 19 份，专家积极性系数为 95%。第一轮的专家咨询中，部分专家对本研究指标体系的修正提出了一些意见，同时在对部分专家进行访谈的基础上回收意见并整理后，共计修改意见 24 条，专家对咨询事项进行了应答，经重新整合后共有 8 条改进性建议。笔者按照修改意见对指标体系表进行了修改，主要是对二级指标进行了修改，三级指标进行了删减、增加和合并。见表 5-8。

1. 一级指标专家征询结果与统计分析

表 5-8　一级指标专家征询结果（第一轮）

	非常合理	比较合理	基本合理	不太合理	不合理
人数	7	9	3	0	0
百分比（%）	36.84	47.37	15.79	0	0

一级指标的专家征询结果如表 5-8 所示，结果显示：84.21%的专家认为将 DPSIR 模型框架应用在本研究中，将"驱动力""压力""状态""影响"和"响应"设为一级指标比较合理及非常合理，也未有专家对目标层维度提出修改意见，可见专家对 DPSIR 模型应用于我国超大城市竞技体育发展评价指标体系构建中具有较高的认同度。因此将目标层维度确定为"驱动力""压力""状态""影响""响应"五个维度，在第二轮将继续进行专家征询。

2. 二级指标专家征询结果与统计分析

（1）"驱动力"下二级指标的修改情况：专家认为"驱动力"下"外部驱动力"和"内部驱动力"表述太模糊，指向不明，建议进行修改，明确指向。经过查阅相关文献①②③，结合二级指标"外部驱动力"和"内部驱动力"下三级指标的内容，将二级指标"外部驱动"修改为"外部社会环境驱动力"，"内部驱动力"修改为"内部竞技体育资源驱动力"。

（2）"压力"下二级指标的修改情况：专家认为"压力"下"间接压力"和"直接压力"表述同样模糊，内容太过宽泛不明，建议进行修改。经过查阅相关文献④⑤，结合二级指标"间接压力"和"直接压力"下三级指标的内容，故将"间接压力"修改为"社会环境间接压力"，"直接压力"修改为"竞技体育系统直接压力"。

（3）"状态"下二级指标的修改情况：专家认为"状态"下的"竞技体育成绩"、"职业体育发展"与"体育赛事"之间存在着包含的关系及表述不清，建议修改。查阅相关文献和进一步论证，三者之间存在交叉和包含关系。根据本研究中城市竞技体育的定义，将"竞技体育成绩"修改为"专业体育成绩"，"体育赛事"进一步明确为"大型体育赛事举办"。

（4）"影响"下二级指标的修改情况：专家认为"体育外交"一般用于表示国家间体育交流，城市间建议使用"体育对外交往"。因此，将"体育外交"修改为"体育对外交流"。

（5）"响应"下二级指标的修改情况：通过统计分析，三项数值均符合指标删选尺度标准，专家未提出意见及建议，因此保留不变，在第二轮将继续进行专家征询。

同时利用 SPSS25 软件对二级指标的均数、标准差和变异系数，

---

① 邵桂华，满江虹. 基于系统动力学的我国竞技体育可持续发展能力研究[J]. 体育科学，2010（1）：36-43.

② 陈颇. 中国区域竞技体育发展的外部环境综合测评与分类特征[J]. 西安体育学院学报，2013（3）：267-274.

③ 曾萍，宋铁波. 基于内外因素整合视角的商业模式创新驱动力研究[J]. 管理学报，2014，11（7）：989-996.

④ 满江虹，邵桂华，王晨曦. 基于 PSR 模型的我国体育场地公共服务承载力评价与空间特征[J]. 天津体育学院学报，2018，33（5）：369-377.

⑤ 王晓刚. 我国普通高等学校体育教育的社会环境压力机制研究[J]. 首都体育学院学报，2020，32（4）：333-337.

以及肯德尔系数和 P 值进行计算统计，二级指标各项参数值均符合要求，故仅根据专家意见对指标进行修改，未做其他修改。结果如表 5-9 和表 5-10 所示。

表 5-9　二级指标分析参数一览表（第一轮）

符号	准则层	均数（M）	标准差（SD）	变异系数（CV）
B1	外部驱动力	4.47	0.61	0.14
B2	内部驱动力	4.79	0.54	0.11
B3	直接压力	4.47	0.61	0.14
B4	间接压力	4.53	0.51	0.11
B5	竞技成绩	4.63	0.60	0.13
B6	职业体育发展	4.68	0.48	0.10
B7	体育赛事体系	4.68	0.58	0.12
B8	群众体育	4.79	0.48	0.10
B9	体育产业	4.68	0.54	0.11
B10	体育文化	4.79	0.61	0.12
B11	体育外交	4.53	0.51	0.14
B12	预警能力	4.32	0.67	0.16
B13	恢复能力	4.53	0.51	0.11
B14	学习创新能力	4.47	0.51	0.11

表 5-10　修改后二级指标（第一轮后）

一级指标	二级指标	修改建议
A1 驱动力	B1 外部社会环境驱动	表述同样模糊，内容太过宽泛
	B2 内部竞技体育资源驱动	不明，建议明确内容
A2 压力	B3 间接的社会环境压力	表述同样模糊，内容太过宽泛
	B4 直接的竞技体育系统内部压力	不明，建议明确内容
A3 状态	B5 专业体育成绩	原三个维度之间存在交叉和包含关系，根据研究目的重新划分
	B6 职业体育发展	
	B7 大型体育赛事举办	

续表

一级指标	二级指标	修改建议
A4 影响	B8 群众体育 B9 体育产业 B10 体育文化 B11 体育外交	"体育外交"一般用于表示国家间体育交流，城市间建议使用"体育对外交往"。其他保留
A5 响应	B12 预警能力	保留
	B13 恢复能力	保留
	B14 学习创新能力	保留

3. 三级指标专家征询结果与统计分析

（1）"驱动力"下三级专家征询结果与统计分析。

通过对目标层"驱动力"下指标层中指标数据进行计算，结果如表 5-11 所示：其中"人口密度""第三产业就业人数""城镇职工基本医疗保险人数""城镇职工基本养老保险人数""普通高校师生比例""国有企事业单位科学研究人员数""专利申请数量""R&D 人员全时当量""每千人卫生人员数""医疗卫生机构床位数""客运总量""森林覆盖率""单位地区生产总值能耗"13 项指标中两项数值均不符合指标删选尺度标准，因此将该 13 项指标进行剔除。"每十万人口高等教育学校在校生人数"、"城市公园绿地面积"和"全年环境空气质量优良率"、"体育科研仪器设备"均数满足标准，而变异系数均超出标准范围。其中"每十万人口高等教育学校在校生人数"和"体育科研仪器设备"变异系数略微超出标准范围，经讨论，该 2 项指标暂时保留。"城市公园绿地面积"和"全年环境空气质量（AQI）优良率"两项指标用以表示城市自然资源环境驱动力，根据本研究需要，经查阅相关文献①，该 2 项指标暂时保留。最终，通过数据分析并结合专家建议，目标层"驱动力"维度下指标共删除 13 项，保留 23 项指标。

---

① 陈颇. 中国区域竞技体育发展的外部环境综合测评与分类特征[J]. 西安体育学院学报，2013（3）：267-274.

表 5-11　驱动力三级指标分析参数一览表（第一轮）

符号	指标层	均数	标准差	变异系数	备注
C1	地区生产总值	4.42	0.61	0.14	
C2	人均 GDP	4.37	0.76	0.17	
C3	第三产业贡献率	4.26	0.65	0.15	
C4	地方财政收入	4.32	0.82	0.19	
C5	人均可支配收入	4.37	0.76	0.17	
C6	城镇人口数	4.05	0.97	0.24	
C7	人口密度	3.47	1.17	0.34	删除
C8	第三产业就业人数	3.11	0.94	0.3	删除
C9	城镇职工基本医疗保险人数	2.95	0.91	0.31	删除
C10	城镇职工基本养老保险人数	3	0.94	0.31	删除
C11	教育经费	4.26	0.87	0.2	
C12	每十万人口高等教育学校在校生人数	3.68	1	0.27	
C13	普通高校师生比例	3.05	1.03	0.34	删除
C14	地方财政科学技术支出	3.74	0.93	0.25	
C15	国有企事业单位科学研究人员数	2.95	0.97	0.33	删除
C16	专利申请数量	3.11	0.94	0.3	删除
C17	R&D 人员全时当量	3.42	0.9	0.26	删除
C18	医疗卫生机构数	3.53	0.77	0.22	
C19	每千人卫生人员数	3	1	0.33	删除
C20	医疗卫生机构床位数	2.95	1.22	0.42	删除
C21	客运总量	3	0.94	0.31	删除
C22	城市公园绿地面积	3.58	1.02	0.28	
C23	全年环境空气质量优良率	3.74	1.15	0.31	
C24	森林覆盖率	3.21	1.23	0.38	删除
C25	单位地区生产总值能耗	3.16	1.17	0.37	删除
C26	竞技体育财政预算支出	4.74	0.73	0.15	
C27	体育场地面积	4.21	1.03	0.25	
C28	体育场馆数量	4.47	0.77	0.17	
C29	优秀运动队运动员人数	4.79	0.42	0.09	
C30	等级运动队教练员数量	4.68	0.67	0.14	
C31	各级裁判员数量	4.16	0.83	0.2	

符号	指标层	均数	标准差	变异系数	备注
C32	体育系统从业人数	4.26	0.87	0.2	
C33	体育科研人员数量	4.42	0.77	0.17	
C34	体育科学技术经费支出	4.63	0.6	0.13	
C35	体育科研机构数	4.16	0.6	0.14	
C36	体育科研仪器设备	3.89	1.05	0.27	

（2）"压力"三级指标专家征询结果与统计分析。

通过对目标层"压力"下指标层中指标数据进行计算，结果如表5-12所示：其中"文盲人口占15岁以上人口比率""刑事案件发生率""PM2.5年平均浓度""自然灾害受灾人口""运动员受伤率"5项指标中两项数值均不符合指标删选尺度标准，因此将该5项指标进行剔除。"65岁以上人口数"有一项数值未达到标准范围，因"65岁以上人口数"与"0~14岁人口年龄结构比"均为表示城市人口结构，因此将"65岁以上人口数"予以删除。最终，通过数据分析并结合专家建议，目标层"驱动力"维度下指标共删除6项。同时，有专家认为运动员和教练员的待遇不高，已成为影响运动员和教练员队伍建设的主要原因，因此建议增加用以表示运动员和教练员待遇的相关指标，经查阅文献[1][2]、专家讨论和实地调研，有专家认为不同项目和水平的运动员收入水平差距较大，且职业运动员和专业运动员收入水平差距很大，因此该指标在实际操作中很难获取真实数据，因此，暂不增加此类指标。最终，通过数据分析并结合专家建议，目标层"压力"维度下指标共删除6项指标，保留13项指标。

---

① 白银龙，舒盛芳，许海峰，等. 世界竞技体育强国运动员保障经验及启示[J]. 体育文化导刊，2021（1）：81-87.

② 王玉英. 我国运动员薪酬影响因素的多因素方差分析[J]. 南京体育学院学报（社会科学版），2016，30（3）：112-119.

表 5-12　压力三级指标分析参数一览表（第一轮）

符号	指标层	均数	标准差	变异系数	备注
C37	GDP 增速	4.11	0.88	0.21	
C38	常住人口自然增长率	3.68	0.82	0.22	
C39	65 岁以上人口数	3.37	0.76	0.23	删除
C40	文盲人口占 15 岁以上人口比率	2.95	1.22	0.42	删除
C41	0～14 岁人口年龄结构比	3.74	0.81	0.22	
C42	城镇登记失业率	3.52	0.75	0.23	
C43	刑事案件发生率	2.79	1.23	0.44	删除
C44	PM2.5 年平均浓度	3.26	1.41	0.43	删除
C45	突发环境事件次数	3.63	1.01	0.28	
C46	自然灾害受灾人口	2.89	1.15	0.4	删除
C47	体育后备人才数	4.58	0.61	0.13	
C48	大专以上学历优秀运动员占比	4.37	0.76	0.17	
C49	运动员受伤率	3.21	1.27	0.4	删除
C50	运动员流动率	4.21	0.85	0.2	
C51	运动员合理安置率	4.42	0.77	0.17	
C52	本科以上学历教练员占比	4.53	0.77	0.17	
C53	教练员流动率	4.11	1.1	0.25	
C54	重大体育安全事故次数	3.84	0.83	0.22	
C55	重大赛风赛纪事件数量	4.16	0.76	0.18	

（3）"状态"三级指标专家征询结果与统计分析。

通过对目标层"状态"下指标层中指标数据进行计算，结果如表 5-13 所示：所有指标均具有较高集中度和一致性，仅有"竞赛表演业增加占比"变异系数为 0.31，高于标准值。有专家认为该项指标用于表示体育产业发展情况，建议予以剔除。经查阅文献，根据专家建议将该项指标予以删除。有专家认为"重大体育赛事获奖牌数"与"获世界冠军数"、"获全国冠军数"存在重复，建议删除。同时，有专家建议增加"职业体育俱乐部成绩"，用以表示职业体育俱乐部发展情况。

经查阅文献和专家建议[1][2][3]，新增"职业体育俱乐部成绩"指标。最终，通过数据分析并结合专家建议，"影响"三级指标共删除 2 项指标，增加 1 项指标。

表 5-13　状态三级指标分析参数一览表（第一轮）

符号	指标层	均数	标准差	变异系数	备注
C56	重大体育赛事获奖牌数	4.68	0.82	0.18	重复删除
C57	获世界冠军运动员人数	4.74	0.65	0.14	
C58	获全国冠军运动员人数	4.63	0.6	0.13	
C59	创造世界纪录数	4.53	0.7	0.15	
C60	职业体育俱乐部数量	4.68	0.58	0.12	
C61	职业体育联赛上座率	4.58	0.84	0.18	
C62	体育赛事收视率	4.37	0.76	0.17	
C63	每年举办重大国际性体育赛事的次数	4.68	0.58	0.12	
C64	每年举办全国性体育赛事的次数	4.42	0.69	0.16	
C65	竞赛表演业增加占比	4	1.25	0.31	删除

（4）"影响"三级指标专家征询结果与统计分析。

通过对目标层"影响"下指标层中指标数据进行计算，结果如表 5-14 所示："国民体质监测站点数量"和"从事体育类经济活动单位数量"两项数值均不符合标准，予以剔除。"《国家学生体质健康标准》优良率"均数超出标准，变异系数 0.23，略低于标准，经专家讨论，该指标主要表示学校体育发展情况，与群众体育弱相关，因此剔除该指标。"体育书籍、期刊、报纸、音像等出版物数量"和"体育文化创作作品数量"均数低于标准，经专家建议，该项指标与"体育博物馆、体育纪念馆、体育荣誉室的数量"重叠，因此将该 2 项指标予以剔除。

① 丁一，戴健. 核心评价指标体系框架下纽约体育发展现状研究及其对上海的启示[J]. 西安体育学院学报，2019，36（4）：385-392.

② 喻和文，刘东锋，薛浩. 经济效益还是正外部性效益?美国地方政府补贴职业体育俱乐部的理由及启示[J]. 上海体育学院学报，2020，44（11）：66-75.

③ 张毅恒，彭道海. 新时代我国职业体育俱乐部治理效率[J]. 武汉体育学院学报，2018，52（6）：12-19.

同时，有专家建议增加"高水平竞技体育人才参与社会服务人数"，用以表示体育文化传递情况。经查阅文献和专家建议①，新增"高水平竞技体育人才参与社会服务人数"指标。有专家认为"体育传统项目学校数量"用以表示体教融合情况，建议将其转移到目标层"响应"维度下，用以表示青少年体育后备人才培养情况。因此，经查阅文献和专家建议②，将"体育传统项目学校数量"转移到目标层"响应"维度下。"国际体育组织总部数量"指标变异系数略超出标准值，经讨论，暂时予以保留。最终，通过数据分析并结合专家建议，目标层"影响"维度下指标共删除 4 项指标，保留 12 项指标。

表 5-14　影响三级指标分析参数一览表（第一轮）

符号	指标层	均数	标准差	变异系数	备注
C66	国民体质达标率	3.79	0.85	0.23	
C67	国民体质监测站点数量	3.32	0.82	0.25	删除
C68	《国家学生体质健康标准》优良率	3.37	0.76	0.23	删除
C69	经常参加体育锻炼的人数占总人口比例	4.58	0.77	0.17	
C70	人均公共体育场地面积	4.21	0.63	0.15	
C71	每万人体育社会指导员人数	4.42	0.84	0.19	
C72	体育社会组织数	4.63	0.6	0.13	
C73	体育产业总值	4.53	0.77	0.17	
C74	体育产业占 GDP 比率	4.68	0.58	0.12	
C75	人均体育消费	4.58	0.77	0.17	
C76	从事体育类经济活动单位数量	3.47	0.77	0.26	删除
C77	体育博物馆、体育纪念馆、体育荣誉室的数量	4	0.58	0.14	
C78	体育书籍、期刊、报纸、音像等出版物数量	3.32	0.67	0.2	删除
C79	国家级体育非遗项目数	4.16	0.58	0.16	
C80	在国际体育组织中任职人数	4.37	1.16	0.27	
C81	国际体育组织总部数量	3.79	1.03	0.27	
C82	国际出访、到访人数	3.84	0.96	0.25	

---

① 张建会，钟秉枢. 体育明星运动员在运动项目文化建设中的作用及培养路径[J]. 武汉体育学院学报，2016，50（2）：95-100.

② 柳鸣毅，陈石，孔年欣，等. 体教融合视域中体育传统特色学校创建的影响因素及功能再造[J]. 体育科学，2022，42（3）：36-47.

（5）"响应"三级指标专家征询结果与统计分析。

通过对目标层"响应"下指标层中指标数据进行计算，结果如表5-15所示："信息通信管线长度"和"移动互联网用户数"、"家庭宽带接入用户"和"体育科技成果论文"两项数值均不符合标准，予以剔除。"体育局官网用户访问总量"和"体育局信息发布总数"变异系数分别为0.36和0.30，均超出标准值范围，该2项指标表示体育信息传递情况，根据本研究目的，删除"体育局官网用户访问总量"变异系数较高的指标，"体育局主动公开信息数量"指标暂时予以保留。同时，有专家认为青少年体育参与是竞技体育后备人才有效途径，建议增加青少年体育参与相关指标。经查阅文献和专家建议[1][2]，新增"青少年比赛参与人数"2项指标。最终，通过数据分析并结合专家建议，目标层"影响"维度下指标共删除8项指标，保留12项指标。

表5-15　响应三级指标分析参数一览表（第一轮）

符号	指标层	均数	标准差	变异系数	备注
C83	信息通信管线长度	3.37	0.96	0.28	删除
C84	移动互联网用户数	3.37	1.12	0.33	删除
C85	家庭宽带接入用户	3.42	1.17	0.34	删除
C86	城市智慧发展水平指数	4.26	0.56	0.13	
C87	体育局官网用户访问总量	3.63	1.3	0.36	删除
C88	体育局主动公开信息数量	3.95	1.18	0.3	
C89	媒体平台发布体育信息数	4.05	0.91	0.22	
C90	体育彩票销售额	4.05	0.78	0.19	
C91	体育彩票公益基金竞技体育支出	4.21	0.98	0.23	
C92	等级运动员发展人数	4.79	0.42	0.09	
C93	等级教练员发展人数	4.79	0.54	0.11	
C94	等级裁判员发展人数	4.74	0.45	0.1	
C95	"三大球"后备人才数	4.68	0.58	0.12	

---

① 胡雅静，柳鸣毅，闫亚茹，等. 发达国家青少年体育公共服务体系研究[J]. 体育科学，2019，39（12）：25-33.

② 柳鸣毅，孔年欣，龚海培，等. 体教融合目标新指向：青少年健康促进与体育后备人才培养[J]. 体育科学，2020，40（10）：8-20.

符号	指标层	均数	标准差	变异系数	备注
C96	国家级高水平后备人才培养基地数量	4.53	0.7	0.15	
C97	青少年运动员注册人数	4.47	0.7	0.16	
C98	各类青少年体育俱乐部数量	4.53	0.84	0.19	
C99	各级各类体校数量	4.16	1.26	0.3	
C100	体育传统项目学校数量	4.84	0.69	0.14	
C101	体育系统文化课教师人数	4.42	0.84	0.19	
C102	体育场馆经费支出	4.58	0.69	0.15	
C103	新增体育场地面积	4.11	0.57	0.14	
C104	科技创新中心指数	3.26	1.41	0.43	删除
C105	每万人口发明专利拥有量	3.47	0.77	0.26	删除
C106	竞技体育备战攻关项目数量	3.63	0.83	0.23	
C107	竞技体育科技成果项目数	4.58	0.69	0.15	
C108	体育科技成果获奖	3.32	1.06	0.32	删除
C109	体育科技成果论文	3.32	1.32	0.33	删除

经过第一轮专家对城市竞技体育发展评价指标的筛选，最终得到 5 个目标层、14 个准则层和 78 个指标层的第二轮我国超大城市竞技体育发展评价指标，如表 5-16 所示：

表 5-16　第一轮指标修改后结果

一级指标	二级指标		三级指标	备注
A1 驱动力	B1 外部社会环境驱动	C1	地区生产总值	
	修改	C2	人均 GDP	
		C3	第三产业贡献率	
		C4	地方财政收入	
		C5	人均可支配收入	
		C6	城镇人口数	
		C7	教育经费	
		C8	每十万人口高等教育学校在校生人数	

续表

一级指标	二级指标		三级指标	备注
		C9	地方财政科学技术支出	
		C10	医疗卫生机构数	
		C11	城市公园绿地面积	
		C12	全年环境空气质量优良率	
	B2 内部竞技体育资源驱动 修改	C13	竞技体育财政预算支出	
		C14	体育场地面积	
		C15	体育场馆数量	
		C16	优秀运动队运动员人数	
		C17	各级运动队教练员数量	
		C18	等级裁判员数量	
		C19	体育系统从业人数	
		C20	体育科研人员数量	
		C21	体育科学技术经费支出	
		C22	体育科研机构数	
		C23	体育科研仪器设备	
A2 压力	B3 社会环境间接压力 修改	C24	GDP 增速	
		C25	常住人口自然增长率	
		C26	0~14 岁人口年龄结构比	
		C27	城镇登记失业率	
		C28	突发环境事件次数	
	B4 竞技体育系统直接压力 修改	C29	体育后备人才数	
		C30	大专以上学历优秀运动员占比	
		C31	运动员流动率	
		C32	运动员合理安置率	
		C33	本科以上学历教练员占比	
		C34	教练员流动率	
		C35	重大体育安全事故次数	
		C36	重大赛风赛纪事件数量	
A3 状态	B5 专业体育成绩	C37	获世界冠军运动员人数	
		C38	获全国冠军运动员人数	
		C39	创造世界纪录数	

一级指标	二级指标		三级指标	备注
	B6 职业体育发展	C40	职业体育俱乐部数量	
		C41	职业体育俱乐部成绩	新增
		C42	职业体育联赛上座率	
		C43	体育赛事收视率	
	B7 大型体育赛事举办	C44	每年举办重大国际性体育赛事的次数	
	修改	C45	每年举办全国性体育赛事的次数	
A4 影响	B8 群众体育	C46	国民体质达标率	
		C47	经常参加体育锻炼的人数占总人口比例	
		C48	人均公共体育场地面积	
		C49	每万人体育社会指导员人数	
		C50	体育社会组织数	
	B9 体育产业	C51	体育产业总值	
		C52	体育产业占 GDP 比率	
		C53	人均体育消费	
	B10 体育文化	C54	体育博物馆、体育纪念馆、体育荣誉室的数量	
		C55	国家级体育非遗项目数	
		C56	高水平竞技体育人才参与社会服务人数	新增
	B11 体育对外交往	C57	在国际体育组织中任职人数	
	修改	C58	国际体育组织总部数量	
		C59	国际出访、到访人数	
A5 响应	B12 预警能力	C60	城市智慧发展水平指数	
		C61	体育局主动公开信息数量	
		C62	媒体平台发布体育信息数	
	B13 恢复能力	C63	体育彩票销售额	
		C64	体育彩票公益基金竞技体育支出	
		C65	等级运动员发展人数	
		C66	等级教练员发展人数	
		C67	等级裁判员发展人数	

续表

一级指标	二级指标		三级指标	备注
		C68	"三大球"后备人才数	
		C69	国家级高水平后备人才培养基地数量	
		C70	青少年运动员注册人数	
		C71	各类青少年体育俱乐部数量	
		C72	各级各类体校数量	
		C73	体育传统项目学校数量	
		C74	体育系统文化课教师人数	
		C75	体育场馆经费支出	
		C76	新增体育场地面积	
	B14 科技创新能力	C77	竞技体育备战攻关项目数量	
		C78	竞技体育科技成果项目数	

（二）第二轮专家征询结果与分析

在第二轮的专家征询中，制定第二轮《我国超大城市竞技体育发展评价指标体系专家咨询问卷》（见附件 4），请专家根据各指标对"我国超大城市竞技体育发展评价指标体系"的重要程度给出相应的分值（分值共分为 5 个等级：非常重要 5 分，比较重要 4 分，一般重要为 3 分，不太重要为 2 分，很不重要为 1 分），并对指标进行修改、补充，以及提出相应的修改意见。指标删选过程同第一轮指标删选，此处不再详细说明。

第二轮发送专家咨询表 19 份，回收 19 份，专家积极性系数为 100%，回收意见并整理后共计修改意见 8 条，专家对咨询事项进行了应答，经重新整合后共有 4 条改进性建议。笔者按照修改意见对指标体系表进行了修改，主要是对准则层指标进行了修改，指标层指标进行了删减、增加和修改。

1. 一级指标专家征询结果与统计分析

表 5-17　一级指标专家征询结果（第二轮）

	非常合理	比较合理	基本合理	不太合理	不合理
人数	8	11	0	0	0
百分比（%）	42.1	57.9	0	0	0

第二轮一级指标的专家征询结果显示：42.1%的专家认为将DPSIR模型框架应用在本研究中，将驱动力、压力、状态、影响和响应设为一级指标非常合理，57.9%的认为比较合理，也未有专家对一级指标提出修改意见，可见专家对DPSIR模型应用于城市竞技体育系统发展韧性评价指标体系构建中具有较高的认同度。因此将一级指标确定为"驱动力""压力""状态""影响""响应"5个维度，在第三轮中将不再对目标层进行专家征询。

2. 二级指标专家征询结果与统计分析

第二轮专家征询中未有专家对"驱动力"、"压力"、"状态"和"影响"目标层下的二级指标提出修改意见。有2位专家认为在"响应"目标层下的准则层"预警能力""恢复能力"指标的表述较为模糊，建议进一步修改和细分。通过专家讨论，将"预警能力"修改为"城市信息化建设"，"恢复能力"进一步细分为"市场资源调控"、"人力资源调控"、"基础设施调控"和"后备人才调控"。同时表5-18显示二级指标各指标计算数据均符合指标纳入标准，所有指标均予以保留。修改后的各二级指标如表5-19所示。

表5-18　二级指标分析参数一览表（第二轮）

符号	二级指标	均数（M）	标准差（SD）	变异系数（CV）
B1	外部社会环境驱动	4.47	0.61	0.14
B2	内部竞技体育资源驱动力	4.79	0.54	0.11
B3	社会环境间接压力	4.47	0.61	0.14
B4	竞技体育系统直接压力	4.53	0.51	0.11
B5	专业体育成绩	4.63	0.60	0.13
B6	职业体育发展	4.68	0.48	0.10
B7	大型体育赛事举办	4.68	0.58	0.12
B8	群众体育	4.79	0.48	0.10
B9	体育产业	4.68	0.54	0.11
B10	体育文化	4.79	0.61	0.12
B11	体育对外交往	4.53	0.51	0.14
B12	预警能力	4.32	0.67	0.16
B13	恢复能力	4.53	0.51	0.11
B14	学习创新能力	4.47	0.51	0.11

表 5-19　修改后二级指标（第二轮后）

一级指标	二级指标	修改建议
A1 驱动力	B1 外部社会环境驱动力 B2 内部竞技体育资源驱动力	保留
A2 压力	B3 间接的社会环境压力 B4 直接的竞技体育系统内部压力	保留
A3 状态	B5 专业体育成绩 B6 职业体育发展	保留
A4 影响	B7 大型体育赛事举办 B8 群众体育 B9 体育产业 B10 体育文化 B11 体育对外交往	保留
A5 响应	B12 城市信息化建设 B13 市场资源调控 B14 人力资源调控 B15 基础设施调控 B16 后备人才调控 B17 科技创新	指标的表述较为模糊，建议进一步修改和细分

3. 三级指标专家征询结果与统计分析

（1）"驱动力"三级指标专家征询结果与统计分析。

通过对目标层"驱动力"下指标层中指标数据进行计算，结果见表 5-20，其中"第三产业贡献率""每十万人口高等教育学校在校生人数""全年环境空气质量优良率""体育科研机构数""体育科研仪器设备" 5 项指标中两项数值均不符合指标筛选尺度标准，因此将该 5 项指标进行剔除。"体育场馆数量"虽均数满足标准，变异系数超出标准范围，经讨论，该指标与"体育场地面积"存在重复，因此予以删除。

（2）"压力"三级指标专家征询结果与统计分析。

首先，有专家认为当前政府对竞技体育经济投入降低，会对城市竞技体育的发展造成一定的压力，因此建议增加该类型指标，用以表述竞技体育投入降低带来的压力。通过查阅文献和专家讨论[1]，增加"竞技体育经费占体育事业经费比重"指标。其次，有 2 位专家认为运动员流动率和教练员流动率过高和过低均不利于运动员和教练员队伍的稳定，该指标存在一定的不确定性，建议删除。同时通过对该层指标数据进行计算，结果见表 5-20，"运动员流动率"和"教练员流动率"指标中的均数和变异系数均有一个不符合指标入选条件，因此将"运动员流动率"和"教练员流动率"指标删除。还有专家认为当前高水平的教练员和运动员不足，对竞技体育系统造成一定的压力，建议增加表述运动员和教练员质量的指标。通过查阅文献和专家讨论[2]，增加"一级以上运动员占比"和"高级以上在岗专职教练员占比"指标。1 位专家建议将大专以上学历优秀运动员占比修改为本科以上学历优秀运动员占比。

（3）"状态"三级指标专家征询结果与统计分析。

1 位专家认为每年获得全国冠军运动员人数取决于每年的全国比赛次数，每年的全国比赛的次数不相同，建议将该指标修改为"获全国最高级别比赛冠军运动员人数"。通过专家讨论，将"获全国比赛冠军运动员人数"修改为"获全国最高级别比赛冠军运动员人数"。2 位专家认为运动健将发展人数可以表征专业体育成绩，建议增加"运动健将发展人数"。经过查阅文献和专家讨论[3]，增加"运动健将发展人数"指标，删除"重大体育赛事获奖牌数"。1 位专家认为职业体育联赛种类较多，很难综合考量一个城市所有职业体育赛事的综合上座率，体育赛事收视率也如此，数据搜集可操作性不强。通过查阅文献和专

　　[1] 邹月辉，田思. 基于动态 DEA-SBM 模型的社会保障对竞技体育投入效率影响的实证研究[J]. 武汉体育学院学报，2020，54（10）：50-57.
　　[2] 杨国庆，陶新，许秋红. 江苏"精英教练员工程"建设与实施研究[J]. 体育与科学，2016（6）：1-6.
　　[3] 邓万金，张雪芹. 我国竞技体育核心竞争力指标体系构建研究[J]. 成都体育学院学报，2011，37（2）：31-35.

家讨论[①②]，认为职业体育联赛上座率和体育赛事收视率与职业体育俱乐部成绩呈正相关性，考虑到构建指标体系原则中的可操作性，将"职业体育联赛上座率"和"体育赛事收视率"两项指标删除。

（4）"影响"三级指标专家征询结果与统计分析。

通过对该层指标数据进行计算，结果见表 5-20，"高水平竞技体育人才参与社会服务人数"的均数低于标准值，"在国际体育组织中任职人数"和"国际体育组织总部数量"指标的变异系数均高于标准值，同时考虑到指标的可操作性性，将删除 3 个指标。

（5）"响应"三级指标专家征询结果与统计分析。

通过对该层指标数据进行计算，结果见表 5-20，"各级各类体校数量"和"体育系统文化课教师人数"指标的均值和变异系数均超出入选标准，因此删除该 2 项指标。有专家建议增加青少年体育参与类指标用以反映青少年体育参与情况。通过计算"各类青少年体育俱乐部数量"的变异系数超出标准值，考虑到指标相互间的重复性结合专家建议，将"各类青少年体育俱乐部数量"删除，增加"青少年体育参与人数"指标。有专家认为"三大球后备人才数"与"压力"目标层下指标"体育后备人才数"存在重复关系，建议删除，考虑到指标相互间的重复性结合专家建议，将"三大球后备人才数"指标删除。

最终通过第二轮的专家征询，共修改二级指标 3 项，三级指标 2 项，删除三级指标 18 项，新增三级指标 5 项，最终形成二级指标 17 项，三级指标 65 项。三级指标的数据统计结果如表 5-20 所示：

表 5-20　三级指标分析参数一览表（第二轮）

符号	三级指标	均值	变异系数	肯德尔系数	备注
				0.58	
C1	地区生产总值	4.56	0.11		
C2	人均 GDP	4.72	0.10		

----

① 杨铁黎. 职业篮球市场论：兼谈我国职业篮球市场的现状与改革思路[M]. 北京：北京体育大学出版社，2003.

② 周岩锋. 我国职业篮球联赛上座率的现状与对策探析[J]. 体育与科学，2006，27（3）：69-71.

符号	三级指标	均值	变异系数	肯德尔系数	备注
C3	第三产业贡献率	2.50	0.28		删除
C4	地方财政收入	4.28	0.18		
C5	人均可支配收入	4.44	0.18		
C6	城镇人口数	4.17	0.19		
C7	教育经费	4.50	0.16		
C8	每十万人口高等教育学校在校生人数	2.33	0.36		删除
C9	地方财政科学技术支出	4.39	0.14		
C10	医疗卫生机构数	4.56	0.14		
C11	城市公园绿地面积	4.22	0.19		
C12	全年环境空气质量优良率	2.11	0.36		删除
C13	竞技体育财政预算支出	4.89	0.07		
C14	体育场地面积	4.33	0.16		
C15	体育场馆数量	2.61	0.35		删除
C16	优秀运动队运动员人数	4.89	0.07		
C17	各级运动队教练员数量	4.94	0.05		
C18	等级裁判员数量	3.83	0.10		
C19	体育系统从业人数	4.11	0.11		
C20	体育科研人员数量	4.28	0.13		
C21	体育科学技术经费支出	4.72	0.10		
C22	体育科研机构数	2.83	0.30		删除
C23	体育科研仪器设备	2.78	0.40		删除
C24	GDP 增速	4.33	0.16		
C25	常住人口自然增长率	4.44	0.18		
C26	0~14 岁人口年龄结构比	4.44	0.18		
C27	城镇登记失业率	4.06	0.20		
C28	突发环境事件次数	2.50	0.44		删除
C29	体育后备人才数	4.89	0.07		
C30	本科以上学历优秀运动员占比	4.50	0.11		修改专家
C31	运动员流动率	3.50	0.22		建议删除
C32	运动员合理安置率	4.28	0.18		
C33	本科以上学历教练员占比	4.50	0.14		

续表

符号	三级指标	均值	变异系数	肯德尔系数	备注
C34	教练员流动率	3.61	0.24		专家建议删除
C35	重大体育安全事故次数	3.94	0.11		
C36	重大赛风赛纪事件数量	3.78	0.15		
C37	获世界冠军运动员人数	4.78	0.09		
C38	获全国最高级别比赛冠军运动员人数	4.83	0.08		修改
C39	创造世界纪录数	4.89	0.07		
C40	职业体育俱乐部数量	4.94	0.05		
C41	职业体育俱乐部成绩	4.89	0.07		
C42	职业体育联赛上座率	3.94	0.27		专家建议删除
C43	体育赛事收视率	2.56	0.33		删除
C44	每年举办重大国际性体育赛事的次数	4.94	0.05		
C45	每年举办全国性体育赛事的次数	4.83	0.08		
C46	国民体质达标率	4.00	0.15		
C47	经常参加体育锻炼的人数占总人口比例	3.72	0.12		
C48	人均公共体育场地面积	3.78	0.17		
C49	每万人体育社会指导员人数	3.61	0.14		
C50	体育社会组织数	3.61	0.14		
C51	体育产业总值	5.00	0.00		
C52	体育产业占 GDP 比率	5.00	0.00		
C53	人均体育消费	5.00	0.00		
C54	体育博物馆、体育纪念馆、体育荣誉室的数量	3.94	0.22		
C55	国家级体育非遗项目数	3.61	0.14		
C56	高水平竞技体育人才参与社会服务人数	3.50	0.15		删除
C57	在国际体育组织中任职人数	3.42	0.17		删除
C58	国际体育组织总部数量	3.61	0.27		删除
C59	国际出访、到访人数	4.50	0.16		

符号	三级指标	均值	变异系数	肯德尔系数	备注
C60	城市智慧发展水平指数	3.78	0.11		
C61	体育局主动公开信息数量	3.83	0.10		
C62	媒体平台发布体育信息数	3.61	0.14		
C63	体育彩票销售额	3.94	0.14		
C64	体育彩票公益基金竞技体育支出	4.72	0.10		
C65	等级运动员发展人数	4.83	0.08		
C66	等级教练员发展人数	4.67	0.10		
C67	等级裁判员发展人数	4.00	0.15		
C68	"三大球"后备人才数	4.78	0.09		重复删除
C69	国家级高水平后备人才培养基地数量	4.72	0.10		
C70	青少年运动员注册人数	4.56	0.14		
C71	各类青少年体育俱乐部数量	4.00	0.21		重复删除
C72	各级各类体校数量	3.39	0.25		删除
C73	体育传统项目学校数量	4.00	0.12		
C74	体育系统文化课教师人数	2.89	0.33		删除
C75	体育场馆经费支出	4.06	0.13		
C76	新增体育场地面积	4.06	0.13		
C77	竞技体育备战攻关项目数量	4.56	0.11		
C78	竞技体育科技成果项目数	4.56	0.11		

（三）第三轮专家征询结果与分析

为了对所构建的指标体系做进一步完善与确认，本研究在第一轮和第二轮专家的意见上，均对指标体系中的指标进行了修改。随后设计了第三轮专家调查问卷。本次发放问卷为同一批专家，共19人，回收19份，回收率100%。第三轮问卷数据的分析步骤同第一轮和第二轮。经过计算最后各项二级指标和三级指标的平均值、标准差和变异系数情况如表5-21所示。结果显示，所有二级和三级指标的重要性得分均大于3.5分，变异系数均＜0.25。专家征询的协调系数为0.62。

经过三轮的专家征询，经过统计分析，17个二级指标和65个三级指标的专家认可度均在 3.5～5 之间，说明专家对指标的认可度较高。变异系数均＜0.25，说明专家对指标的意见较小。专家征询的协调系数也由第一轮的0.33上升到第三轮的0.62，说明指标的协调性较好。

表5-21 专家征询三级指标参数一览表（第三轮）

符号	三级指标	均值	变异系数	肯德尔系数
				0.62
C1	人均 GDP	3.72	0.12	
C2	地方财政收入	4.17	0.19	
C3	人均可支配收入	3.72	0.14	
C4	城镇人口总数	3.52	0.15	
C5	地区生产总值	4.11	0.16	
C6	教育经费支出	3.69	0.21	
C7	地方财政科学技术支出	3.74	0.20	
C8	医疗卫生机构数	3.67	0.19	
C9	城市公园绿地面积	3.69	0.23	
C10	竞技体育财政预算支出	4.44	0.12	
C11	体育场地面积	4.22	0.19	
C12	优秀运动队运动员人数	4.61	0.11	
C13	各级运动队教练员数量	4.39	0.11	
C14	等级裁判员数量	3.67	0.21	
C15	体育系统从业人数	3.67	0.21	
C16	体育科研人员数量	4.22	0.19	
C17	体育科学技术经费支出	4.17	0.15	
C18	GDP 增速	3.54	0.23	
C19	常住人口自然增长率	3.57	0.25	
C20	0～14 岁人口年龄结构比	3.72	0.18	
C21	失业率	3.52	0.22	
C22	竞技体育经费占体育事业经费比重	4.78	0.09	
C23	体育后备人才数	4.83	0.08	
C24	一级及以上运动员占比	4.56	0.11	
C25	本科以上学历优秀运动员占比	4.28	0.11	
C26	高级以上在岗专职教练员占比	4.56	0.11	

符号	三级指标	均值	变异系数	肯德尔系数
C27	本科以上学历在岗专职教练员占比	4.67	0.10	
C28	运动员合理安置率	4.39	0.11	
C29	重大体育安全事故次数	4.39	0.18	
C30	重大赛风赛纪事件数量	4.44	0.18	
C31	创造世界纪录数	4.72	0.10	
C32	获世界冠军数	4.61	0.11	
C33	获全国最高级别比赛冠军人数	4.83	0.08	
C34	运动健将发展人数	4.78	0.09	
C35	职业体育俱乐部数量	4.89	0.07	
C36	职业体育俱乐部成绩	4.83	0.08	
C37	每年举办重大国际性体育赛事的次数	4.89	0.07	
C38	每年举办全国性体育赛事的次数	4.89	0.07	
C39	国民体质达标率	3.60	0.15	
C40	经常参加体育锻炼的人数占总人口比例	3.56	0.14	
C41	人均公共体育场地面积	3.63	0.20	
C42	万人体育社会指导员人数	3.67	0.25	
C43	体育社会组织数	3.67	0.21	
C44	体育产业总值	4.33	0.16	
C45	体育产业占 GDP 比率	4.28	0.18	
C46	人均体育消费	4.22	0.15	
C47	体育博物馆、体育纪念馆、体育荣誉室的数量	3.77	0.21	0.62
C48	国家级体育非遗项目数	3.56	0.17	
C49	国际出访、到访人数	4.11	0.16	
C50	智慧城市发展水平指数	3.56	0.20	
C51	体育局主动公开信息数量	3.80	0.20	
C52	媒体平台发布体育信息数	3.67	0.19	
C53	体育彩票销售额	3.83	0.22	
C54	体育彩票公益基金竞技体育支出	4.22	0.19	
C55	体育场馆经费支出	4.22	0.19	
C56	新增体育场地面积	4.33	0.21	
C57	国家级高水平后备人才培养基地数量	4.78	0.09	

续表

符号	三级指标	均值	变异系数	肯德尔系数
C58	等级运动员发展人数	4.67	0.13	
C59	高级以上教练员发展人数	4.83	0.08	
C60	等级裁判员发展人数	3.83	0.16	
C61	体育传统项目学校数量	4.00	0.21	
C62	青少年运动员人数注册	4.33	0.18	
C63	青少年比赛参与人数	4.28	0.19	
C64	竞技体育科技成果项目数	4.61	0.11	
C65	备战攻关项目数	4.78	0.09	

最终，本研究经过三轮的专家征询，对二级指标进行了 9 次修改，三级指标一共进行了 60 次修订，其具体情况汇总表如表 5-22 所示。根据三轮专家的征询，最终形成了如表 5-23 所示的"我国超大城市竞技体育发展评价指标"，包含 5 项一级指标，17 项二级指标和 65 项三级指标。

表 5-22　专家指标修改情况一览表

指标	二级指标			三级指标		
轮次	修改	新增	删除	修改	新增	删除
第一轮	6	0	0	0	2	33
第二轮	3	3	0	2	5	18
第三轮	0	0	0	0	0	0

表 5-23　我国超大城市竞技体育发展评价指标

一级指标	二级指标		三级指标	单位	指标性质
A1 驱动力	B1 外部社会环境驱动	C1	地区生产总值	亿元	正向
		C2	人均 GDP	元	正向
		C3	地方财政收入	亿元	正向
		C4	人均可支配收入	元	正向
		C5	城镇人口数	万人	正向

续表

一级指标	二级指标		三级指标	单位	指标性质
		C6	教育经费支出	万元	正向
		C7	地方财政科学技术支出	万元	正向
		C8	医疗卫生机构数	个	正向
		C9	城市公园绿地面积	km²	正向
		C10	竞技体育财政预算支出	万元	正向
		C11	体育场地面积	km²	正向
	B2 内部竞技体育资源驱动	C12	优秀运动队运动员人数	人	正向
		C13	各级运动队教练员数量	人	正向
		C14	等级裁判员数量	人	正向
		C15	体育系统从业人数	人	正向
		C16	体育科研人员数量	人	正向
		C17	体育科学技术经费支出	万元	正向
		C18	GDP 增速	%	正向
	B3 社会环境间接压力	C19	常住人口自然增长率	%	正向
		C20	0～14 岁人口年龄结构比	%	正向
		C21	城镇登记失业率	%	负向
		C22	竞技体育经费占体育事业经费比重	%	正向
		C23	体育后备人才数	人	正向
A2 压力		C24	一级及以上运动员占比	%	正向
	B4 竞技体育系统直接压力	C25	本科以上学历优秀运动员占比	%	正向
		C26	运动员合理安置率	%	正向
		C27	高级以上在岗专职教练员占比	%	正向
		C28	本科以上学历在岗专职教练员占比	%	正向
		C29	重大体育安全事故次数	次	负向
		C30	重大赛风赛纪事件数量	件	负向
		C31	获世界冠军运动员人数	人	正向
	B5 专业体育成绩	C32	获全国最高级别比赛运动员人数	人	正向
A3 状态		C33	创造世界纪录数	项	正向
		C34	运动健将发展人数	人	正向
	B6 职业体育	C35	职业体育俱乐部数量	个	正向

续表

一级指标	二级指标		三级指标	单位	指标性质
	发展	C36	职业体育俱乐部成绩	分	正向
	B7 大型体育赛事承办	C37	每年举办重大国际性体育赛事次数	次	正向
		C38	每年举办全国性体育赛事次数	次	正向
		C39	国民体质达标率	%	正向
		C40	经常参加体育锻炼的人数占总人口比例	%	正向
	B8 群众体育	C41	人均公共体育场地面积	m²	正向
		C42	每万人体育社会指导员人数	人	正向
A4 影响		C43	体育社会组织数	个	正向
	B9 体育产业	C44	体育产业总值	亿元	正向
		C45	体育产业占 GDP 比率	%	正向
		C46	人均体育消费	元	正向
	B10 体育文化	C47	体育博物馆、体育纪念馆、体育荣誉室的数量	个	正向
	B11 体育对外交往	C48	国家级体育非遗项目数	个	正向
		C49	国际出访、到访人数	人	正向
	B12 城市信息化建设	C50	城市智慧发展水平指数	/	正向
		C51	体育局主动公开信息数量	条	正向
		C52	媒体平台发布体育信息数	万条	正向
	B13 市场经济调控	C53	体育彩票销售额	亿元	正向
		C54	体育彩票公益基金竞技体育支出	亿元	正向
A5 响应	B14 基础设施调控	C55	体育场馆经费支出	万元	正向
		C56	新增体育场地面积	m²	正向
		C57	国家级高水平后备人才培养基地数	个	正向
	B15 人力资源调控	C58	等级运动员发展人数	人	正向
		C59	等级教练员发展人数	人	正向
		C60	等级裁判员发展人数	人	正向
	B16 后备	C61	体育传统项目学校数量	个	正向

续表

一级指标	二级指标		三级指标	单位	指标性质
	人才	C62	青少年运动员注册人数	人	正向
	调控	C63	青少年比赛参与人数	人	正向
B17 科技		C64	竞技体育备战攻关项目数量	项	正向
	创新	C65	竞技体育科技成果项目数	项	正向

第六节　评价指标权重的确定

一、指标权重确定的方法

在当前对城市体育、竞技体育等诸多相关研究的评价方法中，大部分实证分析采取的是主观赋权法确定各指标的权重，如综合指数法和层次分析法等，依靠专家的经验做出专业的判断等方式确定指标的权重。也有部分实证分析采取客观赋权法确定各指标的权重，如方差法和熵值法等，根据数据之间的关系，通过数学的方法确定指标的权重。为了将主观赋权法的随机性控制在一定的范围，同时实现主客观的内在中正和统一，使评价结果尽可能的真实、科学、可信。本研究在对评价指标进行权重确定时，同时考虑指标数据之间的内在统计规律和权威值，采用层次分析法（主观赋权法）和熵值法（客观赋权法）两种赋权法相结合的组合赋权法确定评价指标的权重，以弥补单一赋权带来的不足[1][2]。

---

① 朱天瞳，丁坚勇，郑旭. 基于改进 TOPSIS 法和德尔菲——熵权综合权重法的电网规划方案综合决策方法[J]. 电力系统保护与控制，2018，46（12）：91-99.

② 张永芳，贾士靖，刘蕾，等. 基于综合权重法的河北省水资源脆弱性评价及影响因素分析[J]. 水电能源科学，2020，38（4）：22-25.

二、层次分析法确定权重

利用层次分析法确定评价指标的权重可以分为 4 个步骤：（1）构建评价指标的层级结构；（2）构建各层次的判断矩阵；（3）权重计算和判断矩阵一致性检验；（4）计算最终权重[①]。

在评价指标权重确定时，结合对评价指标的熟悉程度和权威性，在评价指标修订的专家中再次委托 10 名专家作为评价指标权重确定的咨询专家。

（一）评价指标的层级结构

本研究中的评价指标层次结构可以按照专家修订后的评价指标体系表进行梳理，分为一级指标、二级指标、三级指标三个层次，见表 5-23。

（二）构建判断矩阵并计算

本文采用层次分析法创始人萨蒂教授提出的，如表 5-24 所示的 1-9 比例的标度方法，并委托在评价指标修订的 10 位专家对各指标进行两两重要程度打分。然后采用加权几何平均法，得到判断矩阵。之后，运用 matlab，采用特征值法计算各成对比较矩阵的权重并进行一致性检验，得到各层指标的权重值[②]。

表 5-24　层次分析法九分制标度及其定义

标度 b_{ij}	含义
1	因素 i 与因素 j 同样重要
3	因素 i 比因素 j 稍微重要
5	因素 i 比因素 j 明显重要
7	因素 i 比因素 j 重要得多
9	因素 i 比因素 j 极端重要
2，4，6，8	因素 i 与因素 j 的重要性的标度值介于上述两个相邻的等级之间
标度值的倒数	因素 i 与因素 j 的反比较 $b_{ij} = 1/b_{ji}$

---

① 邓雪，李家铭，曾浩健，等. 层次分析法权重计算方法分析及其应用研究[J]. 数学的实践与认识，2012，24（7）：93-100.

② 张晓纯，谢冬梅，王雨欣，等. 基于层次分析法和熵值法的智慧医疗服务可及性评价[J]. 卫生经济研究，2022，39（11）：61-64.

1. 构建目标层一级指标判断矩阵

根据咨询 10 位专家得到的结果，采用加权几何平均法得到一级指标的判断矩阵（见表 5-25）。

表 5-25 一级指标判断矩阵

发展韧性	驱动力	压力	状态	影响	响应
驱动力	1.0000	6.2573	0.6934	1.0000	2.0801
压力	0.1598	1.0000	0.1926	0.1926	0.2554
状态	1.4422	5.1925	1.0000	1.0000	1.7100
影响	1.0000	5.1925	1.0000	1.0000	2.0801
响应	0.4807	3.9149	0.5848	0.4807	1.0000

其中，判断矩阵中的任意元素 b_{ij} 都满足：

$$b_{ij} = 1 / b_{ji}$$

2. 进行一致性检验

在使用准则层-目标层的判断矩阵计算权重之前，需要对其进行一致性检验，其步骤为：

首先，运用 MATLAB 求解判断矩阵的特征值，并得到最大特征值 $\lambda_{max} = 5.0468$。

其次，计算一致性指标 CI

$$CI = \frac{\lambda_{max} - n}{n - 1}$$

即 CI=(5.0468-5)/(5-1)=0.0117。

接下来，查找对应的平均随机一致性指标 RI，n 与 RI 的关系表如表 5-26 所示：

表 5-26 一级指标一致性指标值

n	1	2	3	4	5	6	7	8	9	10
RI	0	0	0.52	0.89	1.12	1.26	1.36	1.41	1.46	1.49

最后，计算一致性比例CR并进行判断，

$$CR = \frac{CI}{RI}$$

即 CR=0.0117/1.12=0.0104<0.1，通过了一致性检验。

3. 计算一级指标的权重系数

采用特征值法计算各一级指标在目标层下的权重，对于特征值法，其求结果过程如下：

首先，求出矩阵A的最大特征值以及其对应的特征向量。

接着，对求出的特征向量进行归一化即可得到我们的权重。

通过 MATLAB 对目标层一级指标层判断矩阵进行求解：

得到的权重向量为 w=(0.2602，0.0456，0.2795，0.2675，0.1472)T。

4. 确定各层级指标的权重系数

本研究中构建的城市竞技体育发展评价指标体系的两两矩阵计算程序都与之前一样，将剩余指标的矩阵权重计算以及进行一致性结果验证，鉴于一级、二级和三级指标的判断矩阵、权重及一致性检验的程序和方法都一样，在此仅展示一级和二级指标的判断矩阵、权重及一致性检验结果，三级指标的判断矩阵、权重及一致性检验结果见附件，一级和二级指标的判断矩阵、权重及一致性检验结果如表 5-27 至表 5-32 所示：

表 5-27　一级指标的判断矩阵、权重及一致性检验结果

城市竞技体育发展韧性	A1	A2	A3	A4	A5	权重
A1	1.0000	6.2573	0.6934	1.0000	2.0801	0.2602
A2	0.1598	1.0000	0.1926	0.1926	0.2554	0.0456
A3	1.4422	5.1925	1.0000	1.0000	1.7100	0.2795
A4	1.0000	5.1925	1.0000	1.0000	2.0801	0.2675
A5	0.4807	3.9149	0.5848	0.4807	1.0000	0.1472
一致性检验	$\lambda_{max} = 5.0468$，CI =0.01040，CR =0.0117<0.1，通过一致性检验					

表 5-28 驱动力各指标的判断矩阵、权重及一致性检验结果

A1	B1	B2	权重
B1	1.0000	0.4055	0.2885
B2	2.4662	1.0000	0.7115
一致性检验	$\lambda_{max}=2$，CI = 0，CR = 0 <0.1，通过一致性检验		

表 5-29 压力各指标的判断矩阵、权重及一致性检验结果

A2	B3	B4	权重
B3	1.0000	1.0000	0.5000
B4	1.0000	1.0000	0.5000
一致性检验	$\lambda_{max}=2$，CI = 0，CR = 0 <0.1，通过一致性检验		

表 5-30 状态各指标的判断矩阵、权重及一致性检验结果

A3	B5	B6	B7	权重
B5	1.0000	0.2371	0.2811	0.1132
B6	4.2172	1.0000	1.4422	0.5096
B7	3.5569	0.6934	1.0000	0.3772
一致性检验	$\lambda_{max}=3.0042$，CI = 0.0021，CR = 0.0040 <0.1，通过一致性检验			

表 5-31 影响各指标的判断矩阵、权重及一致性检验结果

A4	B8	B9	B10	B11	权重
B8	1.0000	0.4807	1.4422	4.2172	0.2585
B9	2.0801	1.0000	3.0000	5.5934	0.4856
B10	0.6934	0.3333	1.0000	3.5569	0.1896
B11	0.2371	0.1788	0.2811	1.0000	0.0662
一致性检验	$\lambda_{max}=4.0414$，CI = 0.0138，CR = 0.0155 <0.1，通过一致性检验				

表 5-32 响应各指标的判断矩阵、权重及一致性检验结果

A5	B12	B13	B14	B15	B16	B17	权重
B12	1.0000	0.2371	0.2371	0.2371	0.4055	0.4055	0.0518
B13	4.2172	1.0000	1.0000	1.0000	2.0801	2.4662	0.2384
B14	4.2172	1.0000	1.0000	1.0000	2.0801	2.4662	0.2384
B15	4.2172	1.0000	1.0000	1.0000	2.4662	2.4662	0.2466
B16	2.4662	0.4807	0.4807	0.4055	1.0000	2.0801	0.1294
B17	2.4662	0.4055	0.4055	0.4055	0.4807	1.0000	0.0954
一致性检验 λ_{max} =6.0671，CI = 0.0134，CR = 0.0106 <0.1，通过一致性检验							

5. 确定的指标权重

利用同一层次所有指标的权重的相关结果，可以计算就上一层次而言，本层次所有因素重要性的权值，这就是层次总权重。本次的层次分析法总权重结果如表 5-33 所示：

表 5-33 层次分析法指标单项权重和总权重

一级指标	总权重	二级指标	单项权重	三级指标	单项权重	总权重
驱动力	0.2602	外部社会环境驱动力	0.2885	地区生产总值	0.1400	0.0105
				人均 GDP	0.1975	0.0148
				地方财政收入	0.1975	0.0148
				人均可支配收入	0.1975	0.0148
				年末人口总数	0.0332	0.0025
				教育经费支出	0.0887	0.0067
				地方财政科学技术支出	0.0827	0.0062
				医疗卫生机构数	0.0314	0.0024
				城市公园绿地面积	0.0314	0.0024
		内部竞技体育资源驱动力	0.7115	竞技体育财政预算支出	0.3695	0.0684
				体育场地面积	0.1214	0.0225
				优秀运动队运动员人数	0.1014	0.0188

续表

一级指标	总权重	二级指标	单项权重	三级指标	单项权重	总权重
				各级运动队教练员数量	0.1014	0.0188
				等级裁判员数量	0.0378	0.0070
		社会环境的间接压力	0.5000	体育系统从业人数	0.0723	0.0134
				体育科研人员数量	0.1014	0.0188
				体育科学技术经费支出	0.0948	0.0176
				GDP 增速	0.3301	0.0075
				常住人口自然增长率	0.1033	0.0024
				0～14 岁人口年龄结构比	0.2365	0.0054
				失业率	0.3301	0.0075
压力	0.0456			竞技体育经费占体育事业经费比重	0.2919	0.0067
				体育后备人才数	0.1745	0.0040
				一级及以上运动员占比	0.1268	0.0029
		竞技体育系统内部的直接压力	0.5000	本科以上学历优秀运动员占比	0.0662	0.0015
				高级以上在岗专职教练员占比	0.0733	0.0017
				本科以上学历在岗专职教练员占比	0.1268	0.0029
				运动员合理安置率	0.0386	0.0009
				重大体育安全事故次数	0.0509	0.0012
				重大赛风赛纪事件数量	0.0509	0.0012
				创造世界纪录数	0.1899	0.0060
状态	0.2795	专业体育成绩	0.1132	获世界冠军数	0.1899	0.0060
				获全国最高级别比赛	0.1012	0.0032

续表

一级指标	总权重	二级指标	单项权重	三级指标	单项权重	总权重
影响	0.2675	职业体育发展	0.5096	冠军人数运动健将发展人数	0.5189	0.0164
				职业体育俱乐部数量	0.5209	0.0742
				职业体育俱乐部成绩	0.4791	0.0682
		大型体育赛事举办	0.3772	每年举办重大国际性体育赛事的次数	0.7115	0.0750
				每年举办全国性体育赛事的次数	0.2885	0.0304
		群众体育	0.2585	国民体质达标率	0.1644	0.0114
				经常参加体育锻炼的人数占总人口比例	0.4244	0.0293
				人均公共体育场地面积	0.1234	0.0085
				体育社会指导员占常住人口比例	0.1644	0.0114
				体育社会组织数	0.1234	0.0085
		体育产业	0.4856	体育产业总值	0.1549	0.0201
				体育产业占 GDP 比率	0.4553	0.0591
				人均体育消费	0.3898	0.0506
		体育文化	0.1896	体育博物馆、体育纪念馆、体育荣誉室的数量	0.7500	0.0380
				国家级体育非遗项目数	0.2500	0.0127
		体育对外交往	0.0662	国际出访、到访人数	1.0000	0.0177
响应	0.1472	城市信息化建设	0.0518	智慧城市发展水平指数	0.2007	0.0015
				体育局主动公开信息数量	0.5283	0.0040
				媒体平台发布体育信息数	0.2711	0.0021

一级指标	总权重	二级指标	单项权重	三级指标	单项权重	总权重
		市场经济调控	0.2384	体育彩票销售额	0.2548	0.0089
				体育彩票公益基金竞技体育支出	0.7452	0.0262
		场地设施资源调控	0.2384	体育场馆经费支出	0.2881	0.0101
				新增体育场地面积	0.4397	0.0154
				国家级高水平后备人才培养基地数量	0.2722	0.0096
		人力资源调控	0.2466	等级运动员发展人数	0.4157	0.0151
				高级以上教练员发展人数	0.4157	0.0151
				等级裁判员发展人数	0.1686	0.0061
		后备人才调控	0.1294	体育传统项目学校数量	0.1428	0.0027
				青少年运动员注册人数	0.4286	0.0082
				青少年比赛参与人数	0.4286	0.0082
		科技创新	0.0954	竞技体育科技成果项目数	0.3550	0.0050
				备战攻关项目数	0.6450	0.0091

三、熵值法确定权重

利用熵值法确定评价指标的权重可以分为三个步骤：（1）构建原始指标数据矩阵；（2）数据标准化处理；（3）权重计算[①]。

（一）构建原始指标数据矩阵

构建原始指标数据矩阵 $X = \{X_{ij}\}_{n \times m}$ $(i = 1, 2, \cdots, n; j = 1, 2, \cdots, m)$，其中，共有 **n** 个评价对象 **m** 项评价指标，X_{ij} 是第 i 个评价对象的第 j 项评价指标的原始值。

（二）数据标准化处理

若评价指标 X_j 为正向指标，则

$$Z_{ij} = \frac{X_{ij} - \min\{X_j\}}{\max\{X_j\} - \min\{X_j\}} \qquad （5-1）$$

若评价指标 X_j 为负向指标，则

$$Z_{ij} = \frac{\max\{X_j\} - X_{ij}}{\max\{X_j\} - \min\{X_j\}} \qquad （5-2）$$

式中，$Z_{ij}(i=1,2,\cdots,n; j=1,2,\cdots,m)$ 是第 i 个评价对象的第 j 项评价指标经过标准化的值，$\max\{X_j\}$ 是第 j 项评价指标的最大值，$\min\{X_j\}$ 是第 j 项评价指标的最小值。

（三）权重计算

1. 计算第 j 项指标下，第 i 个评价对象的指标值所占的比重 P_{ij}

$$P_{ij} = \frac{Z_{ij}}{\sum_{i=1}^{n} Z_{ij}} \qquad （5-3）$$

2. 计算第 j 项指标的熵值 e_j

$$e_j = \frac{-\sum_{i=1}^{n} P_{ij} \ln P_{ij}}{\ln n} ,\left(e_j \geq 0\right) \qquad （5-4）$$

3. 计算第 j 项指标的差异系数 g_j

$$g_j = 1 - e_j \qquad （5-5）$$

4. 计算第 j 项指标的权重 w_j

$$w_j = \frac{g_j}{\sum_{j=1}^{m} g_j}, j=1,2,\cdots,m \qquad （5-6）$$

四、综合权重的计算

本研究采用线性组合法将层次分析法和熵值法结合起来，取其权重的综合值为最终权重，使得两种方法互补，既能考虑专家的经验和知识，又减少了指标权重确定中的主观随意性，综合权重计算公式①：

$$q_{j=\alpha_j}\beta+(1-\beta)w_j \tag{5-7}$$

其中，w_j 是熵权法求得的第 j 个指标的权重，a_j 是层次分析法求得的第 j 个指标的权重，本研究假设两种赋权方法重要性相同，取 $\beta=0.5$，组合权重结果如表 5-34 所示：

表 5-34　熵值法权重和综合权重

一级指标	综合权重	二级指标	综合权重	三级指标	层次分析权重	熵值权重	综合权重
驱动力	0.2664	外部社会环境驱动力	0.1122	地区生产总值	0.0105	0.0130	0.0153
				人均 GDP	0.0148	0.0176	0.0171
				地方财政收入	0.0148	0.0144	0.0153
				人均可支配收入	0.0148	0.0146	0.0155
				年末人口总数	0.0025	0.0014	0.0058
				教育经费支出	0.0067	0.0053	0.0097
				地方财政科学技术支出	0.0062	0.0066	0.0119
				医疗卫生机构数	0.0024	0.0030	0.0114
				城市公园绿地面积	0.0024	0.0026	0.0102
		内部竞技体育资源驱动力	0.1542	竞技体育财政预算支出	0.0684	0.0733	0.0430
				体育场地面积	0.0225	0.0201	0.0186
				优秀运动队运动员人数	0.0188	0.0259	0.0206
				各级运动队教练员数量	0.0188	0.0112	0.0143
				等级裁判员数量	0.0070	0.0033	0.0074
				体育系统从业人数	0.0134	0.0158	0.0163
				体育科研人员数量	0.0188	0.0169	0.0167
				体育科学技术经费支出	0.0176	0.0184	0.0173
压力	0.0967	社会环境的间接压力	0.0402	GDP 增速	0.0075	0.0029	0.0069
				常住人口自然增长率	0.0024	0.0023	0.0089
				0～14 岁人口年龄结构比	0.0054	0.0036	0.0081
				失业率	0.0075	0.0115	0.0163

① 朱天曈，丁坚勇，郑旭. 基于改进 TOPSIS 法和德尔菲——熵权综合权重法的电网规划方案综合决策方法[J]. 电力系统保护与控制，2018，46（12）：91-99.

续表

一级指标	综合权重	二级指标	综合权重	三级指标	层次分析权重	熵值权重	综合权重
		竞技体育系统内部的直接压力	0.0565	竞技体育经费占体育事业经费比重	0.0067	0.0089	0.0142
				体育后备人才数	0.0040	0.0043	0.0108
				一级及以上运动员占比	0.0029	0.0013	0.0053
				本科以上学历优秀运动员占比	0.0015	0.0021	0.0124
				高级以上在岗专职教练员占比	0.0017	0.0011	0.0062
				本科以上学历在岗专职教练员占比	0.0029	0.0016	0.0061
				运动员合理安置率	0.0009	0.0000	0.0004
				重大体育安全事故次数	0.0012	0.0000	0.0006
				重大赛风赛纪事件数量	0.0012	0.0000	0.0006
状态	0.1923	专业体育成绩	0.0428	创造世界纪录数	0.0060	0.0075	0.0133
				获世界冠军数	0.0060	0.0033	0.0075
				获全国最高级别比赛冠军人数	0.0032	0.0034	0.0103
				运动健将发展人数	0.0164	0.0070	0.0117
		职业体育发展	0.0794	职业体育俱乐部数量	0.0742	0.0363	0.0411
				职业体育俱乐部成绩	0.0682	0.0347	0.0383
		大型体育赛事举办	0.0701	每年举办重大国际性体育赛事的次数	0.0750	0.0744	0.0456
				每年举办全国性体育赛事的次数	0.0304	0.0348	0.0245
影响	0.2441	群众体育	0.0777	国民体质达标率	0.0114	0.0089	0.0121
				经常参加体育锻炼人数占总人口比例	0.0293	0.0276	0.0224
				人均公共体育场地面积	0.0085	0.0150	0.0186
				体育社会指导员占常住人口比例	0.0114	0.0112	0.0137

一级指标	综合权重	二级指标	综合权重	三级指标	层次分析权重	熵值权重	综合权重
		体育产业	0.0819	体育社会组织数	0.0085	0.0069	0.0109
				体育产业总值	0.0201	0.0166	0.0168
				体育产业占 GDP 比率	0.0591	0.0351	0.0344
				人均体育消费	0.0506	0.0335	0.0307
		体育文化	0.0719	体育博物馆、体育纪念馆、体育荣誉室的数量	0.0380	0.1698	0.0555
				国家级体育非遗项目数	0.0127	0.0156	0.0164
		体育对外交往	0.0126	国际出访、到访人数	0.0177	0.0081	0.0126
		城市信息化建设	0.0262	智慧城市发展水平指数	0.0015	0.0007	0.0048
				体育局主动公开信息数量	0.0040	0.0058	0.0138
				媒体平台发布体育信息数	0.0021	0.0017	0.0077
响应	0.2004	市场经济调控	0.0306	体育彩票销售额	0.0089	0.0102	0.0138
				体育彩票公益基金竞技体育支出	0.0262	0.0119	0.0168
		场地设施资源调控	0.0539	体育场馆经费支出	0.0101	0.0133	0.0158
				新增体育场地面积	0.0154	0.0354	0.0265
				国家级高水平后备人才培养基地数量	0.0096	0.0081	0.0116
		人力资源调控	0.0401	等级运动员发展人数	0.0151	0.0110	0.0135
				高级以上教练员发展人数	0.0151	0.0211	0.0189
				等级裁判员发展人数	0.0061	0.0034	0.0077
		后备人才调控	0.0267	体育传统项目学校数量	0.0027	0.0025	0.0089
				青少年运动员注册人数	0.0082	0.0030	0.0071
				青少年比赛参与人数	0.0082	0.0067	0.0108
		科技创新	0.0229	竞技体育科技成果项目数	0.0050	0.0066	0.0133
				备战攻关项目数	0.0091	0.0057	0.0096

第七节　本章小结

　　本章基于 DPSIR 理论模型，从驱动力（D）、压力（P）、状态（S）、影响（I）、响应（R）5 个维度，遵循科学性、可操作性、可比性、动态性和全面性原则，借鉴国内外相关成熟性研究成果，运用德尔菲和综合赋权法，构建了"我国超大城市竞技体育发展的评价指标体系"，其中包括驱动力、压力、状态、影响和响应 5 项一级指标，外部环境驱动力、内部竞技体育资源驱动力、社会环境间接压力、竞技体育系统直接压力、专业体育成绩、职业体育发展、大型体育赛事承办、群众体育、体育产业、体育文化、体育对外交往、城市信息化建设、市场经济调控、基础设施调控、人力资源调控、后备人才调控和科技创新 17 项二级指标和地区生产总值、人均 GDP、地方财政收入等 65 项三级指标。驱动力、压力、状态、影响和响应 5 项一级指标对总目标的权重分别为 0.2664、0.0967、0.1923、0.2441 和 0.2004，为下一章对我国超大城市竞技体育发展进行定量评价提供测量工具。

第六章　我国超大城市竞技体育发展的评价

本章以"我国超大城市竞技体育发展评价指标体系"为评价工具，以上海市为例，搜集相关数据，对上海市竞技体育发展情况进行评价。首先，运用 TOPSIS 评价方法对 2011—2020 年上海市竞技体育系统的韧性水平和各子系统的韧性水平进行测度，并对 10 年间上海市竞技体育系统的韧性水平和各子系统的韧性水平的时序演变结果进行分析。其次，为了更好地为相关部门制定相关政策提供依据，应用障碍度模型，又对 2011—2020 年间影响上海市竞技体育系统韧性的关键影响因素进行识别，对各子系统的障碍度的时序演变结果以及影响上海市竞技体育发展的关键影响因素的变化趋势进行分析。最后，结合了灰色 GM（1，1）和 BP 神经网络模型的优点，建立了灰色 GM（1，1）和 BP 神经网络组合预测模型，对 2021—2030 年上海市竞技体育系统的韧性水平和各子系统韧性水平进行预测和分析。

第一节　数据来源

本研究中对上海市竞技体育发展评价中的各指标数据大部分来源于《中国统计年鉴》、《中国城市统计年鉴》、《中国体育统计年鉴》、《中国体育事业统计年鉴》、《上海统计年鉴》，以及《上海市体育局政府信息公开工作年度报告》、《上海市体育彩票公益金公告》等报告。部分数据通过国家体育总局官网、中国非物质文化遗产网等官网进行查阅搜集。部分数据通过二次计算获得。另外还有部分缺失数据通过网络搜索和行业内专家咨询等方式进行了完善补充。各项指标来源如表 6-1 所示：

表 6-1　上海市竞技体育发展评价指标数据来源

指标	指标数据来源
地区生产总值、人均 GDP、地方财政收入、人均可支配收入、城镇人口数、教育经费支出、地方财政科学技术支出、医疗卫生机构数、城市公园绿地面积、GDP 增速、常住人口自然增长率、0～14 岁人口年龄结构比、城镇登记失业率、竞技体育财政预算支出、体育科学技术经费支出、竞技体育经费占体育事业经费比重、体育场馆经费支出	《中国统计年鉴》《中国城市统计年鉴》《上海统计年鉴》
优秀运动队运动员人数、各级运动队教练员数量、等级裁判员数量、体育系统从业人数、体育科研人员数量、体育后备人才数、一级及以上运动员占比、本科以上学历优秀运动员占比（本科以上学历优秀运动员人数/优秀运动员总数）、高级以上在岗专职教练员占比（高级以上在岗专职教练员/在岗专职教练员总数）、本科以上学历在岗专职教练员占比（本科以上学历在岗专职教练员/在岗专职教练员总数）、体育社会指导员发展人数、体育社会组织数、体育传统项目学校数量	《中国体育事业统计年鉴》竞技体育财政预算支出以体育训练、体育竞赛、体育场馆 3 个与竞技体育发展直接相关的条目为统计范围
获世界冠军运动员人数、获全国最高级别比赛运动员人数、创造世界纪录数、运动健将发展人数、每年举办重大国际性体育赛事的次数、每年举办全国性体育赛事的次数、国际出访、到访人数、等级运动员发展人数、等级教练员发展人数、等级裁判员发展人数、青少年运动员注册人数、青少年比赛参与人数、新增体育场地面积、竞技体育备战攻关项目数量、竞技体育科技成果项目数	《上海统计年鉴》
职业体育俱乐部成绩（足球、篮球、排球俱乐部总成绩）职业体育俱乐部数量	中国足球协会、篮球协会、排球协会官网三大球俱乐部排名，根据全运会三大球项目的积分规则将各俱乐部三大球成绩积分相加，总积分为职业体育俱乐部成绩

续表

指标	指标数据来源
体育局主动公开信息数量、媒体平台发布体育信息数	《上海市体育局政府信息公开工作年度报告》
体育彩票销售额、体育彩票公益基金竞技体育支出	《上海市体育彩票公益金公告》
体育场地面积、国民体质达标率、经常参加体育锻炼的人数占总人口比例、人均公共体育场地面积	《上海市全民健身发展报告》
体育产业总值、体育产业占 GDP 比率、人均体育消费	《上海市体育产业统计公告》、2014 年以前数据通过网络查询
国家级高水平后备人才培养基地数量、国家级体育非遗项目数	国家体育总局官网、中国非物质文化遗产网
重大体育安全事故次数、重大赛风赛纪事件数量、运动员合理安置率、体育博物馆、体育纪念馆、体育荣誉室的数量	公开资料整理、专家调研

第二节　上海市竞技体育系统韧性水平的测度

一、上海市竞技体育系统韧性水平测度方法的选择和计算过程

为将本研究中众多的分散数据统一放在一个模型中，本研究采用 TOPSIS 法建立模型，并做出最终的诊断结果[①]。TOPSIS 法是通过计算每个评价方案与正负理想的加权欧氏距离得到每个评价方案与最优评价方案之间的接近程度，然后对所有评价方案与最优评价方案间的接近程度进行排序确定相对优劣，最终每个评价方案与最优评价方案

---

① 王金星，杨银科，盛强. 基于改进 TOPSIS 模型的甘肃省水资源承载力评价[J]. 水电能源科学，2022，40（11）：35-39.

之间的接近程度为其最终的综合评价值[①]。最终的综合评价值用以表示上海市竞技体育发展的系统韧性水平。计算步骤如下：

1. 构建评价矩阵

依照第五章中的公式（5-1）、（5-2）对数据进行标准化处理，并构建评价矩阵。

$$X = \left\{ X_{ij} \right\}_{n \times m} \left(i = 1, 2, \cdots, n; j = 1, 2, \cdots, m \right) \tag{6-1}$$

2. 构建加权决策矩阵

确定指标权重 R=(R₁,R₂,…,Rⱼ)，建立加权的决策矩阵

$$V = RX = \begin{bmatrix} v_{11} & v_{12} & \cdots & v_{1j} \\ v_{21} & v_{22} & \cdots & v_{2j} \\ \vdots & \vdots & \vdots & \vdots \\ v_{i1} & v_{i2} & \cdots & v_{ij} \end{bmatrix} \tag{6-2}$$

3. 确立正负理想解

正理想解和负理想解 V_j^+、V_j^-，计算公式分别为：

$$\begin{cases} V_j^+ = \max \left\{ v_{1j} \quad v_{2j} \quad \cdots \quad v_{mj} \right\} \\ V_j^- = \min \left\{ v_{1j} \quad v_{2j} \quad \cdots \quad v_{mj} \right\} \end{cases} \tag{6-3}$$

4. 计算距离

计算各个评价指标到正负理想解的距离 D_i^+、D_i^-，计算公式为：

$$D_j^+ = \sqrt{\sum_{i=1}^m \left(V_i^+ - V_{ij} \right)^2}$$
$$D_j^- = \sqrt{\sum_{i=1}^m \left(V_i^- - V_{ij} \right)^2} \tag{6-4}$$

5. 计算贴近度，也即综合评价值

贴近度取值在于 [0，1]，用 E_i 表示，E_i 值越大，说明上海市竞技体育发展的系统韧性越贴近理想值，计算公式为：

$$E_i = \frac{D_j^-}{D_j^+ + D_j^-} \tag{6-5}$$

① 李少朋，赵衡，王富强，等. 基于 AHP-TOPSIS 模型的江苏省水资源承载力评价[J]. 水资源保护，2021，37（3）：20-25.

二、上海市竞技体育系统韧性水平测度的结果与分析

本研究通过相关年鉴和政府报告等搜集上海市 2011—2020 年 10 年的有关数据，通过 TOPSIS 评价方法，对 2011—2020 年间上海市竞技体育系统的韧性水平和各子系统的韧性水平进行测度，结果如表 6-2 所示：

表 6-2　2011—2020 年上海市竞技体育系统韧性总体水平和各子系统韧性水平

年份	综合	驱动力	压力	状态	影响	响应
2011	0.25	0.30	0.48	0.29	0.07	0.21
2012	0.28	0.27	0.65	0.29	0.17	0.31
2013	0.36	0.25	0.39	0.49	0.21	0.42
2014	0.44	0.43	0.42	0.61	0.24	0.56
2015	0.45	0.43	0.37	0.73	0.33	0.38
2016	0.52	0.43	0.39	0.78	0.40	0.51
2017	0.55	0.55	0.40	0.72	0.45	0.54
2018	0.58	0.55	0.43	0.69	0.59	0.46
2019	0.69	0.73	0.60	0.64	0.79	0.67
2020	0.58	0.79	0.46	0.36	0.83	0.50

（一）上海市竞技体育系统韧性水平的时序演变结果分析

从图 6-1 和表 6-2 来看，2011—2020 年间，上海市竞技体育系统的韧性水平整体上呈现稳步上升的态势。作为我国的经济中心，上海市凭借其经济和地理优势，享受了丰富的人力、物力和财力等资源，这些都为上海市竞技体育的发展提供了强有力的资源保障①。2011—2019 年上海市竞技体育发展所需要的资源要素的快速积累，使上海市竞技体育系统的发展潜力得以快速提升，增强了系统的基础稳定性，系统抵抗外界冲击及适应变化的韧性也不断加强并达到最大值。2020 年由于新冠疫情以及新冠疫情影响叠加下的经济危机等的冲击和干扰，国内外一些体育赛事不同程度上的延期或取消，打乱了运动员训

---

① 缪佳. 上海竞技体育在建设全球著名体育城市中的发展探索与思考[J]. 体育科研，2022，43（3）：1-7.

练和备战的秩序,这些对上海市竞技体育的发展产生重大的影响①。依据适应性循环理论,2011—2019 年上海市竞技体育发展处于保护阶段前期,2020 年进入到保护阶段后期,在保护阶段后期,上海市竞技体育虽然仍保持着较高的潜力,但随着竞技体育发展需要的资源要素积累速度的降低,效率逐渐减缓,系统状态趋于稳定,此时系统极易受到外界干扰。因此,在 2020 年面对日趋复杂的环境以及新冠疫情冲击时,上海市竞技体育发展的系统韧性值由 0.69 降到 0.58。

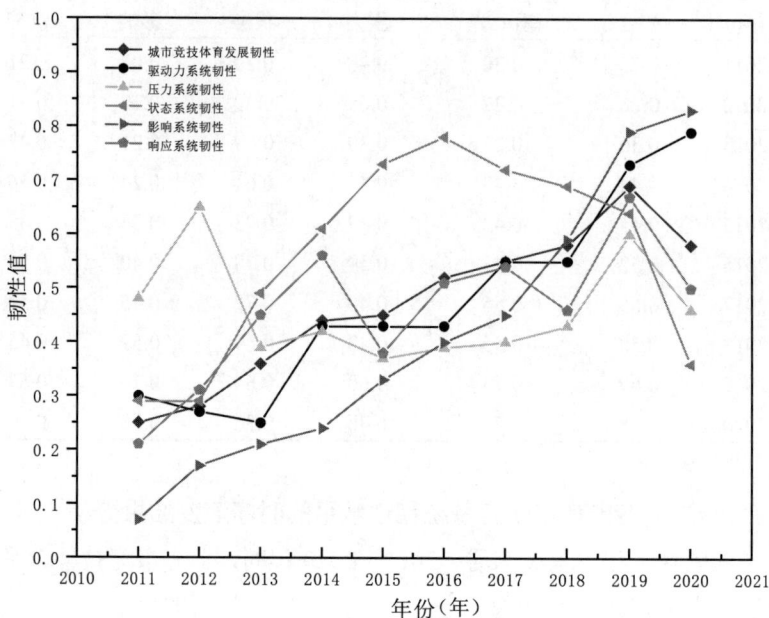

图 6-1　2011—2020 年上海市竞技体育系统韧性水平和子系统韧性水平的
变化趋势

通过以上结果可以发现,上海市竞技体育的发展具有较高的系统韧性,一方面上海市具有较高的经济、文化、教育和科技水平,为上海市竞技体育的发展提供了丰富的资金、场地、人才、技术等资源要

---

① 彭国强,杨国庆.“十四五”时期中国竞技体育的发展战略与创新路径[J]. 首都体育学院学报,2021,33（3）:257-267.

素①，为上海市竞技体育的发展带来了全面的资源优势。另一方面，政府部门通过政策的颁布，调动社会力量参与竞技体育发展，激发市场参与竞技体育的活力，如，2015 年出台的《上海市人民政府关于加快发展体育产业促进体育消费的实施意见》中提出了到 2025 年上海市建设全球著名体育城市的建设目标，一系列的政策出台，鼓励和推动了上海市竞技体育的发展②。2019 年，中央政治局会议审议了《长江三角洲区域一体化发展规划纲要》，随后，上海市也出台了相应的落实方案，长江三角洲区域一体化发展也为上海市竞技体育的发展带来更充分的资源支撑，并形成更明显的集聚优势，使得上海市竞技体育发展的系统韧性快速提升③，为上海市竞技体育带来了更多的资源推动竞技体育的发展。尽管上海市竞技体育积累了较多的资源，系统韧性较高，但竞技体育的发展效率开始减慢，系统也趋于稳定，在面对当前复杂多变的环境下，应提高危机意识，持续深化竞技体育的改革，建设政府、社会组织与市场组织多元主体参与的竞技体育治理体系，提升竞技体育发展的多元主体协同治理能力。

（二）上海市竞技体育各子系统韧性水平的时序演变结果分析

1. 驱动力子系统

驱动力子系统的韧性水平如图 6-1 所示，2011—2020 年间，上海市竞技体育发展的驱动力子系统韧性水平呈先下降再快速上升的趋势，2011—2013 年的驱动力子系统的韧性值略微下降，然后 2014—2020 年从 0.25 快速上升到 0.79。深究发现，2011—2013 年驱动力子系统中外部社会环境驱动力各指标均不断完善，表明上海的经济、政

① 徐斌. 上海建设全球著名体育城市的路径选择及策略研究[J]. 山东体育科技，2022，44（4）：20-24.

② 缪佳，刘叶郁. 上海竞技体育在"十三五"期间发展路径探索[J]. 体育科研，2015，36（3）：24-27.

③ 马德浩. 上海竞技体育发展的机遇，挑战与对策[J]. 体育科研，2020，41（1）：19-28.

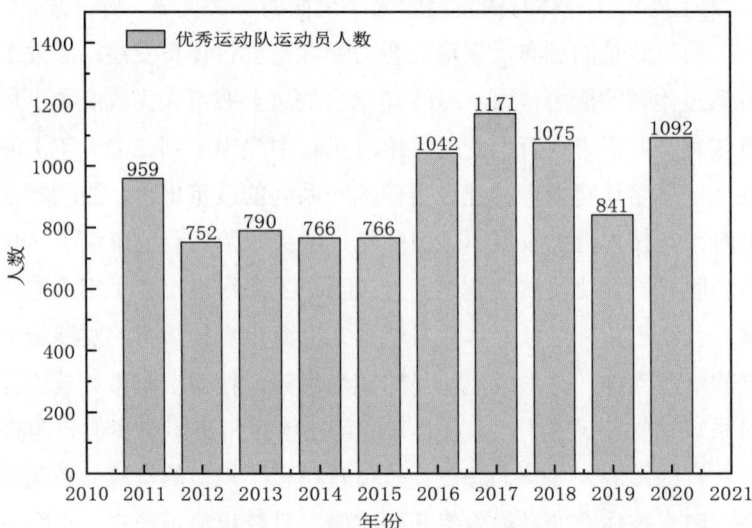

图 6-2　2011—2020 年上海市优秀运动员运动员数量

治、人口、教育等资源呈现良好的增长态势。然而在内部竞技体育资源驱动力中除体育科学技术经费支出一直保持增长，其他各指标均有不同程度的波动或下降，如图 6-2 所示，尤其是优秀运动队运动员的人数，从 2011 年的 959 人下降到 2012 年的 752 人，2013 年又略上升至 790 人，但与 2011 年仍存在不小的差距，而且在"十二五"期间，上海市优秀运动队运动员人数整体较低，优秀运动员培养体系问题凸显①。因此，造成了 2011-2013 年整体驱动力的下滑。2011—2020 年驱动力子系统中外部社会环境驱动力各指标仍不断持续上升，为上海竞技体育发展提供持续的动力，内部竞技体育资源驱动力中各指标虽然有所波动，但整体态势呈不断上升趋势，在"十三五"期间上海市竞技体育财政预算累计支出为 711416.67 万元，尽管 2020 年由于新冠疫情影响上海市竞技体育财政预算支出仅为 95301.37 万元，但"十三五"期间的整体预算支出仍然比"十二五"期间的 393910.8 万元增加了近一倍。优秀运动队运动员人数也从 2013 年的 790 人，增加到 2020

---

① 缪佳，刘叶郁. 上海竞技体育在"十三五"期间发展路径探索[J]. 体育科研，2015，36（3）：24-27.

年的 1092 人，体育科学技术经费支出也从 1890.44 万元提升到 2020
年的 4527.11 万元。

通过以上结果可以发现，2011—2020 年间，上海市实现了经济社
会快速健康的发展，尤其"十三五"期间改革开放取得重大突破，综
合经济实力大幅提升[1][2]，为上海市竞技体育发展提供强有力的保障。
同时，上海市政府加大了对竞技体育资金的投入，尤其是科学技术的
投入，坚持创新驱动，以科技推动竞技体育的发展，加强竞技体育人
才队伍建设，尤其是运动员队伍的建设，为竞技体育发展提供动力。

2. 压力子系统

从图 6-2 可以看出，2011—2020 年间压力子系统的韧性水平整体
呈波动变化，先快速上升再下降，然后呈波动状态，2020 年较 2011 年
的压力子系统的韧性值下降了 0.2 个百分点，整体压力子系统的韧性
水平不高。一般来说，系统的压力越大，其抵抗风险的能力就越差，
从上海市竞技体育发展的压力子系统的韧性值来看，上海市竞技体育
系统整体的抵抗力较差，比较容易受到外部风险的干扰。

从外部环境压力来看，上海市竞技体育发展的压力主要来自于财
政和人口压力。从财政压力来看，尽管上海 GDP 总量一直持续增长，
但 GDP 增速已由 2011 年的 8.1%降至 2019 年的 6%，2020 年受新冠
疫情影响更是跌至 1.7%。长期以来，上海市竞技体育发展资金主要靠
政府拨款，上海市体育事业经费有一半用于竞技体育发展。上海经济
增速的放缓，一定程度上将会影响政府对竞技体育的经费投入。从人
口压力来看，青少年人口对上海市竞技体育发展起着重要的基础性作
用，如图 6-3 所示，2011 年上海市 0～14 岁青少年人口占比仅为 8.1%，
2014 年上升至最高点也仅为 10.11%，而 2014 年同一时期全国的该比

---

① 上海市人民政府.上海市国民经济和社会发展第十三个五年规划纲要[EB/OL].（2016-01-
01）[2023-09-10]. https://www.shanghai.gov.cn/nw39378/20200821/0001-39378_1101146.html.

② 上海市人民政府. 上海市国民经济和社会发展第十四个五年规划和二〇三五年远景目标
纲要[EB/OL].（2021-01-27）[2023-09-12]. https://www.shanghai.gov.cn/nw12344/20210129/ced9958c
16294feab926754394d9db91.html.

重为 18%，美国的该比重为 20%，日本的该比重为 13%[①]，与其他直辖市相比，2021 年、2022 年北京 0~14 岁人口占比分别为 12.1%和 11.84%，天津市为 13.27%和 13.47%，重庆市为 15.27%和 15.91%，而上海两年均为 9.8%，人口结构偏低已经对竞技体育后备人才储备形成了较大的约束[②]。同时，优秀运动员的文化教育问题一直是上海市竞技体育发展中所面临的难题，从图 6-5 可以看出来，2011—2018 年以来上海市有优秀运动员本科以上学历人数占比偏低，因此，上海市大力推进体教结合和体教融合政策，并取得了较为显著的效果，2017 年以后上海本科以上学历优秀运动员占比逐步上升，2019 年增长到 31.74%。

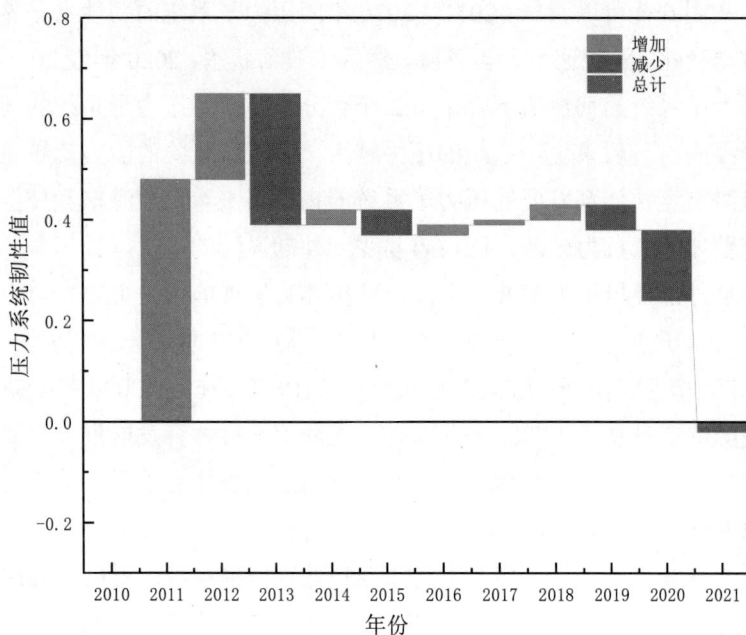

图 6-3　2011—2020 年上海市竞技体育压力子系统韧性水平的变化趋势

---

① 姚丽萍. 上海人口形势分析：青少年人口比重严重偏低[N]. 新民晚报，2014，2（24）：3-3.

② 马德浩. 人口结构转变视域下的上海体育发展战略研究[J]. 体育科学，2019，39（4）：51-62.

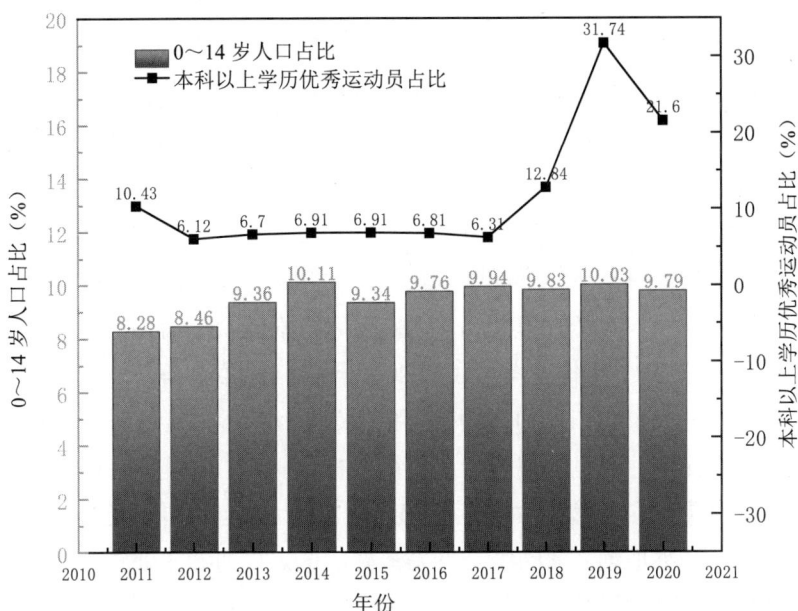

图 6-4 2011—2020 年上海市 0～14 岁人口占比和本科以上优秀运动员人数占比

通过以上结果可以发现，目前，上海市仍然面临着较大的人口压力，尽管上海市通过引进政策，大量引进外省市优秀运动员，并取得了一定的效果，但是长远来看，这种引进是不可持续的。一方面大量引进外省市优秀运动员会使争抢运动员竞争越发激烈，引进成本高。另一方面会导致原有后备人才培养通道受阻，削弱本地竞技体育人才培养单位的积极性。因此，财政和人口的压力也将倒逼上海转变竞技体育发展方式①，一方面要充分发挥市场在竞技体育发展中的作用，拓宽竞技体育经费来源；另一方面，构建多元化的竞技体育人才培养体制，巩固体教融合发展基础，深化体教融合，完善管理机制，推进竞技体育与学校体育以及群众体育的协同发展，拓宽竞技体育后备人才培养路径②。

---

① 马德浩. 上海竞技体育发展的机遇，挑战与对策[J]. 体育科研，2020，41（1）：19-28.

② 陈作松，吴瑛，缪律. 深化体教融合背景下我国运动员选材和培养的发展机遇与创新策略[J]. 武汉体育学院学报，2021，55（9）：74-78.

3. 状态子系统

系统的"状态"越好，在遭受扰动后恢复的也越快，系统的"状态"也反映了系统的恢复能力。从图6-4可以看出，状态子系统的韧性水平呈现先上升后下降的发展趋势，在 2016 年之前呈逐年上升趋势至 0.78，随后快速下降，反映出上海市竞技体育系统的恢复能力呈下降态势，对系统总体的韧性水平产生一定的影响。2011—2015 年，上海持续加大对竞技体育的财政支出，尤其是 2014 年和 2015 年的财政支持分别达到 52718 万元和 47569 万元，在经济强有力的保障下，上海市在继 2012 年伦敦奥运会和 2013 年全运会取得辉煌成绩之后，上海市体育代表团在里约奥运会、雅加达亚运会及第十三届全运会上继续创造佳绩，在里约奥运会上获得 3 枚金牌、3 枚银牌、4 枚铜牌，创 1 项世界纪录和破 1 项奥运会纪录，7 个小项创中国奥运参赛最好成绩，3 个小项创上海市奥运参赛最好成绩。同时，上海市政府为竞技体育发展提供了政策支持，如，2012 年上海市委制定颁布《上海市人民政府办公厅关于加快发展体育产业的实施意》，2015 年正式出台《上海市人民政府关于加快发展体育产业促进体育消费的实施意见》中明确提出：到 2025 年要基本实现上海市全球著名体育城市的目标任务，诸多政策利好，极大推动了上海市职业体育和体育赛事的发展[①]。职业体育方面，2016 年上海市职业体育取得了辉煌的成绩，其中，上海男排在联赛中卫冕夺冠，女排在联赛中获得第三名，上海上港、上海绿地申花男足分别获得中超联赛第三名、第四名，上海女足获得联赛第二名，上海女篮获得联赛第三名，市体育局还牵手地产集团，成立上海中星乒乓球俱乐部[②]。体育赛事方面，上海市举办的国际和国内的重大体育赛事的次数由 2011 年的 29 场和 32 场，增加到 2019 年的 87 场和 78 场，体育赛事的数量与级别在国内保持领先，赛事布局也日趋合理。尽管在 2016 年上海市竞技体育迎来了蓬勃发展，但随后上海市竞技体育成绩却逐年下降，21 世纪以来上海市在全运会上的奖牌

---

① 戴健，焦长庚. 全球著名体育城市构建的内在逻辑与优化路径——基于上海体育名城建设的分析[J]. 体育学研究，2019，2（3）：8-18.

② 上海市体育局. 上海体育年鉴.2017[M]. 上海：上海科学技术文献出版社，2018.

排名均未进入前三，2017 年十三届全运会上海市排名跌至全国第六，最近一次 2021 年十四届全运会排名也仅上升 1 位到第五。另外尽管上海市是中国较早进入职业体育项目联赛的省市，并在联赛的初期取得了一些成绩，但随着职业体育的深入，上海市的职业体育发展不尽人意。除上海男排继续保持全国领先，上海市的足球、篮球和女子排球的成绩均不同程度的下滑[1]，这些均从侧面反映出上海市竞技体育所面临的困难[2]。

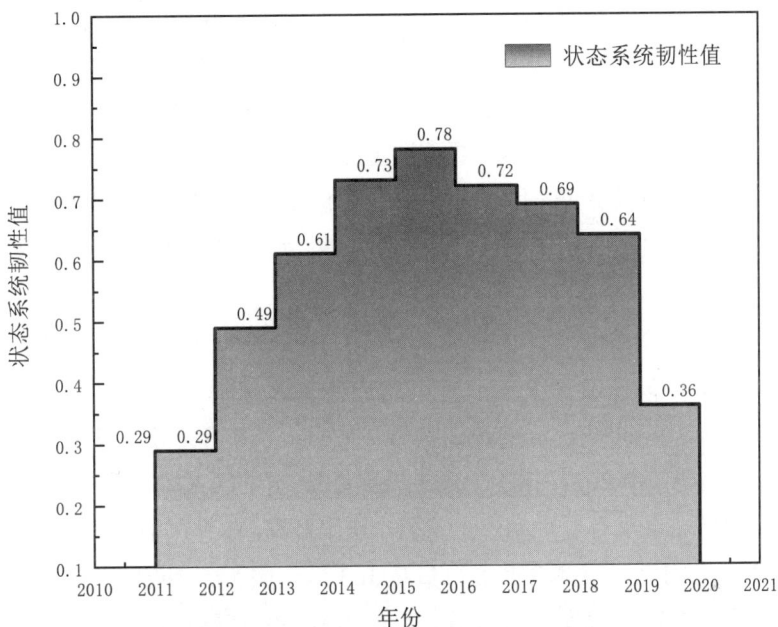

图 6-5　2011—2020 年上海市竞技体育状态子系统韧性水平的变化趋势

通过以上结果可以发现，上海市竞技体育的发展对政府财政的依赖性较高，而竞技体育经费支出又是影响竞技体育资源配置最主要的因素之一[3]，因此，随着政府竞技体育财政支出的缩减，上海市竞技体

① 上海市体育局. 上海体育年鉴. 2018[M]. 上海：上海科学技术文献出版社，2019.

② 马德浩. 人口结构转变视域下的上海体育发展战略研究[J]. 体育科学，2019，39（4）：51-62.

③ 张俊珍，许治平，郭伟，等. 供给侧结构性改革背景下竞技体育资源配置与利用的实证研究[J]. 体育学刊，2020，34（4）：63-71.

育的成绩也随之出现下滑。高水平运动成绩的背后需要科技、人才、资源作为保障，而这些科技、人才、资源的发展都需要大量的资金支持[①]，仅靠政府的财政支持是不够的。当前上海市竞技体育发展的资金来源较为单一，应以契约的形式建立起政府、社会与市场主体之间的合作伙伴的关系，拓宽竞技体育资金来源渠道，有效地提升竞技体育资金使用效率。其次，上海的职业体育经历过辉煌和萧条，逐步走向稳定，上海应加强对职业体育俱乐部的扶持与保障，不断提高职业俱乐部的水平，尤其是"三大球"项目，加快推进成熟的项目职业化发展，加强国际合作培养，挖掘职业体育俱乐部对城市的多元价值，打造更具上海城市形象和气质的知名的职业体育俱乐部。在体育赛事方面，尽管近年来上海市体育赛事数量持续增长，但还缺乏奥运会、亚运会等国际顶级赛事。因此，上海应积极参与到国际重大赛事的申办中，提高办赛水平，打造国际精品赛事，培育本土文化的精品体育赛事。

4. 影响子系统

从图 6-5 可以看出，上海市竞技体育影响子系统的韧性水平在2011—2020 年间呈快速上升的趋势，促进了上海市竞技体育系统韧性水平的提升。由 2011 年的 0.07 上升到 2020 年的 0.83，10 年间影响子系统的韧性水平有了大幅度的提升。具体来看，体育产业方面，2011—2020 年期间上海市体育产业总值从 103 亿元增长到 1621.62 亿元，居民人均体育消费达到 2995.9 元，呈现出良好的发展态势，体育产业成为全市经济发展的新动能，为竞技体育创造良好的经济基础。群众体育方面，2020 年上海经常锻炼体育人口增长到 45.7%，10 年间增长了近 10 个百分点，人均公共体育场地面积也由 2011 年的 1.71 平方米增长到 2020 年的 2.35 平方米，为上海竞技体育创造了良好的人才和物力资源。体育文化和对外交流方面，文化是城市的核心资源，也是城

市健康、积极发展的内在品质①，上海市高度重视体育文化建设，在"十二五"和"十三五"规划中均提到要通过挖掘体育文化内涵、推进体育文博工程、加强体育文化宣传和扩大体育对外交流的方式打造上海独特的体育文化，提升上海的国际影响力②。体育博物馆是体育文化传播的重要载体和重要支撑，近年来上海先后建成了上海体育博物馆、上海体育学院中国武术博物馆、国际乒联上海博物馆和中国乒乓球博物馆、虹口精武武术博物馆等，提升各类收藏馆的等级和水平，积极推动各地因地制宜建设各级各类体育博物馆、荣誉室等，发挥其体育文化的重要载体作用。同时，上海与各友好城市、中国台湾的体育交往以及与国际体育组织的交流合作持续积极发展，这些将有助于上海全民健身及促进群众体育、竞技体育和体育产业的协调发展，全面提高城市文明程度和市民素质，为上海竞技体育发展创造良好的人文环境。

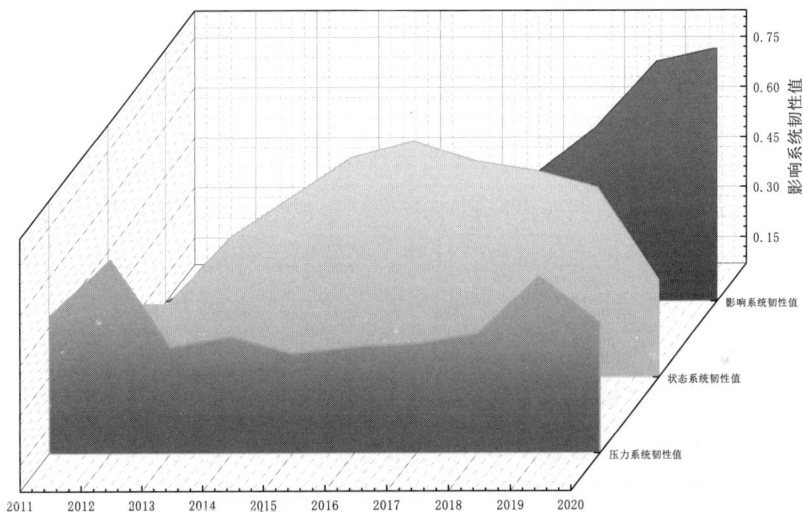

图6-6　2011—2020年上海市竞技体育压力、状态和影响子系统韧性水平的变化趋势

---

① 倪京帅，肖焕禹. 上海全球著名体育城市背景下体育文化中心的建设[J]. 体育科研，2021，42（1）：36-51.

② 上海市人民政府. 上海市人民政府办公厅关于印发《上海市体育发展"十三五"规划》的通知[EB/OL]. （2016-11-4）[2023-09-16]. https://www.shanghai.gov.cn/nw41355/20200823/0001-41355_50498.html.

然而，尽管上海市的群众体育、体育产业、体育文化和体育对外交往领域取得了非常显著的成效，为上海市竞技体育的发展创造了良好的发展环境，但从图6-6也可以看出，上海市竞技体育并未与群众体育、体育产业、体育文化和体育对外交往领域保持协同发展，尤其是2016年以后，上海市在群众体育、体育产业、体育文化和体育对外交往领域取得了快速的发展，而竞技体育发展状态却开始下滑，也未能有效缓解竞技体育发展中存在的压力。群众体育是竞技体育的基础[①]，体育产业可以促进职业体育发展，培养竞技体育后备人才，带动竞技体育发展[②]。深化体育文化建设会有效保证我国竞技体育发展的实践效果，培养体育文化自信[③]。因此，上海市应以政策为工具，以文化为引领，达成共同的文化认同，营造良好的体育氛围，提升竞技体育、群众体育、体育产业之间关联度，积极推动运动竞赛、人才交流、体育消费等方面的融合发展，文化为引领，实现竞技体育、群众体育、体育产业互补互利的共生模式[④]。

5. 响应子系统

"响应"指的是城市竞技体育主体在面对城市竞技体育"状态"发生变化时而采取的调控措施，"响应"过程也是城市竞技体育系统提升自身适应及学习能力的过程，反映了系统的适应能力。从图6-1可以看出，响应子系统的韧性水平从2011年的0.21，上升到2020年的0.5，上升幅度不大，整体上呈出不断波动的态势，表明目前上海对竞技体育发展的调节措施并没有对其状态起到有效提升作用，措施的针对性还不够，缺乏一定的有效性。

从统计的数据做进一步分析来看，在信息化建设方面，上海智慧

---

① 程宇飞. 新时代我国竞技体育与群众体育共生发展研究[J]. 广州体育学院学报，2020，40（4）：6-9.

② 任波. 中国体育产业助力体育强国建设的战略导向，作用机制与实施路径——基于《体育强国建设纲要》的政策解读[J]. 南京体育学院学报，2022，21（2）：1-10.

③刘波，郭振，尹志华，等. 加快建设体育强国背景下竞技体育发展新模式研究[J]. 体育学研究，2023，37（1）：22-32.

④ 陈玉萍，郭修金. 我国竞技体育与群众体育和谐共生研究[J]. 体育文化导刊，2019（9）：20-25.

城市发展水平指数持续上升，为构建智慧体育大平台，赋能竞技体育新的发展动力，同时上海市体育局政府持续加大主动公开政府信息数力度和媒体平台发布体育信息数，优化体育服务体系，提高了上海市体育信息化建设水平。基础设施资源调控方面，各指标数据显示2011—2020年期间上海基础设施投入呈不断提高趋势，为上海市的竞技体育发展提供了坚实的物质基础。体育科技以成为推动上海市竞技体育发展的重要动力[①]，在竞技体育科技创新方面，上海市竞技体育科技成果项目和奥全运备战攻关成果项目数量与奥运全运时间周期紧密相关，整体呈现出平稳发展态势[②]，表明了上海在科技助力竞技体育发展方面持续推进。虽然上海市竞技体育在信息化建设、体育基础设施调控和科技助力方面持续加强，也取得了较为显著的效果。

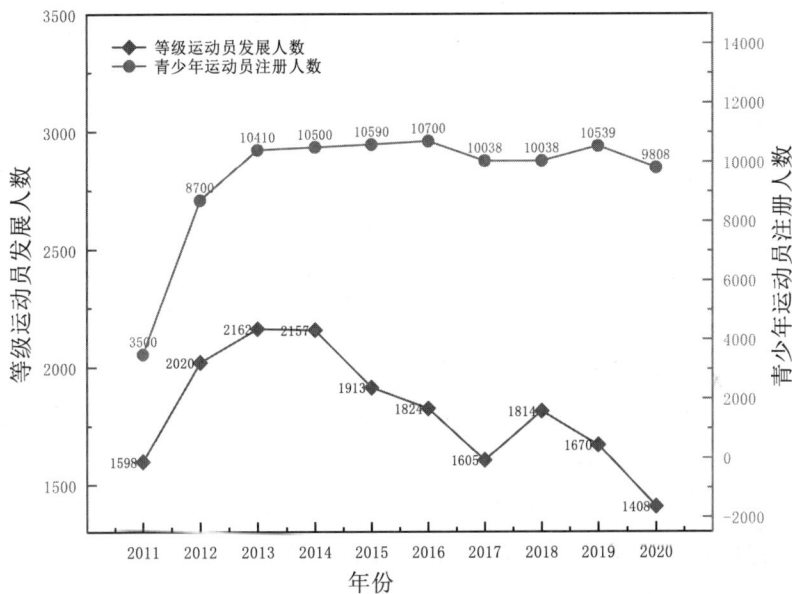

图6-7　2011—2020年上海市等级运动员发展人数和青少年运动员注册人数

---

① 张雷，陈小平，冯连世. 科技助力：新时代引领我国竞技体育高质量发展的主要驱动力[J]. 中国体育科技，2020，56（1）：3-11.

② 肖毅，吴殷，徐琳，等. 上海奥运全运科技攻关成果产业化路径及促进策略[J]. 上海体育学院学报，2020，44（3）：27-35.

　　然而，长期以来上海市竞技体育资金来源仍主要依靠政府拨款，资金来源渠道单一。体育彩票为我国体育事业发展提供资金支持和保障，是全民健身的重要资金来源，同时也为竞技体育提供资助，体彩公益金在推动竞技体育和群众体育发展方面均做出了巨大的贡献[①]。从 2011—2020 年上海市体育彩票销售额和体育彩票用于竞技体育的支出来看，除 2014 年上海市体育彩票年销售额高达 86.23 亿元，同比增长 88.4%，位列全国第六[②]，体育彩票公益基金竞技体育支出达到 2.9 亿元之外，上海整体体育彩票销售额不高。有研究表明 1995—2021 年期间上海历年累计体育彩票销售额在 31 个省份中仅排名 18 位，因此，在上海市竞技体育财政投入萎缩的情况下，体育彩票公益金难以为竞技体育提供强有力的资金支持[③]。另一方面，如图 6-7 所示，作为竞技体育人力资源中最重要的运动员，2011—2020 年期间上海等级运动员发展人数呈现先上升再下降的趋势，2013 年达到 2162 人，而 2015 年以后发展人数均不到 2000，2020 年仅为 1408 人，7 年内缩减了 754 人，青少年运动员注册人数在 2016 年之前呈上升趋势，2016 年达到最高为 10700 人，随后 2 年下降至 10038 人，两年内缩减了 662 人，尽管 2019 年上升至 10539 人，但整体人数仍不高。等级运动员发展人数和青少年运动员注册人数的缩减，显示上海竞技体育后备人才萎缩问题仍需破解[④]。

　　通过以上结果可以看出，尽管上海市在拓宽竞技体育经费来源和竞技体育后备人才培养建设方面采取了一系列的调控措施，但从结果来看，并未收到良好的实效。因此，上海市应扩大体育彩票发行规模，扩宽销售渠道，创新营销手段，实现体育彩票稳定增长，为竞技体育发展提供强有力的资金保障。同时，上海市应继续深化体教融合政策，

　　① 许捷. 我国休闲娱乐型体育彩票业的现状与未来发展研究[J]. 广州体育学院学报，2020，40（6）：50-52.

　　② 上海市体育局. 上海体育年鉴. 2015[M]. 上海：上海科学技术文献出版社，2016.

　　③ 张增帆. 我国体育彩票销量的影响因素研究——基于省际面板数据[J]. 武汉体育学院学报，2022，56（9）：63-69.

　　④ 马德浩. 人口结构转变视域下的上海体育发展战略研究[J]. 体育科学，2019，39（4）：51-62.

推进竞技体育与学校体育以及群众体育的协同发展，利用政策和资源扶持体教融合与社会力量培养竞技体育后备人才模式，拓宽竞技体育后备人才培养路径。

第三节　上海市竞技体育发展关键影响因素的识别

一、上海市竞技体育发展关键影响因素识别方法的选择和计算过程

为了识别影响上海市竞技体育发展最关键的影响因素，以便更好地为相关部门制定相关政策提供依据。本研究在对上海市竞技体育系统韧性水平进行测度之后，通过构建障碍度模型，进一步对上海市竞技体育发展关键影响因素进行识别。若某项指标的障碍度越大，说明该指标对城市竞技体育发展的制约性越大，障碍度计算步骤如下[①]：

1. 计算各项指标因子的贡献度

F_j 为第 j 个指标的贡献度，其中 R_j^* 为第 j 个指标所对应指标的权重，计算公式为：

$$F_j = R_j R_j^*　\qquad (6\text{-}6)$$

2. 计算各项指标的偏离程度

G_j 为第 j 个指标的偏离度，x_{ij} 为标准化后的各指标数据，计算公式为：

$$G_j = 1 - x_{ij}　\qquad (6\text{-}7)$$

3. 计算各项指标的障碍度

H_j 为第 j 个指标的障碍度，计算公式为：

① Wu L, Su X, Ma X, et al. Integrated modeling framework for evaluating and predicting the water resources carrying capacity in a continental river basin of Northwest China[J]. Journal of Cleaner Production, 2018, 204 (PT.1-1178): 366-379.

$$H_j = F_j G_j / \sum_{j=1}^{n} F_j G_j \qquad (6\text{-}8)$$

二、上海市竞技体育发展关键影响因素识别的结果与分析

（一）上海市竞技体育各子系统的障碍度的时序演变结果分析

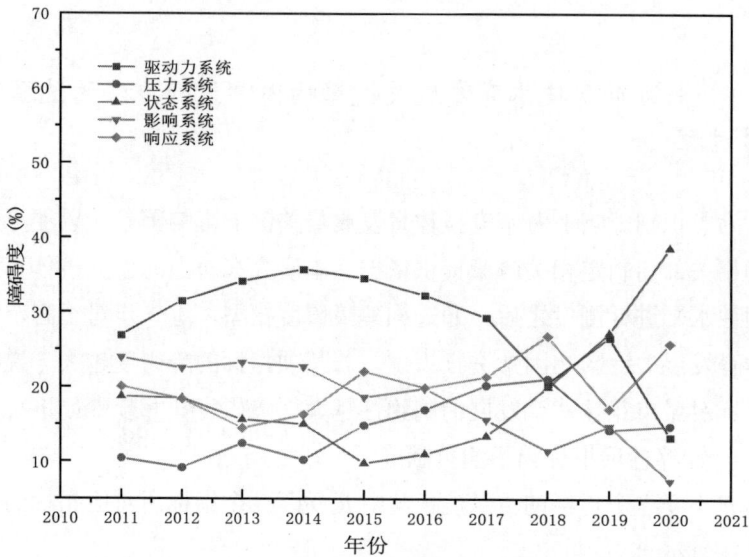

图6-8　2011—2020年上海市竞技体育各子系统障碍度的变化趋势

　　根据障碍度模型，计算2011—2020年上海市竞技体育各子系统的障碍度，其大小及动态变化趋势如图6-8所示。从图6-8来看，2011—2020年间上海市竞技体育各子系统平均障碍度从大到小依次为驱动力子系统>响应子系统>状态子系统>影响子系统>压力子系统，平均障碍度依次为28.43%、20.23%、18.79%、18.02%、14.53%。从结果可以看出影响上海市竞技体育发展的最主要因素是体育资金、体育人才、体育场地等资源要素。

　　从各子系统障碍度的变化趋势来看，2011—2020年间，驱动力子系统的障碍度呈波动下降趋势，表明在上海市竞技体育发展的保护阶

段，随着上海经济社会的快速发展，综合经济实力大幅提升[1][2]，上海的经济、政治、人口、教育等资源呈现良好的增长态势，为上海竞技体育发展提供强有力的资源保障，推动上海市竞技体育发展的资源得到不断的积累，因此其障碍度不断下降。与驱动力子系统变化态势相同，影响子系统的障碍度也呈逐年下降的趋势，表明了在上海市政府的大力推动下，上海市的群众体育、体育产业、体育文化和体育对外交流迅速发展，也为上海竞技体育发展创造了良好的发展环境，因此其障碍度也不断下降。与驱动力和影响子系统障碍度变化相反，压力和状态子系统的障碍度却不断上升，尤其是状态子系统的障碍度，从2011年的18.7%上升到2020年的38.63%，平均增长速度达到1.99%，2019年和2020年的障碍度已超越其他子系统，成为影响上海竞技体育发展最大的障碍因素。压力子系统的障碍度上升表明，上海市竞技体育系统外部和内部的压力多年来为得到有效的缓解，仍然面临着资金、人口结构变化、体育人才队伍建设和竞技体育后备人才培养的压力。状态子系统的障碍度大幅提升，表明上海竞技体育水平和职业体育发展在经历了蓬勃发展后，呈现出疲软的态势，发展后劲不足，以成为影响上海市竞技体育发展的最主要因素。从响应子系统障碍度的变化态势来看，呈不断波动的状态，表明了目前上海对竞技体育发展的调节措施并没有对其状态起到有效提升作用，措施的针对性还不够，缺乏一定的实效性。

通过以上结果发现，2011—2020年间上海市竞技体育发展的影响因素发生了较大的变化，竞技体育发展"状态"和"压力"已经成为影响上海市竞技体育发展的主要因素。因此，上海市应提高竞技体育发展效率，进行精细化管理，增强调节措施的针对性和实效性，提高竞技体育水平，降低竞技体育系统的压力。其一，需要主动融入城市

① 上海市人民政府. 上海市国民经济和社会发展第十三个五年规划纲要[EB/OL].（2016-01-01）[2023-09-10]. https://www.shanghai.gov.cn/nw39378/20200821/0001-39378_1101146.html.

② 上海市人民政府. 上海市国民经济和社会发展第十四个五年规划和二〇三五年远景目标纲要[EB/OL].（2021-01-27）[2023-09-10]. https://www.shanghai.gov.cn/nw12344/20210129/ced9958c16294feab926754394d9db91. html.

经济社会发展中，拓宽竞技体育的发展方式。其二，需要提升竞技体育、群众体育、体育产业之间关联度，实现竞技体育、群众体育、体育产业互补互利的共生模式。其三，需要构建多元化的竞技体育人才培养体制，拓宽竞技体育后备人才培养路径。其四，需要进一步发挥市场优势，拓宽职业体育发展空间，不断增强办赛能力，着力提升体育赛事活动品质。

（二）上海市竞技体育发展关键影响因素的识别及其变化分析

仅依靠各子系统的障碍度分析对上海市竞技体育发展的影响，可能会掩盖各指标的个体差异。因此，本部分计算了所有指标的障碍度，识别上海市竞技体育发展的关键影响因素，并对 2011—2020 年间部分年份的障碍度排名前 8 的影响因素进行识别（表 6-3），分析上海市竞技体育发展关键影响因素的变化趋势。

表 6-3　2011—2020 年影响上海竞技体育发展排名前 8 位的障碍因子及部分
年份障碍因子的障碍度

排序	2011—2013 年		2014—2016 年		2017—2018 年		2019—2020 年	
	障碍因子	2011障碍度%	障碍因子	2014障碍度%	障碍因子	2017障碍度%	障碍因子	2019障碍度%
1	每年举办重大国际性体育赛事的次数	5.35	竞技体育财政预算支出	5.85	竞技体育财政预算支出	10.53	职业体育俱乐部成绩	9.55
2	体育产业占GDP 比率	4.90	人均体育消费	5.72	每年举办重大国际性体育赛事的次数	4.14	体育系统从业人数	6.25
3	人均体育消费	4.50	新增体育场地面积	4.78	竞技体育经费占体育事业经费比重	3.67	优秀运动队运动员人数	6.13

排序	2011—2013 年		2014—2016 年		2017—2018 年		2019—2020 年	
	障碍因子	2011 障碍度%	障碍因子	2014 障碍度%	障碍因子	2017 障碍度%	障碍因子	2019 障碍度%
4	竞技体育财政预算支出	3.84	每年举办重大国际性体育赛事的次数	4.15	职业体育俱乐部成绩	3.58	职业体育俱乐部数量	5.03
5	新增体育场地面积	3.68	优秀运动队运动员人数	3.85	竞技体育科技成果项目数	3.46	竞技体育财政预算支出	4.89
6	经常参加体育锻炼的人数占总人口比例	2.99	人均公共体育场地面积	3.25	体育科研人员数量	3.34	创造世界纪录数	3.88
7	每年举办全国性体育赛事的次数	2.90	经常参加体育锻炼的人数占总人口比例	3.19	本科以上学历优秀运动员占比	3.34	获全国最高级别比赛冠军人数	3.72
8	职业体育俱乐部成绩	2.58	体育系统从业人数	3.04	体育彩票销售额	3.33	体育产业占 GDP 比率	3.63

2011—2020 年，排在前 8 位的影响因素在不断变化，表明随着上海市经济社会和竞技体育的发展，上海市竞技体育发展的主要影响因素也在不断变化。2011—2020 年，排在前 8 位的上海市竞技体育发展的主要影响因素具体变动如表 6-3 和图 6-10 至图 6-13 所示：

1. 2011—2013 年，如图 6-9 所示，上海竞技体育发展的影响因素及其重要性排序依次是：每年举办重大国际性体育赛事的次数、体育产业占 GDP 比率、人均体育消费、竞技体育财政预算支出、新增体育场地面积、经常参加体育锻炼的人数占总人口比例、每年举办全国性

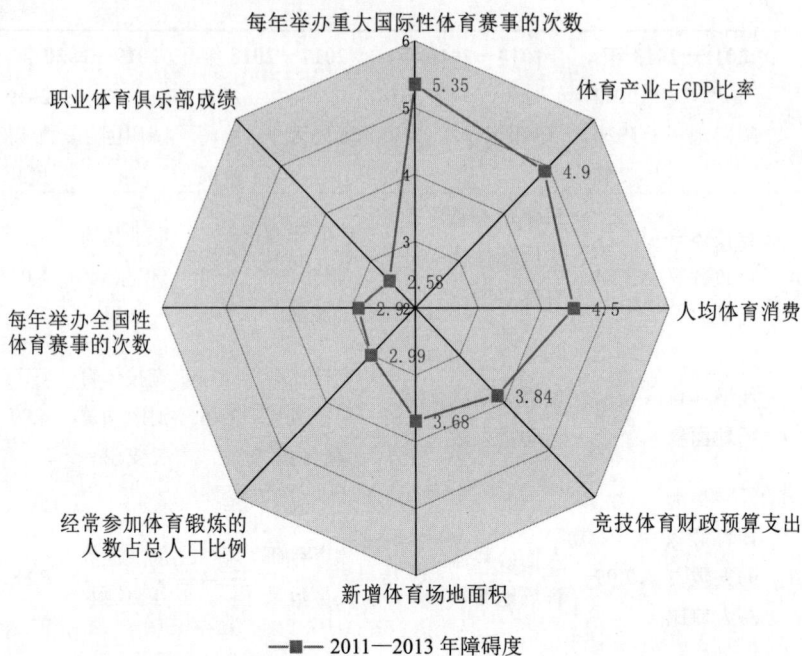

每年举办重大国际性体育赛事的次数

体育产业占GDP比率

人均体育消费

竞技体育财政预算支出

新增体育场地面积

经常参加体育锻炼的
人数占总人口比例

每年举办全国性
体育赛事的次数

职业体育俱乐部成绩

5.35
4.9
4.5
2.55
2.99
2.92
3.84
3.68

—■— 2011—2013 年障碍度

图 6-9　2011—2013 年上海市竞技体育发展前 8 位的影响因素

体育赛事的次数和职业体育俱乐部成绩，2011 年，其障碍度之和为
30.74%。以上结果显示，2011—2013 年，每年举办重大国际和全国性
体育赛事的次数较少，国际重大赛事分别举办 29 场、28 场和 25 场，
国内重大体育赛事分别举办了 32 场、31 场和 33 场，同时也缺乏具有
影响力的重大的体育赛事，说明上海市体育赛事体系有待完善。体育
产业占 GDP 比率分别仅为 1%、1.1% 和 1.2%，人均体育消费低于 1000
元，一定程度上反映出上海的体育产业在国民经济中的作用还未发挥，
上海体育产业市场发展和规模有待扩大。新增体育场地面积和经常参
加体育锻炼的人数占总人口比例反映出上海市的全民健身服务体系有
待加强，体育基础设施建设仍落后于经济发展水平和人民日益增长的
物质文化需要①。竞技体育经费支出是影响竞技体育资源配置最主要

---

① 上海市人民政府. 上海市体育事业与体育产业发展"十二五"规划[EB/OL]. (2012-05-11)
[2023-09-18]. https://www.shanghai.gov.cn/shssewzxgh/20200820/0001-22403_612826.html.

的因素之一①，长期以来上海市竞技体育发展经费绝大部分来源于政府拨款，竞技体育发展经费的不足，严重影响上海市竞技体育的发展。职业体育俱乐部成绩成为阻碍上海市竞技体育发展的主要障碍因子，反映出上海市职业体育发展还不充分，应推进职业体育市场化改革。

2. 2014—2016 年，如图 6-10 所示，上海市竞技体育发展的影响因素及其重要性排序依次是：竞技体育财政预算支出、人均体育消费、新增体育场地面积、每年举办重大国际性体育赛事的次数、优秀运动队运动员人数、人均公共体育场地面积、经常参加体育锻炼的人数占总人口比例、体育系统从业人数，2014 年，其障碍度之和为 33.83%。与 2011—2013 年相比，竞技体育财政预算支出、人均体育消费、新增体育场地面积、每年举办重大国际性体育赛事的次数和经常参加体育锻炼的人数占总人口比例 5 个指标障碍度在排序上发生了变化，体育产业占 GDP 比率、每年举办全国性体育赛事的次数和职业体育俱乐部成绩指标的障碍度下降，在 2014—2016 年间障碍度排序中退出前 8，优秀运动队运动员人数、人均公共体育场地面积、体育系统从业人数三个指标的障碍度上升。以上结果显示：2014—2016 年间，其一，上海市竞技体育发展经费的投入萎缩，继续成为阻碍上海市竞技体育发展的障碍因素。其二，尽管体育产业总量初具规模，但人均体育消费较低，反映出体育消费结构还有待优化，体育产品市场存在"供需错配"的矛盾，阻碍了上海市体育产业的发展。其三，尽管上海市加大了对体育赛事的举办力度，尤其国内体育赛事蓬勃发展，但发现仍缺乏具有国际影响力的大型国际体育赛事，国际重大体育赛事在数量上和质量上都还有待提升。其四，群众体育的发展与竞技体育的发展不协调，阻碍了竞技体育的发展，全民健身服务体系仍然有待完善。其五，优秀运动队运动员人数和体育系统从业人数两个指标的障碍度上升，反映出上海市优秀运动队运动员人数整体较低，优秀运动员培

① 张俊珍，许治平，郭伟，等. 供给侧结构性改革背景下竞技体育资源配置与利用的实证研究[J]. 体育学究，2020，34（4）：63-71.

养体系问题凸显①，需强化体育人才队伍建设，大力培育优秀体育人才。

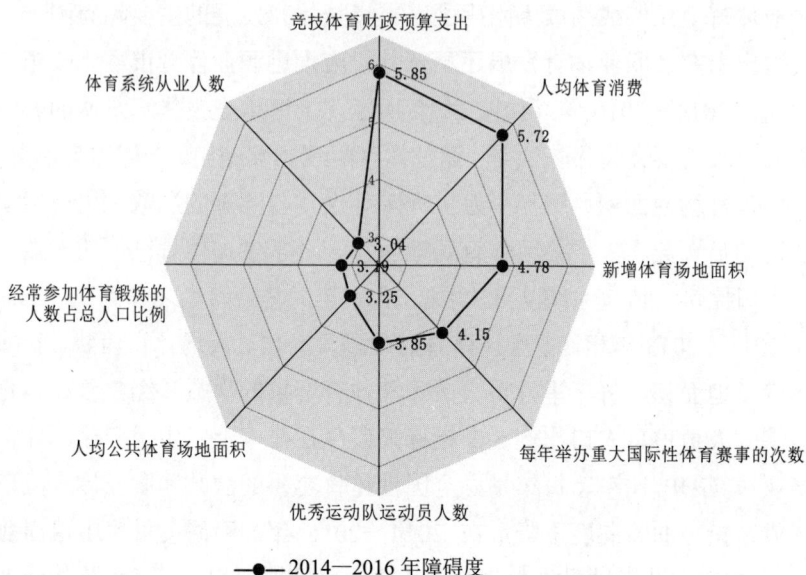

图 6-10　2014—2016 年上海市竞技体育发展前 8 位的影响因素

3. 2017—2018 年，如图 6-11 所示，上海竞技体育发展的影响因素及其重要性排序依次是：竞技体育财政预算支出、每年举办重大国际性体育赛事的次数、竞技体育经费占体育事业经费比重、职业体育俱乐部成绩、竞技体育科技成果项目数、体育科研人员数量、本科以上学历优秀运动员占比、体育彩票销售额，2017 年，其障碍度之和为35.39%。与 2014—2016 年相比，竞技体育财政预算支出、每年举办重大国际性体育赛事的次数、职业体育俱乐部成绩三个指标障碍度仍然持续在高位，尤其竞技体育财政预算支出障碍度由 2014 年的 5.85% 上升到 10.53%。表明 2017—2018 年，其一，竞技体育财政预算投入仍未得到有效改善，职业体育改革效果不够，仍需进行持续性改革，上海体育赛事的国际影响力仍有待提升；其二，人均体育消费、新增体

---

① 缪佳，刘叶郁. 上海竞技体育在"十三五"期间发展路径探索[J]. 体育科研，2015，36（3）：24-27.

育场地面积、优秀运动队运动员人数、人均公共体育场地面积、经常参加体育锻炼的人数占总人口比例和体育系统从业人数 6 个指标障碍度在 2017—2018 年间障碍度排序中退出前 8，表明上海体育产业发展、群众体育发展和体育人才队伍建设方面得到了有效的改善；其三，竞技体育经费占体育事业经费比重、竞技体育科技成果项目数、体育科研人员数量、本科以上学历优秀运动员占比、体育彩票销售额 5 个指标障碍度上升，表明 2017—2018 年应大力拓展竞技体育市场经济来源，增加体育彩票销售额，增加竞技体育资金多元投入渠道；强化竞技体育科技支撑作用，持续推进科研攻关项目，大力加强高水平科技人才队伍建设；积极推进体育融合，保障运动员文化教育。

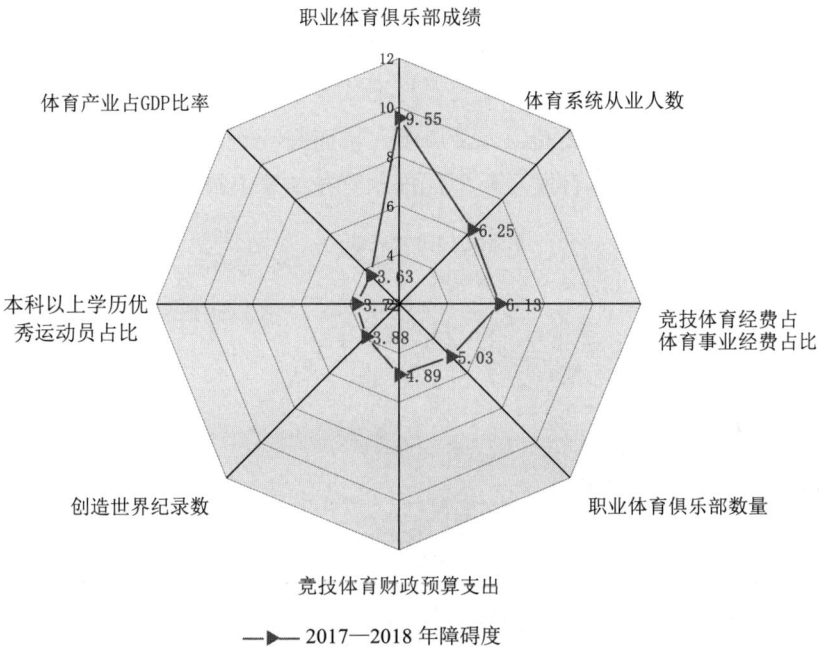

图 6-11　2017—2018 年上海市竞技体育发展前 8 位的影响因素

4. 2019—2020 年，如图 6-12 所示，上海竞技体育发展的影响因素及其重要性排序依次是：职业体育俱乐部成绩、体育系统从业人数、优秀运动队运动员人数、职业体育俱乐部数量、竞技体育财政预算支出、创造世界纪录数、获全国最高级别比赛冠军人数、体育产业占 GDP 比率，2019 年，其障碍度之和为 43.08%。与 2017—2018 年相比发生了较大的变化，其一，每年举办重大国际性体育赛事的次数、竞技体育经费占体育事业经费比重、竞技体育科技成果项目数、体育科研人员数量、本科以上学历优秀运动员占比、体育彩票销售额 6 个指标退出了前 8 位，表明上海体育赛事体系、竞技体育科技和人才队伍建设、竞技体育资金多元化筹集和运动员文化教育几个方面得到了改善；其二，体育系统从业人数、优秀运动队运动员人数、创造世界纪录数、获全国最高级别比赛冠军人数和体育产业占 GDP 比率 5 个指标障碍度有所上升，表明 2019—2020 年间体育人才队伍建设、竞技运动成绩和体育产业方面需要加大推进策略；其三，职业体育俱乐部成绩、职业体育俱乐部数量和竞技体育财政预算支出三个指标障碍度依旧处于高位，表明需加快职业体育发展，打造代表上海都市形象的著名的体育职业俱乐部，努力提高俱乐部成绩，同时持续不断加大竞技体育财政投入，优化竞技体育发展环境，推动竞技体育发展韧性的提升。

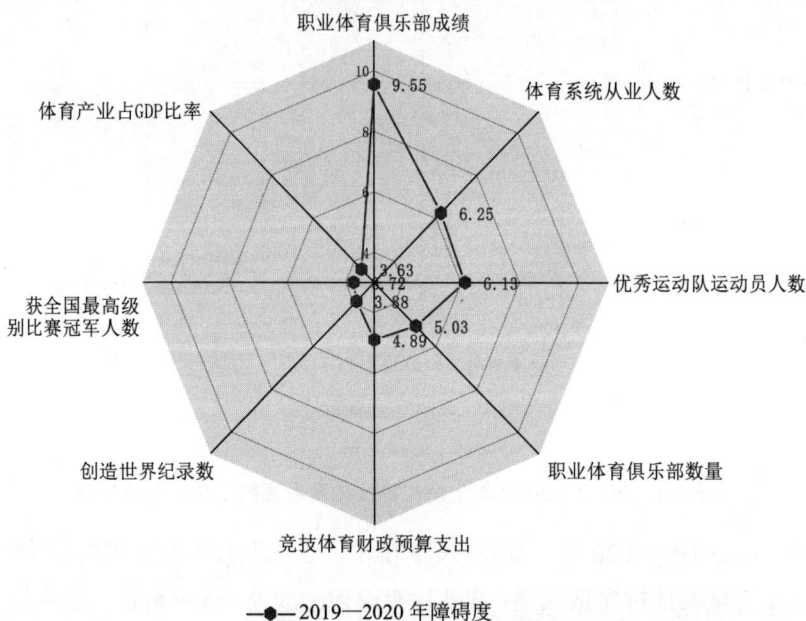

——●——2019—2020 年障碍度

图 6-12　2019—2020 年上海市竞技体育发展前 8 位的影响因素

通过以上结果发现,尽管 2011—2020 年间上海市竞技体育发展前 8 位的影响因素呈动态变化,但主要的影响因素表现出上海市竞技体育发展主要存在以下 6 个方面的问题:其一,竞技体育发展的资金来源较为单一;其二,职业体育发展缓慢;其三,体育赛事影响力不足;其四,竞技体育人才培养困境;其五,竞技体育与群众体育和体育产业未能协同发展;其六,竞技体育水平有待提升。

因此,上海市应在以下几方面积极应对:其一,积极拓宽竞技体育资金来源渠道,通过扩大体育彩票发行规模,扩宽销售渠道,为竞技体育发展提供强有力的资金保障,同时有效地提升竞技体育资金使用效率;其二,加强对职业体育俱乐部的扶持与保障,不断提高职业俱乐部的水平,加快推进成熟的项目职业化发展,打造世界知名的职业体育俱乐部;其三,完善体育赛事体系建设,提高体育赛事的办赛水平,全力打造精品体育赛事,培育本土文化的精品体育赛事;其四,继续深化体教融合政策,推进竞技体育与学校体育以及群众体育的协同发展,利用政策和资源扶持体教融合与社会力量培养竞技体育后备人才模式,拓宽竞技体育后备人才培养路径;其五,提升竞技体育、群众体育、体育产业之间关联度,积极推动运动竞赛、人才交流、体育消费等方面的融合发展;其六,强化科技创新,充分发挥上海科技创新的优势,加强融合人工智能、大数据、物联网等领域构建高层次的竞技体育科技创新平台,提升科技在竞技体育运动训练、比赛、选材中的贡献率。

第四节　上海市竞技体育系统韧性水平的预测

一、灰色 GM(1，1)和 BP 神经网络组合预测模型的选择及应用

（一）灰色 GM（1，1）模型

灰色 GM（1，1）预测模型主要通过建立微分方程,对原始数据

进行微分拟合，经累加的方法处理过后，将获取的数据合并到预测模型中，对预测结果进行还原处理①。模型建立步骤如下：

步骤一：计算数列的级比验证是否适用灰色 GM（1，1）预测模型。

计算数列的级比验证是否适用灰色 GM（1，1）模型。将 n 年上海市竞技体育系统韧性值设为 $x^{(0)} = \left[x^{(0)}(1), x^{(0)}(2), \cdots, x^{(0)}(n) \right]$，然后计算它们的级比：$\lambda_{(k)} = \dfrac{x^{(0)}(k-1)}{x^{(0)}(k)}, k = 2, 3, \cdots, n$。若计算结果都在区间 $X = (e^{\frac{-2}{n+1}}, e^{\frac{2}{n+1}})$ 内，那么该数列可以通过 GM（1，1）模型进行预测，$y^{(0)}(k) = x^{(0)}(k) + c, k = 1, 2, \cdots, n$。反之，需要将原始数列按照规则转换后再构建 GM（1，1）预测模型。

步骤二：构建灰色 GM（1，1）预测模型。

原 始 上 海 市 竞 技 体 育 发 展 的 系 统 韧 性 值 设 为 $x^{(0)}, x^{(0)} = \left[x^{(0)}(1), x^{(0)}(2), \cdots, x^{(0)}(n) \right]$。通过累加法得到 $x^{(1)}, x^{(1)} = \left[x^{(1)}(1), x^{(1)}(2), \cdots, x^{(1)}(n) \right]$，其中 $x^{(1)}(t) = \sum\limits_{k-1} x^{(0)}(k), t = 1, 2, \cdots, n$。$x^{(1)}$ 序列构建一阶线性微分方程：$\dfrac{dx^{(1)}}{dt} + ax^{(1)} = u$。$a$ 表示发展系数，表示数列 $x^{(0)}$ 和 $x^{(1)}$ 的发展走向；u 表示灰色作用量，衡量数据的变化，对微分方程进行求解：

$$(t+1) = \left[x^{(0)}(1) - \frac{u}{a} \right] e^{-a} + \frac{u}{a} \qquad (6\text{-}9)$$

利用最小二乘法可得出 a 和 u。其中，将经过累加得到的数据求均值，产生向量 B 和常数项向量 Y_n 为：

① 唐林俊，宁晓骏，李杨，等. 基于灰色理论与 BP 神经网络的隧道围岩变形预测[J]. 工业安全与环保，2021，47（10）：88-93.

$$B = \begin{bmatrix} -\frac{1}{2}\Big[x^{(1)}(1)+x^{(1)}(2)\Big] & \cdots & 1 \\ -\frac{1}{2}\Big[x^{(1)}(2)+x^{(1)}(3)\Big] & \cdots & 1 \\ \vdots & \vdots & \vdots \\ -\frac{1}{2}\Big[x^{(1)}(n-1)+x^{(1)}(n)\Big] & \cdots & 1 \end{bmatrix} \qquad (6-10)$$

$$Y_n = \begin{bmatrix} x^{(0)}(2) \\ x^{(0)}(3) \\ \vdots \\ x^{(0)}(n) \end{bmatrix} \qquad (6-11)$$

将 a 和 u 带入到 $x^{(1)}(t+1)$ 中可以得到 $x^{(1)}(t+1)$，其中：$x^{(1)}(0)=x^{(1)}(1)$。将模型做累减处理得到实际预测值 $\hat{x}^{(0)}(t+1)=\hat{x}^{(1)}(t+1)-\hat{x}^{(1)}(t)$，将 $x^{(1)}(t+1)$ 的解代入上述公式即可求取预测值为：

$$x^{(0)}(t+1)=(1-e^a)\Big[x^{(1)}(0)-\frac{u}{a}\Big]e^{-at}$$

（二）BP 神经网络模型

BP 神经网络是一种基于误差反向传播算法的人工神经网络，能够把一组样本的输出问题转化为一个非线性优化问题[1]。其优点是能够模仿多种函数，且不需要事先假定数据间存在某种函数关系，同时能够充分利用现有信息，防止信息损失[2]。数据通过各层级的网络逐层处理后将误差反向传播并调整权值和阈值，这种结构使多层前馈网络可在输入和输出间建立合适的线性或非线性关系，整个学习和训练过程如图 6-14 所示。

---

① 吴菊平，潘玉君，骆华松，等. 滇中城市群城市韧性时空格局演变及动态预测研究[J]. 生态经济，2023，39（8）：95-105.

② 闻新，周露，李翔，等. MATLAB 神经网路仿真与应用[M]. 北京：科学出版社，2003：76-78.

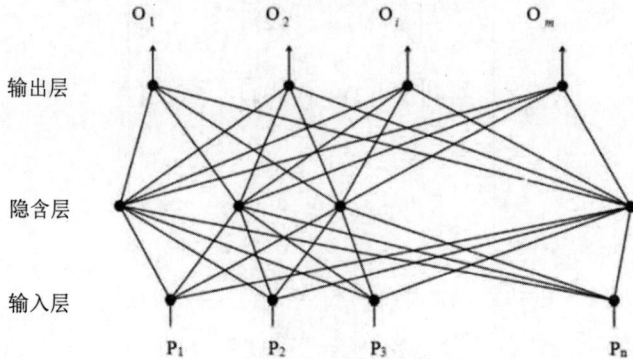

图 6-13　BP 神经网络模型"训练"过程[①]

图 6-13 是一个三层 BP 神经网络通过向前传输阶段和向后传输阶段两个"训练"过程得到输入和输出间合适关系，算法设计步骤如下：

步骤一：用随机数初始化层间节点 i 和 j 间的连接权 W_{ij} 和节点 j 的阈值 θ_j；

步骤二：读入经过预处理的训练样本 $\{X_{PP}\}$ 和 $\{Y_P\}$；

步骤三：计算各层节点的输出（对第 p 个样本），

$$O_{pj} = f \sum_i \left(w_{ij} I_{pi} - \theta_j \right)$$

式中 I_{pi} 既是节点 i 的输出，又是节点 j 的输入；

步骤四：计算各层节点的误差信号；

输出层：$\delta_{pk} = O_{pk} \left(y_{pk} - O_{pk} \right) \left(1 - O_{pk} \right)$；

隐含层：$O_{pi} = O_{pi} \left(1 - O_{pi} \right) \Sigma \delta_{pi} w_{ij}$；

步骤五：反向传播：权值修正：$w_{ij} \left(t+1 \right) = \alpha \delta_{pi} O_{pi} + w_{ij} \left(t \right)$；

阈值修正：$\theta_j \left(t+1 \right) = \theta_j \left(t \right) + \beta \delta_{pi}$，式中 α 为学习因子，β 为加速收敛的动量因子。

---

① 刘中侠，蒋诗泉. 基于灰色 GM（1，1）和 BP 神经网络组合预测模型及应用[J]. 铜陵学院学报，2016，15（3）：102-104.

步骤六：计算误差：$E_p = \left(\sum_p \sum_k\right) \dfrac{\left(O_{pk} - Y_{pk}\right)^2}{2}$。

（三）基于灰色 GM（1，1）和 BP 神经网络组合预测模型的构建

尽管灰色 GM(1，1)具有建模"小数据、贫信息"的优点，利用灰色理论的累加算子能够一定程度消除数据序列的随机冲击扰动项对系统的影响，然而经典的灰色 GM(1，1)模型对长期预测的精度不高，而 BP 神经网络对复杂非线性系统具有较好的曲线拟合能力及其强大容错能力和自适应能力的优点[1]。因此，本研究结合灰色 GM(1，1)和 BP 神经网络模型的优点，构建了基于灰色 GM(1，1)模型和 BP 神经网络的组合模型[2]。同时，为检验该组合模型的科学性和合理性，本研究分别利用灰色 GM（1，1）模型、BP 神经网络模型和组合预测模型对上海市竞技体育发展系统韧性趋势进行预测，预测结果表明这三个模型对短期预测的精度差别较小，但是对长期预测它们之间的精度差别比较大。特别是灰色 GM(1，1)模型误差变得很大，而组合模型预测的精度却有大幅度提高。

灰色 BP 神经网络模型预测步骤[3]：将两个模型进行集成构造 GM（1，1）与 BP 神经网络组合模型，记组合模型(函数)范式为：$y = f\left(g, b\left(w_j, \theta_j\right)\right)$，其中 g 表示通过灰色 GM（1，1）处理过后的预测模拟数据，$b\left(w_j, \theta\right)$ 表示经过改进的 BP 人工神经网络训练后的权值 w_j 和阈值 θ_j，具体步骤如下：

（1）利用灰色 GM（1，1）模型对系统进行预测，得到一组预测值；

（2）将预测值和原始数据分别作为输入和输出数据，对 BP 神经网络进行训练，得到相应的权值和阀值；

① 范中洲，赵羿，周宁，等. 基于灰色 BP 神经网络组合模型的水上交通事故数预测[J]. 安全与环境学报，2020，20（3）：857-861.

② 张雪纯，楼百均. 宁波舟山港危化品吞吐量预测研究——基于灰色 BP 神经网络组合模型[J]. 浙江万里学院学报，2022，35（6）：9-16.

③ 刘中侠，蒋诗泉. 基于灰色 GM（1，1）和 BP 神经网络组合预测模型及应用[J]. 铜陵学院学报，2016，15（3）：102-104.

（3）利用训练好的神经网络模型，输入需要预测的年份，即可得到预测值；

（4）计算模拟预测精度，分析模拟预测误差原因。

二、基于灰色 BP 神经网络模型的上海竞技体育系统韧性水平预测

（一）模型训练及损失函数

在对 2021—2030 年上海市竞技体育系统韧性水平进行预测前，先要对预测模型进行训练，衡量预测值与真实值之间的误差。在机器学习中，将因变量和自变量统称为训练数据。自变量为评价指标，一个年份的自变量称为一个样本，对应的韧性值被称为标签，用于预测标签的不同自变量叫作特征值，特征值用来表征样本的特点。在本研究的模型训练中，使用 2011—2015 年的韧性值自变量作为样本特征，2016—2020 年的因变量作为标签，将它们放入到构建好的预测模型中，直到误差数收敛，达到训练集合和测试集收敛的条件。灰色 GM（1，1）和 BP 神经预测模型训练步骤分别如下：

1. 灰色 GM（1，1）预测模型的训练步骤

步骤一：初始化建模原始序列

0.25，0.28，0.36，0.44，0.45，0.52，0.55，0.58，0.69，0.58

步骤二：生成原始序列的 1-AGO

0.2500，0.5000，0.8400，1.2700，1.7100，2.2200，2.7600，3.3300，4.0300，4.6300

步骤三：生成序列的紧邻均值 1-AGO

0.3650，0.6700，1.0550，1.4900，1.9650，2.4900，3.0450，3.6800，4.3300

步骤四：计算灰色模型发展系数 a 和灰色作用量 b

a=-0.090   b=0.297

步骤五：模拟值与模拟误差，如表 6-4 所示。

表6-4　灰色 GM（1，1）预测模型训练的模拟值与模拟误差

年份	实际数据	模拟数据	残差	相对模拟误差
2011	0.250	0.250	-0.053	0
2012	0.280	0.333	-0.004	15.92%
2013	0.360	0.364	0.041	1.20%
2014	0.440	0.399	0.014	10.28%
2015	0.450	0.436	0.042	3.21%
2016	0.520	0.478	0.027	8.79%
2017	0.550	0.523	0.008	5.16%
2018	0.580	0.572	0.064	1.40%
2019	0.690	0.626	-0.096	10.22%
2020	0.580	0.676	-0.053	14.20%

步骤六：计算平均模拟相对误差

7.82%

步骤七：预测 2011—2020 年的上海市竞技体育系统的韧性值

0.750463621，0.821400025，0.899041583，0.984022087，1.077035242，1.17884032，1.290268364，1.41222897，1.545717713，1.691824271

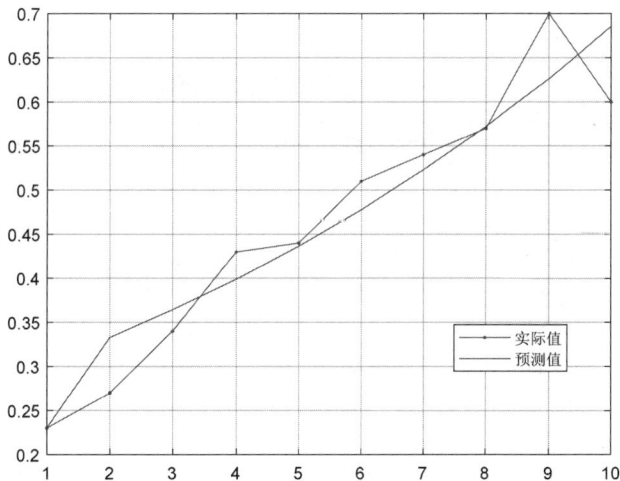

图6-14　灰色 GM（1，1）预测值与实际值比较

2. BP 神经网络预测模型的训练

神经网络结构……

输入层的节点数为：1

输出层的节点数为：1

隐含层节点的确定过程……

隐含层节点的确定过程……

隐含层节点数为 2 时，训练集的均方误差为：0.027684

隐含层节点数为 3 时，训练集的均方误差为：0.47847

隐含层节点数为 4 时，训练集的均方误差为：0.164

隐含层节点数为 5 时，训练集的均方误差为：0.014782

隐含层节点数为 6 时，训练集的均方误差为：0.21708

隐含层节点数为 7 时，训练集的均方误差为：0.21513

隐含层节点数为 8 时，训练集的均方误差为：0.153

隐含层节点数为 9 时，训练集的均方误差为：0.17703

隐含层节点数为 10 时，训练集的均方误差为：0.1093

隐含层节点数为 11 时，训练集的均方误差为：7.4698

最佳的隐含层节点数为：5，相应的均方误差为：0.014782

平均百分误差 MAPE：7.07%

BP 神经网络训练的拟合情况如表 6-5 所示：

表 6-5　BP 神经网络训练的拟合情况

年份	实际值	BP 神经网络拟合值	残差	百分误差(%)
2011	0.250	0.252	0.002	0.73
2012	0.280	0.325	0.045	13.81
2013	0.360	0.383	0.023	6.13
2014	0.440	0.424	−0.016	3.80
2015	0.450	0.458	0.008	1.73
2016	0.520	0.492	−0.028	5.62
2017	0.550	0.530	−0.02	3.78
2018	0.580	0.582	0.002	0.40
2019	0.690	0.620	−0.07	11.25
2020	0.580	0.674	0.094	14.01%

3. 灰色 BP 神经网络预测模型训练

根据拟合得灰色模型和 BP 神经网络模型权重分别为 0.79696 和 0.20304，从而得出灰色 BP 神经网络组合预测值如表 6-6 所示：

表 6-6　灰色、BP 神经网络和灰色 BP 神经网络预测值

年份	实际值	灰色模型预测值	BP 神经网络预测值	灰色 BP 神经网络预测值
2011	0.250	0.250	0.252	0.250
2012	0.280	0.333	0.325	0.331
2013	0.360	0.364	0.384	0.368
2014	0.440	0.399	0.424	0.404
2015	0.450	0.437	0.458	0.441
2016	0.520	0.478	0.492	0.481
2017	0.550	0.523	0.530	0.524
2018	0.580	0.572	0.582	0.574
2019	0.690	0.626	0.620	0.625
2020	0.580	0.676	0.675	0.675
MAPE:		7.82%	7.07%	7.01%

将构建的灰色 BP 神经网络预测模型经过迭代 5 次之后，得到误差值为 0.0038131，小于 0.005，达到目标训练精度要求，说明预测模型拟合效果非常好，如图 6-15 所示：

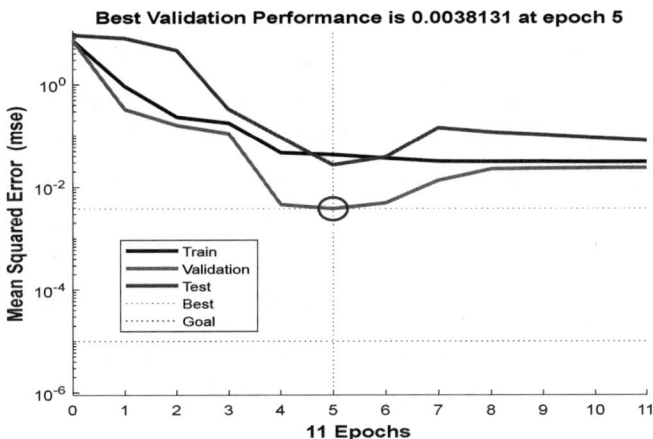

注：小圆圈位置代表终止的训练次数（即代数）处的均方误差。

图 6-15　训练集、验证集、测试集和总体的均方误差变化图

　　通过三种预测模型的训练发现，在短期预测中，灰色 GM（1，1）模型和 BP 神经网络模型的预测精确度较高，对于中期预测，也能反映出上海市竞技体育发展系统的韧性变化趋势。但是在应用长期预测时，灰色 GM（1，1）模型预测精度不高，BP 神经网络模型预测的偏差也较大。而基于灰色 GM（1，1）和 BP 神经网络组合模型在短期、中期及长期预测中，都能够很好地预测出上海市竞技体育系统的韧性水平及其变化趋势，其预测精度较高。

　　（二）上海市竞技体育系统韧性水平的预测结果与分析

　　本研究利用上述经过训练的灰色 BP 神经网络映射关系，输入 2011—2020 年的上海竞技体育发展的数据，采用构建的灰色 BP 神经网络预测模型对上海市 2020—2030 年的竞技体育系统的韧性值进行预测。为了比较不同模型的预测精度，本研究同时选择灰色 GM（1，1）模型、BP 神经网络模型对上海市 2021—2030 年的竞技体育系统的韧性值进行预测，三种不同预测模型预测具体数据和各子系统预测值如表 6-7 和 6-8 所示。

表 6-7　不同预测模型对 2021—2030 年上海竞技体育系统韧性值的预测结果

年份	灰色模型预测值	BP 预测值	灰色 BP 预测值
2021	0.7505	0.7360	0.7475
2022	0.8214	0.8058	0.8182
2023	0.8990	0.8848	0.8962
2024	0.9840	0.9741	0.9820
2025	1.0770	1.0744	1.0765
2026	1.1788	0.9758	1.1376
2027	1.2903	1.0542	1.2423
2028	1.4122	1.1141	1.3517
2029	1.5457	1.1571	1.4668
2030	1.6918	1.1864	1.5892

表 6-8　2021—2030 年上海竞技体育系统各子系统韧性值的预测结果

年份	驱动力 预测值	压力 预测值	状态 预测值	影响 预测值	响应 预测值
2021	0.748	0.417	0.732	1.029	0.607
2022	0.746	0.418	0.741	1.354	0.636
2023	0.847	0.418	0.750	1.788	0.667
2024	1.068	0.418	0.757	2.062	0.697
2025	1.354	0.419	0.764	2.772	0.728
2026	1.619	0.419	0.771	3.719	0.765
2027	1.868	0.419	0.776	4.155	0.801
2028	2.155	0.420	0.782	4.265	0.837
2029	2.458	0.420	0.787	4.282	0.875
2030	2.690	0.420	0.791	4.284	0.914

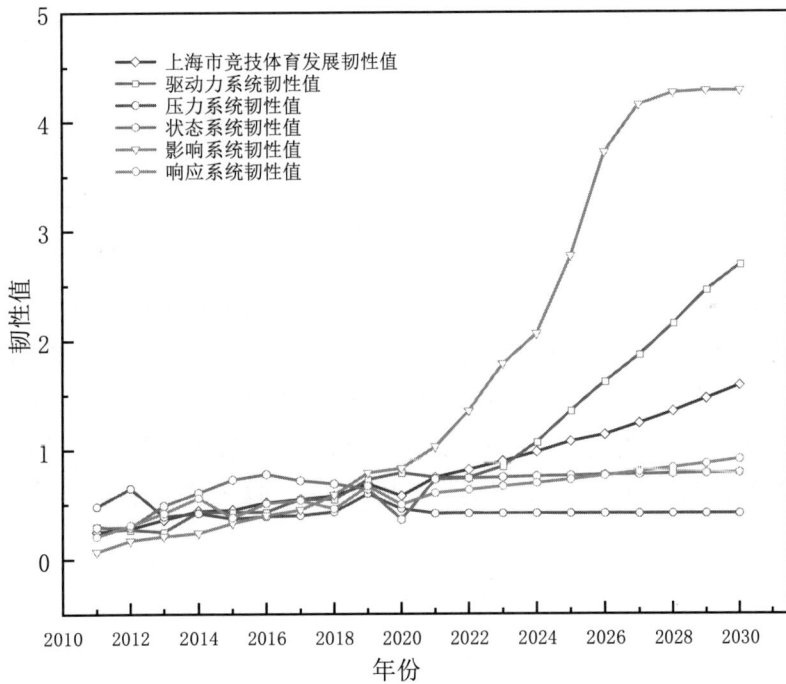

图 6-16　2011—2030 年上海市竞技体育系统的韧性值

如图 6-16 所示，根据 2021—2030 年上海竞技体育系统的韧性水平预测结果表明，上海市竞技体育系统的韧性水平在中短期内继续增长，增速较为平稳，到 2025 年上海市竞技体育系统的韧性值将达到最优，2030 年上海市竞技体育系统的韧性水平将为 2020 年的近三倍。同时如表 6-8 和图 6-16 所示，根据 2021—2030 年上海竞技体育各子系统韧性水平预测结果显示，各子系统韧性水平发展态势不同，驱动力和影响子系统韧性水平增长显著，状态和响应子系统韧性水平增长较为缓慢，压力子系统韧性水平基本保持不变。说明未来上海在加快建设国际经济、金融、科创中心的进程中，势必会促使整个城市的能级、基础设施条件、政策和竞争力的显著提升，为上海竞技体育的发展带来强有力的牵引优势，给竞技体育发展带来强大动力，同时极大地推动群众体育、体育产业、体育文化和体育对外交流领域的发展。但是未来上海市的竞技水平的提升和职业体育发展较为缓慢，竞技体育发展中的压力仍未得到有效缓解，对竞技体育发展的调节措施效果不显著。

预测模型的结果显示当前上海市竞技体育发展中存在的问题可能仍未能得到有效的解决，也反映出政府制定的政策的调适性仍有待强化。竞技体育可持续发展与体育制度改革的措施密不可分，竞技体育改革的过程实质上是体育制度改革的过程[①]。目前上海市竞技体育依然无法摆脱行政垄断的困局，在竞技体育市场化改革的过程中，相关的制度也表现出了明显的路径依赖。因此，应重新审视自身的制度能力，以此增强并完善上海市竞技体育发展中的政策制度建设，在制度制定上真正贯彻和实行市场竞争机制，使市场在资源配置中能够正真发挥基础性作用，以市场的力量来制约权力，减少政府行政干预。

---

① 郭轶群，苏明理. 中国竞技体育发展中的制度变迁与利益分配——基于"三角互动"制度变迁模型[J]. 西安体育学院学报，2012，29（5）：535-539.

第五节　本章小结

本章首先利用 TOPSIS 模型对 2011—2020 年上海市竞技体育系统的韧性水平进行了测度。结果显示：上海市竞技体育系统韧性的总体水平稳步上升，其中，驱动力子系统韧性水平先下降后上升，压力子系统韧性水平先上升再下降再波动再上升再下降，状态子系统韧性水平先上升后下降，影响子系统韧性水平快速上升，响应子系统韧性水平呈 M 形变化特征。结果反映了 2011—2020 年间上海市竞技体育发展所需资源快速的积累，竞技体育发展过程中面临的压力较大，整体竞技水平和职业体育发展有待提升，群众体育、体育产业、体育文化和体育对外交流领域发展态势好，政府对竞技体育发展的调节措施缺乏一定的实效性。

其次，运用障碍度模型对上海市竞技体育发展的关键影响因素进行了识别。结果显示：（1）从子系统障碍度结果看，2011—2020 年驱动力子系统对上海市竞技体育发展的影响因素最大，年均障碍度为 28.43%，随后依次是响应子系统（20.23%）、状态子系统（18.79%）、影响子系统（18.02%）和压力子系统（14.53%），驱动力是上海市竞技体育发展最主要的影响。（2）从子系统障碍度变化趋势看，2011—2020 年间，驱动力和影响子系统障碍度逐年下降，压力和状态子系统障碍度逐年上升，响应子系统呈 M 形变化特征。2011—2020 年间上海市竞技体育发展的影响因素发生了较大的变化，竞技体育发展"状态""压力"和已经成为目前上海市竞技体育发展的最主要影响因素。（3）竞技体育财政预算支出、每年举办重大国际性体育赛事的次数、职业体育俱乐部成绩、优秀运动队运动员人数、体育产业占 GDP 比率、人均体育消费、新增体育场地面积、经常参加体育锻炼的人数占总人口比例、体育系统从业人数是上海市竞技体育发展的关键影响因素。

最后，结合了灰色 GM（1，1）和 BP 神经网络模型的优点，建立了灰色 GM（1，1）和 BP 神经网络组合预测模型，对 2021—2030 年上海竞技体育系统韧性的总体水平和各子系统韧性水平进行预测。结果显示：2021—2030 年上海市竞技体育系统的总体韧性水平平稳上升，到 2025 年将达到最优水平，其中驱动力和影响子系统的韧性水平快速上升，状态和响应子系统的韧性水平缓慢上升，压力子系统的韧性水平基本保持平稳。反映了未来上海市竞技体育发展所需要的资金、人才、技术和信息等资源要素将会快速积累，为竞技体育发展带来强大动力，同时极大地推动群众体育、体育产业、体育文化和体育对外交流领域的发展。但是未来上海市的竞技水平的提升和职业体育发展较为缓慢，竞技体育发展中的压力仍未得到有效缓解，竞技体育发展的调节措施效果不显著。

第七章　我国超大城市竞技体育发展的影响因素和作用机制

超大城市竞技体育发展系统是一个涉及多个环节、受多个相互制约、相互作用的因素影响的复杂系统，城市竞技体育发展系统韧性的影响因素是众多且复杂的。本章首先基于韧性理论分析了我国超大城市竞技体育系统发展韧性的影响因素，提出了影响因素间的关系假设，构建了我国城市竞技体育发展各影响因素间的相互关系模型。然后对上海市竞技体育发展各影响因素间的相互关系进行检验，探索上海市竞技体育发展各影响因素间的作用机制。

第一节　我国超大城市竞技体育发展的影响因素

系统是由密切相关且相互影响的要素按照一定的组织结构和功能框架构成的有机整体，"要素"和"关系"是系统构成的基本条件[①]。各影响因素间的相互关系则构成了城市竞技体育发展的作用机理。常见的韧性系统的影响因素划分的方法分为两种，一种是按照"经济-社会-自然"三个维度界定系统韧性的影响因素，另一种是将韧性视为一种动态的过程，依据不同阶段过程的功能性，对系统韧性的影响因素进行划分。

城市竞技体育发展系统是一个涉及多个环节、受多个相互制约、相互作用的因素影响的复杂系统，城市竞技体育发展系统包含了多元化、多维度和多功能的影响因素，且这些影响因素间的相互作用关系

---

① Urban J B, Mabry P L. Developmental systems science: exploring the application of systems science methods to developmental science questions[J]. Research in Human Development, 2011, 8 (1): 1-25.

数量较多且复杂，作用方式多种多样。通过前面第五章对 DPSIR 模型与本研究的适用性分析，认为 DPSIR 模型体现了系统韧性的演进阶段过程，可以完整地描述演进韧性观点下的韧性阶段过程[①]，从驱动力（D）、压力（P）、状态（S）、影响（I）和响应（R）5 个维度将城市竞技体育发展分解为准备、吸收、恢复和适应 4 个阶段过程，不仅可以表明人类行为及复杂系统状态的反馈，也体现出系统韧性发展的阶段性特征。因此，本研究将结合两种系统韧性影响因素的划分方法，同样以 DPSIR 理论模型，对城市竞技体育发展的影响因素进行划分，并基于构建的城市竞技体育发展韧性评价的指标体系，从"经济-社会-自然-竞技体育"4 个维度选取具体的影响因素指标。

对我国超大城市竞技体育发展评价指标的选取实质上是对我国超大城市竞技体育发展影响因素的分析和提炼，基于本研究第五章所构建的我国"城市竞技体育发展评价的指标体系"，本研究将我国超大城市竞技体育发展的影响因素划分为驱动力因素、压力因素、状态因素、影响因素和响应因素，其三级指标为各影响因素的具体影响因素指标。

一、驱动力因素

（一）外部社会环境驱动因素

外部环境是竞技体育发展所必须依赖的前提条件，是影响竞技体育变化和发展的关键要素，也是促使竞技体育发展发生变化的最初要素，竞技体育的发展离不开区域基础资源的支撑区域经济、政治、文化、教育资源对竞技体育发展具有重要的影响[②][③]。地区生产总值、人均 GDP、地方财政收入、人均可支配收入、城镇人口数、教育经费支出、地方财政科学技术支出、医疗卫生机构数和城市公园绿地面积对

---

① Sarkki S, Komu T, Heikkinen H I, et al. Applying a synthetic approach to the resilience of Finnish reindeer herding as a changing livelihood[J]. Ecology and society, 2016, 21 (4): 14-14.

② 夏崇德，陈颜，殷樱. 竞技体育可持续发展的综合评价体系研究[J]. 北京体育大学学报，2007，30（11）：1564-1570.

③ 陈颜. 中国区域竞技体育发展的外部环境综合测评与分类特征[J]. 西安体育学院学报，2013（3）：267-274.

城市竞技体育的发展产生的影响[1]。

（二）内部竞技体育资源驱动因素

内部环境是竞技体育系统自组织发展的动力，是竞技体育发展的关键所在，主要指在竞技体育发展中的人力、物力、财力和科技要素。人力资源是竞技体育发展的关键资源，优秀运动队运动员人数、各级运动队教练员数量、等级裁判员数量、体育系统从业人数对竞技体育发展产生最直接的影响[2][3][4]。竞技体育财政预算支出和体育场地面积是推动竞技体育发展的重要财力和物力保障，科技服务已成为竞技体育发展的核心资源要素，体育科研人员数量和体育科学技术经费支出是科技服务的必备条件[5][6]。

二、压力因素

（一）竞技体育系统直接压力因素

竞技体育系统直接压力是直接阻碍城市竞技体育发展的内部因素。竞技体育财政预算的萎缩是阻碍竞技体育发展的最重要问题，选择竞技体育经费占体育事业经费比重反映竞技体育的财政压力；优秀运动员的人才的培养、教育和退役安置问题是竞技体育发展的关键，因此选择体育后备人才数、一级及以上运动员占比、本科以上学历优秀运动员占比、运动员合理安置率来反映优秀运动员培养、教育和保障中的压力；教练员的培养质量同样关系到竞技体育的发展，因此选择高级以上在岗专职教练员占比、本科以上学历在岗专职教练员占比

① 朱洪军. 国际大型体育赛事市场环境影响因素实证研究[J]. 上海体育学院学报，2012，36（6）：20-24.

② 宋忠良，陈华伟，贺新家. 国际体育中心城市评价指标体系构建及实证研究[J]. 河南师范大学学报：自然科学版，2015（5）：173-178.

③ 王智慧，池建. 体育强国的指标评价体系研究[J]. 北京体育大学学报，2014（11）：15-22.

④ 李鉴，胡佳澍，黄海燕. 新时代体育发展综合评价体系构建及实证研究[J]. 体育科学，2020，40（7）：14-24.

⑤ 张凤彪. 基于结构方程模型的竞技体育公共支出绩效评价研究——25个省、自治区、直辖市的实证分析[J]. 体育科学，2015，35（2）：31-40+53.

⑥ 赵鲁南，赵曼. 竞技体育国际竞争力评价指标体系构建研究[J]. 北京体育大学学报，2018，41（1）：102-108.

来反映教练员培养中的压力；竞技体育发展中的道德失范现象影响竞技体育健康发展，因此选择重大体育安全事故次数、重大赛风赛纪事件数量来反映竞技体育发展中的道德失范压力[1][2]。

（二）社会环境间接压力因素

社会环境间接压力因素指的是间接阻碍城市竞技体育发展的外部环境因素。尽管全国各地方的竞技体育随着国家竞技体育的蓬勃发展而快速的发展，尤其是部分城市借助城市群一体化发展等带来的优势，以及著名体育城市建设带来的资源机遇，但是，同时部分城市如上海也面临着来自财政资源、人口资源、社会等方面的压力[3]，这些外部环境因素将间接阻碍城市竞技体育的发展，对城市竞技体育系统的正常运行形成一定的压力。因此选择 GDP 增速和城镇登记失业率反映城市竞技体育发展中的财政压力，选择常住人口自然增长率和0～14 岁人口年龄结构比反映城市竞技体育发展中的人口压力。

三、状态因素

（一）专业体育成绩因素

从竞技体育的定义可以看出，竞技体育首先以创造优异成绩为目标，竞技体育成绩最直接的反映就是运动员获得的运动成绩。竞技体育包括了专业体育和职业体育，专业体育主要以创造优异的成绩为目标，因此选择获世界冠军运动员人数、获全国最高级别比赛运动员人数、创造世界纪录数和运动健将发展人数反映专业体育成绩[4]。

（二）职业体育发展因素

竞技体育包括了专业体育和职业体育，专业体育主要以创造优异的成绩为目标，职业体育是在市场经济与社会经济交汇并存的背景下

---

① 巩庆波，吴瑛，胡宗媛. 竞技体育制度变迁背景下教练员权利保障研究[J]. 体育科学，2018，38（2）：74-81.

② 周莹，宋君毅. 中国竞技体育道德风险及其规避[J]. 西安体育学院学报，2009，26（5）：527-530.

③ 马德浩. 上海竞技体育发展的机遇，挑战与对策[J]. 体育科研，2020，41（1）：19-28.

④ 魏婷，张怀川，许占鸣，等. "十四五"时期我国竞技体育发展目标与举措[J]. 体育文化导刊，2021（1）：75-80.

诞生的，是一种高度专业化和商业化的竞技体育，是竞技体育的一种高级形态，以满足人民日益增长的体育需要和体育强国建设为目标，职业体育的发展对城市经济和社会发展具有重要的推动作用①。职业体育俱乐部是职业体育发展的基础，职业体育俱乐部高质量发展有助于激发体育竞赛表演业的活力，满足人民群众日益增长的体育文化需求②。因此选择职业体育俱乐部数量和职业体育俱乐部成绩反映职业体育的发展情况。

（三）大型体育赛事承办因素

大型体育赛事在推动城市化发展中具有重大的作用，反映一座城市体育的发展综合水平的重要指标③，影响着城市每一个人的生活，满足城市居民体育需要。同时，体育赛事的举办的目标与韧性城市建设具有目标一致性④，即提高人们健康意识，形成健康生活方式，满足居民体育需求⑤，推动城市可持续发展。因此选择每年举办重大国际性体育赛事次数和每年举办全国性体育赛事次数反映城市大型体育赛事的承办情况。

四、影响因素

（一）群众体育因素

群众体育和竞技体育是我国体育事业发展的两大支柱，竞技体育对群众体育具有引领作用，同时要发挥群众体育对竞技体育人才培养和转化等的价值，两者相互补充、相互支撑⑥。因此选择国民体质达标

---

① 张兵. 新时代体育强国建设进程中职业体育高质量发展路向[J]. 体育科学，2020，40（1）：16-25.

② 钟秉枢，韩勇，邢晓燕，等. 论新发展阶段我国职业体育俱乐部的规范化发展[J]. 体育学研究，2022，36（6）：1-13.

③ 刘东锋. 论全球体育城市的内涵、特征与评价[J]. 体育学研究，2018，1（4）：58-65.

④ 苑琳琳，李祥林. 体育赛事举办与城市韧性建设关系及融合发展路径研究[J]. 体育与科学，2021，42（4）：91-103.

⑤ 张现成，苏秀艳，王景璐，等. 大型体育赛事举办与改善民生的耦合路径[J]. 北京体育大学学报，2015，38（1）：25-30.

⑥ 邵桂华，王晨曦. 竞技体育与群众体育协同发展的多主体适应行为模式研究[J]. 北京体育大学学报，2020，43（12）：71-83.

率、经常参加体育锻炼的人数占总人口比例、人均公共体育场地面积、每万人体育社会指导员人数和体育社会组织数反映城市的群众体育发展情况。

（二）体育产业因素

《体育强国建设纲要》提出 2035 年体育产业成为国民经济支柱性产业的战略目标，以及推动体育其他领域发展的战略任务。体育产业为竞技体育、群众体育等提供物资基础和保障，也是连接竞技体育、群众体育、体育文化等的载体和润滑剂，推动着竞技体育等领域良性的循环发展[①]。竞赛表演业作为体育产业的核心产业对拉动体育产业的整体发展具有重要的影响[②]。因此选择体育产业总值、体育产业占GDP 比率和人均体育消费反映城市的体育产业发展情况。

（三）体育文化因素

文化在人类生存和社会起到重要的作用[③]，体育文化也从深层次制约和支配个体参与体育行为和社会体育活动[④]。同样，竞技体育带给个体的也不仅仅是运动本身的激情和审美，也包含了文化价值和竞技体育本身所滋生的土壤价值。因此选择体育博物馆、体育纪念馆、体育荣誉室的数量和国家级体育非遗项目数反映城市的体育文化发展情况。

（四）体育对外交往因素

习近平总书记认为我国体育强国建设在自身奋力前进的同时，也需要与国外建立协作网络，互相借鉴优势，取长补短[⑤]。竞技体育作为体育重要的组成部分，有着丰富的软资源，对软实力和综合实力的提升具有重要作用，通过对外交往发挥竞技体育精神等软实力在国家和

---

① 王子朴，朱亚成. 新时代中国体育强国建设中的体育产业发展逻辑[J]. 北京体育大学学报，2018，41（3）：8-13.

② 黄海燕. 新阶段，新形势：我国体育产业发展战略前瞻[J]. 上海体育学院学报，2022，46（1）：20-31.

③ 徐洪兴. 二十世纪哲学经典文本：中国哲学卷[M]. 上海：复旦大学出版社，1999：474.

④ 陈林会，刘青. 我国竞技体育传统优势项目可持续发展的文化支撑[J]. 北京体育大学学报，2014（6）：8-15.

⑤ 赵富学. 习近平新时代体育外交重要论述的核心内涵、价值意蕴及实践特质[J]. 体育科学，2019，39（9）：14-23.

地区的发展中的重要作用①。因此选择国际出访、到访人数反映城市的体育对外交往情况。

五、响应因素

（一）城市信息化建设因素

预警能力已被认为是系统韧性能力之一②③。提高系统的预警能力将有助于做出事先准备约束或降低干扰影响④。在如今的大数据时代，城市竞技体育系统预警能力主要表现为对数据的搜集和传递能力，体现在城市整体信息化和智慧化程度以及城市体育系统的网络信息化水平。因此选择城市智慧发展水平指数、体育局主动公开信息数量和媒体平台发布体育信息数反映城市和竞技体育的信息化建设情况。

（二）市场经济调控因素

在市场经济下，城市对竞技体育的长期投入意味着背后必须具有强有力的经济后盾，由于经济环境的改变，城市体育组织和机构的经济关系不得不建立在市场基础上，寻求预算外的补充，开辟多元的融资渠道。体育彩票的发行为我国实施全民健身计划和奥运争光计划提供了必要的物质支持，已成为资助体育事业发展预算资金外资金的主要来源⑤。体育彩票公益金是经从体育彩票销售额中按规定比例提取的专项用于发展体育事业的资金，用于群众体育和竞技体育的发展⑥。因此选择体育彩票销售额和体育彩票公益金竞技体育支出反映城市竞技体育发展中市场经济的调控情况。

（三）基础设施调控因素

体育场地设施是竞技体育和群众体育发展的重要保障，高水平的

---

① 刘玉亮，张勤. 我国竞技体育在公共外交中的作用[J]. 体育文化导刊，2012（11）：5-8.

② 胡晓辉. 区域经济弹性研究述评及未来展望[J]. 外国经济与管理，2012，34（8）：64-72.

③ 庄国波，景步阳. 人工智能时代城市的"韧性"与应急管理[J]. 南京邮电大学学报：社会科学版，2019，21（4）：20-30.

④ Sanchez A X, Osmond P, Jeroen V. Are some forms of resilience more sustainable than others?[J]. Procedia Engineering, 2017, 180: 881-889.

⑤ 朱小龙. 我国体育彩票业政府规制改革思路[J]. 武汉体育学院学报，2012，46（12）：34-38.

⑥ 贾清皓，陈金盈. 两岸体育彩票公益金使用情况研究[J]. 体育文化导刊，2014（4）：103-105.

体育训练基地是提升竞技体育水平的重要保障，为专业运动队提供高标准的训练设施及优质的后勤保障工作①。因此选择体育场馆经费支出、新增体育场地面积和国家级高水平后备人才培养基地数反映基础设施的调控情况。

（四）人力资源调控因素

竞技体育的人力资源指的是在体育系统内具有专业体育知识、专业体育技能、专业体育实力、专业体育竞技水平等的竞技体育人才，包括运动员、教练员、裁判员等。竞技体育的发展是以竞技体育人才为基础和前提，竞技体育人力资源的管理和调控对推动竞技体育快速、健康和可持续发展至关重要②。因此选择等级运动员发展人数、等级教练员发展人数和等级裁判员发展人数反映人力资源调控的情况。

（五）后备人才调控因素

竞技体育后备人才培养长期以来受到关注，直接影响竞技体育的发展，新时代中国特色体教融合的提出为我国竞技体育后备人才培养走出困境、走向高质量发展指明了方向③。随着部分业余体校更名为体育传统项目学校以后，来自教育系统的体育传统项目学校逐步成为竞技体育后备人才培养的重要保障④。由于竞技体育后备人才培养长期坚持工具主义的价值导向，弱化了青少年参与竞技体育的期望，使得竞技体育后备人才储备萎缩，因此应提高青少年的比赛参与率，提高竞技体育后备人才储备⑤。因此选择体育传统项目学校数量、青少年运动员注册人数和青少年比赛参与人数反映后备人才调控的情况。

---

① 陈元欣，郑芒芒，张强，等. 新时代我国体育场地设施高质量发展的价值意蕴与行动方略[J]. 天津体育学院学报，2022，37（6）：704-710.

② 储龙霞，洪国武，万一春，等. 我国竞技体育人力资源管理研究[J]. 体育文化导刊，2013（1）：5-7.

③ 刘波，郭振，王松，等. 体教融合：新时代中国特色竞技体育后备人才培养的诉求、困境与探索[J]. 体育学刊，2020，27（6）：12-19.

④ 张祥府，代刚. 我国青少年竞技体育后备人才培养的区域化发展：集中度分析与梯度发展策略研究[J]. 体育科学，2021，41（8）：53-60.

⑤ 马德浩. 竞技体育后备人才培养的域外经验与中国镜鉴——以英、美、俄为例[J]. 中国体育科技，2022，58（9）：46-51.

（六）科技创新因素

在面对日趋复杂多变，且具有不确定性的风险的扰动时，人们在应对城市竞技体育系统危机时，可能面对未知的困难，因此学习创新能力将尤显重要。在城市竞技体育系统中这种学习创新能力主要表现在科技创新，体现在城市竞技体育系统科学技术水平。因此选择竞技体育备战攻关项目数量和竞技体育科技成果项目数反映竞技体育的科技创新情况。

第二节　我国超大城市竞技体育发展影响因素的作用机制

一、我国超大城市竞技体育发展影响因素作用机制理论模型构建

（一）影响因素间的关系假设

本部分通过城市竞技体育发展各影响因素间的相互作用关系进行梳理，构建城市竞技体育发展影响因素作用机制的理论模型，用以分析城市竞技体育发展影响因素间的作用关系。大多数学者利用因果分析来分析社会和经济等领域变量的作用关系，因果关系从"原因-结果"视角分析客观事物的普遍联系。DPSIR 模型属于因果模型，欧洲环境署对 DPSIR 模型中的驱动力（D）、压力（P）、状态（S）、影响（I）和响应（R）5 个要素间的关系进行了因果解析[①]。本研究根据中外学者对 DPSIR 模型中各影响因素的关系的研究成果，结合我国城市竞技体育发展系统韧性的特征及各影响因素的划分，提出驱动力因素、压力因素、状态因素、影响因素和响应因素相互间的作用的关系假设。

1. 驱动力（D）因素与其他因素间的关系假设

驱动力是影响城市竞技体育发展的根本因素，也是推动和制约城

---

① Righi S, Smeets E, Weterings R. Environmental indicators: Typology and overview.1999[M]. Copenhagen: European Environment Agency, 1999.

市竞技体育发展的关键。外部社会环境以及内部竞技体育资源要素通过间接或直接的方式作用于城市竞技体育系统，阻碍城市竞技体育系统的正常运行，对其系统造成一定压力（P），进而制约城市竞技体育的发展。综上所述，提出假设 H1，如表 7-1 所示。

2. 压力（P）因素与其他因素间的关系假设

压力指的是城市竞技体育在发展过程中，阻碍城市竞技体育发展，施压于城市竞技体育系统内部，促使城市竞技体育发展发生变化的因素，这些因素给城市竞技体育发展带来的直接或间接的风险。由于当前社会经济发展环境的复杂多变，使我国各城市和地区的竞技体育发展过程中不仅面临着竞技体育财政预算的萎缩、运动员教育和退役安置、教练员的培养质量以及竞技体育道德失范的直接压力。同时也面临着经济增速下降、人口老龄化趋势增加以及如新冠疫情等公共卫生事件和极端天气等自然灾害风险，间接对城市竞技体育发展施加压力。这些直接和间接的压力不仅会抑制驱动力对城市竞技体育发展的推动，而且会使状态（S）面临风险，即可能出现竞技体育成绩下滑、竞技体育发展和城市居民对竞技体育需求之间矛盾的加剧。综上所述，提出假设 H2，如表 7-1 所示。

3. 状态（S）因素与其他因素间的关系假设

状态指城市竞技体育发展的状况，是在驱动力和压力的共同作用下城市竞技体育发展的实际情况，能够通过竞技体育成绩、职业体育发展、大型体育赛事举办情况直观体现。阻碍城市竞技体育发展的因素越少，其状态就可能越好。因此，其一，状态是对压力的反馈；其二，城市竞技体育发展的状态也是对驱动力的反映和表征，即城市竞技体育发展的状态越好，表示城市竞技体育系统的基础资源要素储备越丰富，城市竞技体育未来的发展趋势也越好；其三，城市竞技体育发展对群众体育、竞技体育、体育产业、体育文化和体育外交具有引领作用，起到正向的作用。综上所述，提出假设 H3，如表 7-1 所示。

4. 影响（I）因素与其他因素间的关系假设

群众体育、竞技体育、体育产业、体育文化、体育外交作为《体育强国建设纲要》的五大战略任务，其相互依存又相互影响，城市竞技体育发展不仅影响群众体育、体育产业、体育文化和体育外交的发展，群众体育、体育产业、体育文化和体育外交又反作用于竞技体育的发展。其一，群众体育、体育产业、体育文化和体育外交可以为竞技体育发展直接提供所需要的人才、资金、文化等资源要素，与驱动要素共同推动竞技体育发展。其二，群众体育、体育产业、体育文化和体育外交可以作为一种响应手段，推动竞技体育发展。其三，群众体育、体育产业、体育文化和体育外交作为一种响应手段，减小消除阻碍竞技体育发展的压力。综上所述，提出假设 H4、H5、H6，如表 7-1 所示。

5. 响应（R）因素与其他因素间的关系假设

响应与影响共同组成反馈组件，通过响应本身或反馈组件对驱动力、压力、状态和影响进行反馈。城市竞技体育相关政府管理部门通过采取一系列调控措施控制竞技体育发展所需的基础资源要素（驱动力），减小消除阻碍竞技体育发展的因素（压力），改善恢复竞技体育发展所要达到的目标（状态），影响群众体育、体育产业、体育文化和体育外交的发展（影响）。在城市竞技体育发展的过程中，响应指的是城市竞技体育主体在面对城市竞技体育状态发生变化时而采取的调控措施，是竞技体育发展主体通过调配竞技体育资源要素，克服竞技体育发展过程中的阻力，主动对其自身内部系统进行调节，旨在使竞技体育的发展适应社会经济发展的变化，实现创新发展。"响应"过程也是城市竞技体育系统提升自身适应及学习能力的过程。综上所述，提出假设 H7、H8、H9，如表 7-1 所示。

表 7-1　我国超大城市竞技体育发展影响因素间的假设关系

序号	对应研究内容	假设	假设内容
1	考察驱动力因素的作用机理	假设 H1	驱动力因素负向作用于压力因素
2	考察压力因素的作用机理	假设 H2	压力因素负向作用于状态因素
3	考察状态因素的作用机理	假设 H3	状态因素正向作用于影响因素
4	考察影响因素的作用机理	假设 H4	影响因素正向作用于驱动力因素
5		假设 H5	影响因素正向作用于响应因素

序号	对应研究内容	假设	假设内容
6		假设 H6	影响因素负向作用于压力因素
7	考察响应因素的作用机理	假设 H7	响应因素正向作用于驱动力因素
8		假设 H8	响应因素负向作用于压力因素
9		假设 H9	响应因素正向作用于状态因素

（二）我国超大城市竞技体育发展影响因素的作用机制模型

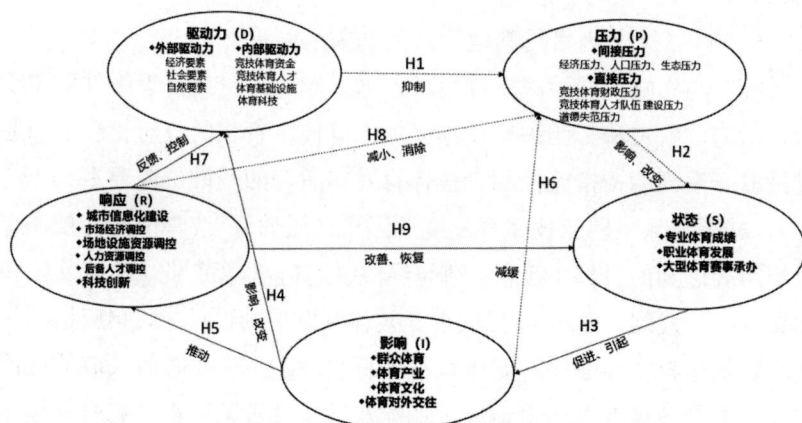

图 7-1　我国超大城市竞技体育发展影响因素作用机制的理论模型

　　本研究基于我国超大城市竞技体育发展影响因素间的相互作用关系假设构建了如图 7-1 所示的我国超大城市竞技体育发展的理论模型。通过理论模型显示：第一，我国城市竞技体育发展的驱动力因素是推动城市竞技体育发展的源头。城市的发展为竞技体育发展提供了必要的资源要素，进而推动城市竞技体育的发展，改变城市竞技体育的发展状态。第二，驱动力因素引发压力因素的改变。在我国城市化进程中，各种资源要素不仅直接对竞技体育发展产生冲击和压力，竞技体育资源要素的"粗放式"投入，也使得大量资源浪费，同样将对竞技体育的发展产生冲击和压力。第三，状态因素作为整个系统的表征因素，直接受到驱动力和压力因素的影响。第四，我国城市竞技体育发展的状态因素不仅影响因素，群众体育、体育产业、体育文化和体育外交系统产生影响，同时，群众体育、体育产业、体育文化和体育外交的发展又会反作用于竞技体育的发展，从而改变竞技体育发展的状态。第五，响应因素受到驱动力、压力、状态和影响因素的影响，反映出管理者对城市竞技体育发展的反馈能力。通过对 DPSIR 模型下城市竞技体育发展影响因素间相互关系的分析，可以认为驱动力、压力、状态、影响、响应各因素之间并不是孤立的过程，而是相互联系、互为制约的关系。这些作用关系形成了我国超大城市竞技体育发展的作用机理，基于这些作用关系，构建了我国超大城市竞技体育发展影响因素作用机制的理论模型。

二、上海市竞技体育发展影响因素的作用机制检验

（一）数据及模型检验

本研究采用内部一致性信度对指标体系进行信度检验。内部一致性信度采用 Cronbach'a 作为衡量指标，通常要求 Cronbach'a 的数值大于 0.6[①]。本研究使用上海市的数据对城市竞技体育发展影响机制的理论模型进行检验，检验结果如表 7-2 所示，理论模型中的 5 个因子的 Cronbach'a 值分别为 0.929、0.758、0.746、0.938 和 0.819 均大于 0.6，该结果表明城市竞技体育发展影响机制的理论模型具有较高的信度。相关分析是研究现象之间是否存在某种依存关系的一种统计方法，如果两个变量之间的相关程度不高，拟合回归方程便没有意义，因此，相关分析是为后续研究假设的检验提供的前提基础。本研究将驱动力因素、压力因素、状态因素、影响因素和响应因素进行两两因素的相关性分析，数据汇总如表 7-2 所示，结果显示各变量之间存在显著相关，可以进行下一步的路径分析。

---

① Petter S, Straub D, Rai A. Specifying formative constructs in information systems research[J]. Management Information Systems Research Center, 2007, 31 (4): 623-656.

表 7-2　上海市竞技体育发展影响因素作用机制理论模型的检验结果

因子	判别矩阵					信度检验
	D	P	S	I	R	Cronbach'a
D	1					0.929
P	-0.597**	1				0.758
S	0.005	-0.454*	1			0.746
I	0.859**	-0.688**	0.254	1		0.938
R	0.767**	-0.885**	0.274	0.797**	1	0.819

注：*表示 $p<0.05$，**表示 $p<0.01$。

（二）模型分析及假设检验

本研究采用相关性分析对影响上海市竞技体育发展的驱动力、压力、状态、影响和响应 5 个影响因素之间的假设关系进行验证。通过相关性分析，由表 7-2 和图 7-2 可以看出：

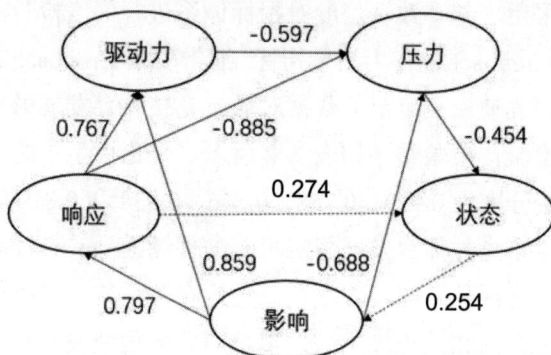

图 7-2　上海市竞技体育发展影响因素作用机制的检验结果

1. 驱动力对压力的路径系数为-0.597，$P<0.01$，表明上海市竞技体育驱动力因素对压力因素具有负向的显著影响，研究假设 H1 得到了验证。

2. 压力对状态的路径系数为-0.454，$P<0.05$，表明上海市竞技体育压力因素对状态因素具有负向的显著影响，研究假设 H2 得到了验证。

3. 状态对影响的路径系数为 0.254，$P>0.05$，表明上海市竞技体育状态因素对影响因素不具有正向的显著影响，研究假设 H3 被拒绝。

4. 影响对驱动力的路径系数为 0.859，$P<0.01$，表明上海市竞技体育影响因素对驱动力因素具有正向的显著影响，研究假设 H4 得到了验证。

5. 影响对响应的路径系数为 0.797，$P<0.01$，表明上海市竞技体育影响因素对响应因素具有正向的显著影响，研究假设 H5 得到了验证。

6. 影响对压力的路径系数为-0.688，$P<0.01$，表明上海市竞技体育影响因素对压力因素具有负向的显著影响，研究假设 H6 得到了验证。

7. 响应对驱动力的路径系数为 0.767，$P<0.01$，表明上海市竞技体育响应因素对驱动力因素具有积极正向的显著影响，研究假设 H7 得到了验证。

8. 响应对压力的路径系数为-0.885，$P<0.01$，表明上海市竞技体育响应因素对压力因素具有负向的显著影响，研究假设 H8 得到了验证。

9. 响应对状态的路径系数为 0.274，$P>0.05$，表明上海市竞技体育响应因素对状态因素不具有正向的显著影响，研究假设 H9 被拒绝，可能的原因是响应因素通过影响压力因素实现了间接影响了状态，而没有通过状态的直接影响。

三、上海市竞技体育发展影响因素的作用机制

（一）驱动力因素的作用机制

"驱动力"是上海市竞技体育发展的动力源。"驱动力"对"压力"的负向作用是上海市竞技体育发展系统要素间相互作用的原动力。上海市竞技体育发展资源的积累产生的驱动力对压力的影响较大（0.597），表明上海市竞技体育发展资源要素的累积会降低城市竞技体育系统的压力，使整个系统更加稳定。

（二）压力因素的作用机制

"压力"是不同路径对上海市竞技体育发展韧性产生影响的转换器。"压力"对"状态"的负向影响是构成上海市竞技体育发展作用机理的必要条件。上海市竞技体育发展中的"压力"不仅对"状态"产生一定的影响（0.454），同时会对"影响"产生较大的影响（0.688），表明上海市竞技体育发展中的压力不仅对竞技体育状态产生一定的负面影响，同时会对群众体育、体育产业、体育文化和体育对外交往领域产生较大的负面影响，这种影响是相互的。

（三）状态因素的作用机制

"状态"是上海市竞技体育发展韧性的映像元，反映了上海市竞技体育发展的现实状态。"状态"对"影响"的假设路径未通过检验，表明当前上海市的竞技体育发展并未与群众体育、体育产业、体育文化和体育对外交往领域产生很好的互动，未能实现全面协同发展。

（四）影响因素的作用机制

"影响"是上海市群众体育、体育产业、体育文化和体育对外交往领域的发展对上海市竞技体育发展的调节器，起到调节的作用。上海市竞技体育发展因素中，"影响"对"响应"和"驱动力"的路径系数较高，分别为 0.797 和 0.859，表明上海市的群众体育、体育产业、体育文化和体育对外交往领域的发展可以对政府采取的响应措施和上海市竞技体育的内外环境产生强大的调节作用，可以有效助推上海市竞技体育发展系统韧性的提升。

（五）响应因素的作用机制

"响应"是上海市竞技体育系统受到干扰的缓冲器，起到缓解系统风险的作用。上海市竞技体育发展系统中响应因素对驱动力因素产生显著的正向作用，路径系数分别为 0.767，表明上海市竞技体育发展的调节措施对上海市竞技体育所需资源要素的积累起到较强的推动作用。同时"响应"对上海市竞技体育发展系统中的压力因素产生较强负向影响（0.885），表明上海市竞技体育发展的调节措施可以有效降低上海市竞技体育发展系统中的"压力"。响应因素对状态因素的正向作用没有通过假设检验，表明目前上海市对竞技体育发展的调节措施并没有对其状态起到有效提升作用，措施的针对性还不够，缺乏一定的实效性。

第三节　本章小结

本章基于韧性理论和 DPSIR 模型分析了我国超大城市竞技体育发展的影响因素，并梳理了影响因素间的相互作用关系，提出了影响因素间的关系假设，构建了我国城市竞技体育发展影响因素的作用机制的理论模型，对上海市竞技体育发展影响因素的作用机制进行分析。结果显示：（1）我国超大城市竞技体育发展影响因素分为驱动力因素、压力因素、状态因素、影响因素和响应因素。（2）驱动力因素是上海市竞技体育发展的动力源，上海市竞技体育发展的驱动力因素对压力因素的影响较大（0.597）。（3）压力因素是不同路径对上海市竞技体育发展产生影响的转换器。上海市竞技体育发展中的压力因素不仅对状态因素产生一定的影响（0.454），同时会对影响因素产生较大的影响（0.688）。（4）状态因素是上海市竞技体育发展的映像元。状态因素对影响因素的假设路径未通过检验，表明当前上海市的竞技体育发展并未与群众体育、体育产业、体育文化和体育对外交往领域产生很好的互动，未能实现全面协同发展。（5）影响因素是上海市群众体育、体育产业、体育文化和体育对外交往领域的发展对上海市竞技体育发展的调节器。影响因素对响应因素和驱动力因素的路径系数较高，分别为 0.797 和 0.859。（6）响应因素是上海市竞技体育系统受到干扰的缓冲器，起到缓解上海市竞技体育发展系统风险的作用。上海市竞技体育发展系统中响应因素对驱动力因素产生显著的正向作用，路径系数分别为 0.767。响应因素对上海市竞技体育发展系统中的压力因素产生较强负向影响（0.885）。响应因素对状态因素的正向作用没有通过假设检验，表明目前上海市政府部门对竞技体育发展的调节措施并没有对竞技体育发展的状态起到有效提升作用，措施的针对性还不够，缺乏一定的实效性。

第八章　我国超大城市竞技体育发展的 提升策略

韧性理论下城市竞技体育的发展不仅是一种对待变化和风险的应激反应，更是长期发展下城市竞技体育演进与创新变革的纵膈能力。本研究基于韧性理论构建了我国超大城市竞技体育发展的基本研究框架，并在此基础上进行了理论和实证分析，研究表明上海市作为我国超大城市其竞技体育的发展是具有韧性的，且这一韧性在未来是呈上升趋势的，具体看来，一是这一韧性在一定的压力与条件变化下仍然体现出自身鲜明的特征，呈现坚实稳定而又能动适应的表现；二是这一韧性是在不断变化中被强化的，不是一成不变的，具有一定的创新提升优势；三是城市竞技体育发展各影响因素不是孤立的，而是相辅相成，形成了一个紧密的联系。

作为我国超大城市，当前上海市竞技体育发展环境等因素处于不断变化的状态，涉及领域也不断细化和深刻，竞技体育领域"变"的因素增多且越来越复杂，这些变化具有长期性、联动性和累积性等特点，如果应对不当，将影响到上海市竞技体育高质量发展的进程。这些变化和挑战的增多要求我们要以短期见长期，以战略性的眼光在变化中寻求机遇和确定性趋势，解决超大城市竞技体育发展过程中所有具体领域中"卡脖子"的地方，实现超大城市竞技体育"有韧性"的发展。

第一节　"保持并夯实"竞技体育发展中的基础 稳定性

"基础"可以被看作"墙下之土、柱下之石"，城市竞技体育的发展需要有稳定的基础因素保障，即推动城市竞技体育不断发展的"驱动力"。通过分析"外部社会环境驱动力"和"内部竞技体育资源驱动力"可以看到，上海市竞技体育发展的"驱动力"或者说基础性能力还是非常扎实的。但同时需要注意的是，伴随着城市经济转向高质量的发展，现实数据表明"驱动力"指标不是固化的，具有相对稳定的波动，改变需要一定的时间，有些指标还存在很大的价值提升空间。因此，在上海市内外部环境发展变化和风险叠加的环境中，要做到不断夯实上海市竞技体育发展的基础稳定性能力，即在发挥其他基础优势的前提下注重价值提升。要清楚地界定上海市竞技体育发展所处的阶段性要求，一方面以上海市质量型全面的优势资源促进内外环境资源要素的价值转化，催化竞技体育内在的潜力，为上海市竞技体育发展提供有机土壤。另一方面需要以系统性机制关联筑牢城市竞技体育风险防范的关键堤坝，即以系统性视角从机构、机制、政策角度出发建设上海市竞技体育风险防范堤坝，特别是关键隐形风险，从而为上海市竞技体育发展有关的基础领域筑起一道墙。

一、以质量型全面优势促进内外环境资源要素的价值转化

毋庸置疑，上海市竞技体育的不断发展与自身内部环境资源因素密不可分，除此之外，外部环境资源也是影响上海市竞技体育发展的一个关键要素。上海市竞技体育发展的前提条件是具有良好的外部环境，良好的外部环境更是上海市竞技体育繁荣昌盛的坚强后盾，我们首先要促进外部环境资源和城市竞技体育发展互动协调，从经济社会中汲取资金、人才、信息教育、科技等优质资源的营养，通过教育、技术、创新和机制等方面实现自然资源的有效转换和促进人力资源整体素质的全面提升。同时，通过竞技体育的高质量发展反哺城市经济社会的发展，使竞技体育成为推动城市发展的引擎，实现竞技体育与社会经济的融合发展。其次，建立举国体制与市场经济融合发展的方式，进一步促进竞技体育系统、群众体育系统、教育系统、产业系统等相关系统间的衔接与协同，竞技体育资源的有序流动与集聚。

二、以系统性机制关联筑牢城市竞技体育风险防范的关键堤坝

随着现代化和全球化的发展，上海市竞技体育从 20 世纪 90 年代就开始市场化和社会化的发展，然而当前竞技体育市场化和社会化进程仍较为缓慢和不彻底，也给竞技体育领域带来了诸多如政治、经济、制度、技术、管理、赛事等方面的风险。城市竞技体育系统属于社会生态系统的一部分，其结构和功能的变化与我国城市社会整体结构和功能的变化是紧密相连的，一旦竞技体育发展与城市社会发展不一致，这种变化一般会给系统和子系统本身带来不协调的可能性，以至于风险的产生，因此，城市竞技体育的这种风险是一种系统性的风险。

面对城市竞技体育这种系统性风险，上海市首先要以系统性的思维去应对，在全局的基础上把握城市竞技体育发展的总体趋势，把握每一个环节，防止节点的断裂。由于非线性变化和复杂性关联已成为开放型，上海、北京、深圳等超大城市的竞技体育系统风险存在和蔓延的根本影响因素，从上海市竞技体育主体长期建设来讲，消除风险最根本的办法是保持竞技体育的持续发展，用制度改革创新方式彻底阻隔风险可能蔓延的各类渠道。持续加强对于竞技体育风险的预判、分析、应对和处置，夯实并增强风险免疫的城市竞技体育基础稳定性能力和风险防范的管理能力。同时，上海市竞技体育管理部门应建立跟踪评估的动态反应机制，并时刻监控现存状态及其影响，尽快建立起分级响应的竞技体育系统风险预警机制，强化多部门的协同发展能力，全力防范风险。

第二节 "优化并延展"城市竞技体育发展中的结构性

上海市竞技体育不断顺应经济社会的改革步伐，积极推进结构性改革，也取得了较为显著的成效。但竞技体育的结构是随着经济社会

的发展而处于动态的调整和变化之中的，这种调整和变化与竞技体育系统本身的发展演化、政府的政策和外界影响有着直接的相关。研究结果显示上海市竞技体育系统已经具备较强的韧性，但是，这些结构自身仍然存在一定的问题，仍有着调节和提升的空间。

一、优化城市竞技体育管理的体制结构

上海市竞技体育管理应积极顺应国家治理体系建设的需要，从单一管理不断向多元治理转变，积极打造政府主导型体制结构。竞技体育体制结构更加开放和具有活力，把政府统筹主导与社会全面参与、市场有效参与、公民自愿自觉参与融为一体。不断完善举国体制，转变政府职能、激发社会主体活力，围绕项目人才培养结构、竞赛结构等多方面进行改革。不断推进项目实体化改革，将运动项目主要业务职责移交给协会。通过政府、社会和市场等多主体的密切合作、共同参与，优化城市竞技体育体制的结构活性。

二、创新优化城市竞技体育组织结构

我国竞技体育的发展长期以来主要依靠政府主导下的资源要素驱动，凭借着政策、措施和保障等资源要素组织，通过高投入和高消费的人力、物力和财力等资源要素推动竞技体育的发展。这种高投入、高消费的政府主导下的资源要素驱动竞技体育发展的方式，为我国竞技体育事业做出了非常重要的贡献。然而，由于这种竞技体育发展的组织结构科学化程度较低，成本投入高、消费高、效率低，难以激发竞技体育发展中各主体的积极性，导致了竞技体育发展中的活性不足。本研究的结果显示，近 10 年来上海市竞技体育发展长期依靠政府的高投入驱动，竞技体育的财政投入是影响上海市竞技体育发展最主要的因素，同时优秀运动员、教练员和科研人员等人力资源要素也是影响竞技体育发展的重要因素之一。因此，需要不断优化训练、竞赛和人才培养等组织结构要素，推动竞技体育发展方式由粗放型向集约型的转变。

三、均衡城市竞技体育项目结构发展

通过研究发现，上海市竞技体育项目发展的规模、结构、效益等不均衡问题依旧存在，上海市在世界和全国大赛中优势项目仍然依赖于传统竞技体育项目，竞技体育项目布局不够科学，基础性项目和"三大球"以及冬季项目水平整体偏低，优势项目缺乏潜力，有待提升。上海市竞技体育职业化发展程度不高，尤其是"三大球"项目职业化水平与国内外其他超大城市相比存在一定差距，职业体育引领作用发挥不明显，存在明显的供给结构和水平问题。因此，上海市应对竞技体育项目做好顶层布局，均衡项目发展，综合评估各类项目的发展潜力，利用市场经济激发运动项目活力，推动运动项目转型，促进运动项目市场化、社会化和产业化发展。挖掘地方特色的运动项目，在人才和资金方面加大投入，提高科学化训练水平。职业体育发展，一要顺应时代的要求，打造高水平的职业体育俱乐部，提升职业体育产品的质量，满足城市居民日益增长的竞技体育观赏需求；二要在持续大力发展"三大球"职业联赛基础上，积极探索推进像网球、乒乓球、羽毛球等深受大众喜爱的竞技体育项目职业化发展；三要遵循职业体育发展的演化规律，形成与国家体制、城市发展相适应的高质量职业体育发展之路。

四、延展城市竞技体育发展的价值结构

根据上海市竞技体育发展因素间的作用机理结果显示，上海市的群众体育、体育产业、体育文化和体育对外交往领域的发展可以对政府采取的响应措施和竞技体育的内外环境产生强大的调节作用，可以有效助推上海市竞技体育发展。因此，要提升上海市竞技体育发展的水平，就需要延展上海市竞技体育发展的价值结构，实现竞技体育与群众体育、体育产业、体育文化和体育对外交往领域的协同发展。一是践行竞技体育的公共服务价值，推动全民健身公共服务体系的发展，通过打造更高质量的体育比赛和民间体育赛事等活动，推进竞技体育

大众化发展，使竞技体育活动融入民众生活，促进城市健康发展。二是大力发展竞技体育相关产业，推动"赛事+"的发展，助推城市产业结构调整，通过提升竞赛表演、场馆运营、职业体育、体育旅游、医疗体育等业态比重，打造多门类的职业赛事品牌，引导群众消费结构升级，为拉动城市经济发展提供持续动力，推动城市产业结构向服务化转型。三是释放竞技体育文化教育价值，通过举办各类体育博物馆参观、运动项目技能培训、健身讲座等活动，引导广大民众积极参与竞技体育活动，发挥竞技体育凝聚人心、顽强拼搏等思政教育功能，提升民众公民意识和文化素养。四是深挖竞技体育政治价值，积极与其他国家或城市地区开展多边体育交往，积极推进体育对外交往活动，通过举办各类重大国际赛事，继续发挥大型体育赛事的外交价值，促进国家和城市地区间文化交流。积极参与到国际重大赛事的申办中，提高办赛水平，打造国际精品赛事，培育本土文化的精品体育赛事。

第三节　"平衡并激活"城市竞技体育发展的创新性

经济社会的快速发展，对上海市竞技体育创新发展提出了新的要求，要全面提升竞技体育的内生动力，需要创新驱动发展。一要明确创新驱动下的竞技体育科技发展要以中国特色社会主义理论体系为指导，以追求中国特色竞技体育发展道路为目标，充分发挥竞技体育科技在促进城市体育发展中的支撑、引领和先导作用；二要不断发挥竞技体育科技攻关与服务机制的支撑作用；三要平衡竞技体育和群众体育创新发展，使竞技体育领域创新成果惠及民生；四要加强体育科技基础条件建设，发挥竞技体育科技攻关与服务的杠杆作用以及创新体育科技平台建设实现城市竞技体育的有效发展。

一、发挥竞技体育科技攻关与服务的支撑作用

首先，要重视科技支撑在竞技体育发展中的关键作用，建立体育

科技服务机制。其次，在做好基础研究和竞技体育日常训练研究的基础上，紧扣科技战术攻关、运动员全面发展、人才选拔、后备骨干培养、队伍管理以及退役就业等环节推动创新，同时做好重大赛事备战的科技助力工作。再次，要加强科技人才队伍的培养与建设工作，实施精准化的科技攻关与服务工作。最后，平衡竞技体育科技创新与群众体育科技创新，使竞技体育科技创新成果延展至大众健身、体育产业以及其他领域。

二、加强体育科技基础条件建设，创新体育科技发展平台建设

加强体育科技基础条件建设，为城市体育科技基础应用与研究提供强有力的创新平台，打造体育科技信息化建设的平台和建立重点实验室，建设体育科技创新研究实验室、体育科技产业示范园区、体育文化研究等基地。同时，积极探索官办、社团和大专院校、联合创新和服务机制，推动体育科技产学研的一体化建设，提高体育科技的创新能力，激发高等院校、科学研究所以及科技型体育企业等科技创新主体的活力，让学校、研究所和企业的资源通过有效的协同合作而竞相迸发，打通体育科技创新和其创新成果的转化和推广的战略壁垒，使创新成果尽快进入企业生产领域，带动城市的体育产业优化升级，使体育科技的城市经济和社会效益得到充分发挥。

第四节　"增强并完善"城市竞技体育发展的制度性

只有通过解决制度性问题，才能设计出合理的制度性响应措施，保持城市竞技体育发展中各项工作按规划进行，最终实现城市竞技体育持续平稳的发展。制度所具备的能量形成了一个有机系统，内嵌制度制定者的目标偏好、核心利益、策略的选择和发展能力，这一有机系统是在长期社会变化中受到内外环境的影响，尤其是大变革大发展

的时代，系统性的压力集合和突发性的危机风险交织，对一个国际或城市地区的制度能力提出了挑战，只有科学的积极的制度建设，才能降低"风险"和促进"发展"。上海市竞技体育在循序渐进的改革中始终能够保持平稳发展，得益于自身在竞技体育实践领域形成的制度学习、调适能力。通过研究发现，当前上海市竞技体育发展的响应水平跟其他几个维度水平相比提升较为缓慢，因此，竞技体育相关管理部门面对当下复杂多变的环境背景下，应重新审视自身的制度能力，以此增强并完善竞技体育发展中的制度建设，设计出合理的制度性响应措施，增强竞技体育发展的韧性。

一、强化变化压力环境中的制度学习能力

保持城市竞技体育发展制度的优越性需要在不断的自主学习，以积极的方式应对内外环境释放出的压力因子，保障制度在变革中始终与城市竞技体育发展的目标、内容和价值取向的一致性相契合。由于上海市竞技体育发展面临着变化和不确定性，以及受到城市多因素、多方面的影响，新时代对上海市管理部门的制度适应能力提出了较强的挑战，必然会对制度设计和执行者现有的制度知识和能力形成考验。因此，竞技体育管理者必须增进制度变化响应的能力，要不断储备与更新知识体系，打通科学学习的渠道，强化竞技体育及其他相关领域制度学习的能力。与此同时，还要注重市场体制与政府行政体制等其他方面的制度均衡，只有这样，才能防止跌落于制度安排与执行中的冲突及摩擦陷阱之中，最终以制度的强有力保障推动上海市竞技体育平稳健康的发展。

二、完善复杂交织格局中的制度调适能力

目前我国城市竞技体育发展面临着越发复杂的环境，在设计和实施竞技体育发展中具体领域的制度时，时常会受到惯性理念的影响，以至于制度失效或执行断裂等现象的出现。因此，在原则性和根本性的制度框架下，需要不断增强政府客观条件变化下对原有制度调整、

补充和纠错的能力。其一，要在制度建设的初期建构合理的价值目标体系，且各个价值目标之间需要避免产生抑制和冲突，要相互协调，听取广泛的社会各参与主体的声音，在良性的互动下，充分且有效地实现整体的目标价值；其二，要在制度实施的过程中选择适合的发展路径与策略，以便于为后续的制度调整或纠错预留较为宽裕的时间与空间，要始终做好制度的渐进性调适、总结与反馈；其三，要在制度调适时做好制度的对接与衔接性的安排，防止竞技体育出现断层等问题，避免出现"旧未破新已立"的现象，防止新旧制度之间产生冲突，避免制度真空等结构性断裂现象的发生，注重不同制度之间的互补，减缓制度性风险的发生，实现制度间的平滑对接；四是形成政府、市场和社会三方共生的合作模式，目前上海市已不存在全能型政府治理模式，市场对资源调配的决定性作用也逐渐得到发挥，竞技体育治理中的社会力量参与度也在不断地提高，但是政府、市场和社会三者之间的规范协调模式还需要进一步去协调，因此，还需要根据各城市竞技体育发展的需要，采用合理的政策工具对制度进行灵活的调整，提升治理绩效。

第五节　本章小结

本章结合全文前述章节研究内容，在理论与实证分析基础上，提出了我国超大城市竞技体育发展的提升策略。新发展阶段要想提高超大城市竞技体育发展的韧性，首先，应"保持并夯实"城市竞技体育发展中的基础稳定性，以质量型全面优势促进竞技体育内外环境资源要素的价值转化，以系统性机制关联筑牢城市竞技体育风险防范的关键堤坝。其次，"优化并延展"城市竞技体育发展中的结构性，体制结构从政府单一管理向多元治理转变，组织结构从粗放型向集约型转变，项目结构向职业化市场化转变，价值结构从一元向多元化转变。再次，"平衡并激活"城市竞技体育发展的创新性，充分发挥创新科学技术在竞技体育发展中的关键作用，加强体育科技基础条件建设，创新体育科技发展平台。最后，"增强并完善"城市竞技体育发展的制度性，强化管理者在变化压力环境中的制度学习能力，完善在城市复杂交织环境中的制度调适能力。

参考文献

[1] 白银龙, 舒盛芳, 许海峰, 等. 世界竞技体育强国运动员保障经验及启示[J]. 体育文化导刊, 2021(1): 81-87.

[2] 鲍明晓, 李元伟. 转变我国竞技体育发展方式的对策研究[J]. 北京体育大学学报, 2014(1): 9-23.

[3] 鲍明晓. "十四五"时期我国体育发展内外部环境分析与应对[J]. 体育科学, 2020, 40(6): 3-8,15.

[4] 鲍明晓. 当前中国体育发展的内外环境分析[J]. 成都体育学院学报, 2022, 48(2): 1-5.

[5] 鲍明晓. 新时代体育强国建设六大战略意义[J]. 体育学研究, 2018, 1(3): 1-4.

[6] 鲍明晓. 职业体育改革与发展的中国路径[J]. 体育科研, 2010, 31(3): 24-33.

[7] 蔡玉军, 邵斌, 董宝林, 等. 基于 GIS 的上海市中心城区社区公共运动场可达性研究[J]. 体育科研, 2015, 36(2): 68-75.

[8] 蔡玉军, 邵斌, 魏磊, 等. 城市公共体育空间结构现状模式研究——以上海市中心城区为例[J]. 体育科学, 2012, 32(7): 9-17.

[9] 蔡玉军, 邵斌. 城市公共体育空间基本理论与应用研究[J]. 成都体育学院学报, 2014(3):38-42.

[10] 曾萍, 宋铁波. 基于内外因素整合视角的商业模式创新驱动力研究[J]. 管理学报, 2014, 11(7): 989-996.

[11] 陈翀, 刘源. 综合体育中心周边地区城市开发探索——以广东省奥林匹克体育中心周边地区为例[J]. 城市规划, 2009(B03): 102-108.

[12] 陈磊, 邓欣怡, 陈红坤, 等. 电力系统韧性评估与提升研究综述[J]. 电力系统保护与控制, 2022, 50(13): 12-12.

[13] 陈林华, 刘东锋. 国际体育赛事举办与我国城市国际化: 历程、经验与展望[J]. 体育科学, 2019, 39(11): 15-25.

[14] 陈林华, 薛南, 王跃. 欧美体育城市的评价指标体系探讨[J]. 体育与科学, 2011(2): 18-22.

[15] 陈林会, 刘青. 我国竞技体育传统优势项目可持续发展的文化支撑[J]. 北京体育大学学报, 2014(6): 8-15.

[16] 陈颀, 殷樱, 夏崇德. 社会人口结构与竞技体育关系研究[J]. 武汉体育学院学报, 2006, 40(12): 8-8.

[17] 陈颀. 中国区域竞技体育发展的外部环境综合测评与分类特征[J]. 西安体育学院学报, 2013(3): 267-274.

[18] 陈晓红, 娄金男, 王颖. 哈长城市群城市韧性的时空格局演变及动态模拟研究[J]. 地理科学, 2020, 40(12): 2000-2009.

[19] 陈玉萍, 郭修金. 我国竞技体育与群众体育和谐共生研究[J]. 体育文化导刊, 2019(9): 20-25.

[20] 陈元欣, 郑芒芒, 张强, 等. 新时代我国体育场地设施高质量发展的价值意蕴与行动方略[J]. 天津体育学院学报, 2022, 37(6): 704-710.

[21] 陈作松, 吴瑛, 缪律. 深化体教融合背景下我国运动员选材和培养的发展机遇与创新策略[J]. 武汉体育学院学报, 2021, 55(9): 74-78.

[22] 程宇飞. 新时代我国竞技体育与群众体育共生发展研究[J]. 广州体育学院学报, 2020, 40(4): 6-9.

[23] 储龙霞, 洪国武, 万一春, 等. 我国竞技体育人力资源管理研究[J]. 体育文化导刊, 2013(1): 5-7.

[24] 辞海编辑委员会. 辞海[M]. 上海: 上海辞书出版社, 1999: 1348.

[25] 崔李明, 杨桃. 新发展阶段下我国竞技体育治理体系改革的推进路径[J]. 西安体育学院学报, 2022, 39(5): 561-569.

[26] 戴健, 焦长庚. 全球著名体育城市构建的内在逻辑与优化路径——基于上海体育名城建设的分析[J]. 体育学研究, 2019, 2(3): 8-18.

[27] 邓万金, 张雪芹. 我国竞技体育核心竞争力指标体系构建研究[J]. 成都体育学院学报, 2011, 37(2): 31-35.

[28] 邓雪, 李家铭, 曾浩健, 等. 层次分析法权重计算方法分析及其应用研究[J]. 数学的实践与认识, 2012, 24(7): 93-100.

[29] 丁一, 戴健. 核心评价指标体系框架下纽约体育发展现状研究及其对上海的启示[J]. 西安体育学院学报, 2019, 36(4): 385-392.

[30] 丁一, 戴健. 伦敦建设全球著名体育城市的指标维度分析与启示[J]. 上海体育学院学报, 2019, 43(1): 65-71.

[31] 丁一, 姚颂平. 美国职业体育俱乐部与城市发展相互关系研究——基于 20 世纪 90 年代以来的数据分析[J]. 成都体育学院学报, 2012, 38(10): 26-30.

[32] 董增刚. 城市学概论[M]. 北京: 北京大学出版社, 2013: 1.

[33] 段亚林. 韧性社区:突发事件风险治理新向度[J]. 甘肃行政学院学报, 2021(2): 11-11.

[34] 范柏乃, 马庆国. 国际可持续发展理论综述[J]. 经济学动态, 1998(8): 65-68.

[35] 范中洲, 赵羿, 周宁, 等. 基于灰色 BP 神经网络组合模型的水上交通事故数预测[J]. 安全与环境学报, 2020, 20(3): 857-861.

[36] 甘荔桔, 李成梁. 新时代中国竞技体育系统联动的生成逻辑、现实审视与推进路径[J]. 沈阳体育学院学报, 2022, 41(6): 90-96.

[37] 巩庆波, 吴瑛, 胡宗媛. 竞技体育制度变迁背景下教练员权利保障研究[J]. 体育科学, 2018, 38(2): 74-81.

[38] 辜德宏, 吴贻刚, 陈军. 我国竞技体育内生式发展方式的概念、分类、内涵与特征探析[J]. 天津体育学院学报, 2012, 27(5): 382-385.

[39] 辜德宏. 竞技体育发展方式构成要素与结构模型分析[J]. 沈阳体育学院学报, 2016(2): 44-51.

[40] 辜德宏. 我国竞技体育发展方式转变的逻辑起点辨析[J]. 天津体育学院学报, 2015, 30(5): 383-387.

[41] 辜德宏. 我国竞技体育发展中社会和市场力量的作用及优化策略研究[J]. 体育科学, 2022, 42(2): 10-10.

[42] 郭轶群, 苏明理. 中国竞技体育发展中的制度变迁与利益分配——基于"三角互动"制度变迁模型[J]. 西安体育学院学报, 2012, 29(5): 535-539.

[43] 郭振, 王松, 阿柔娜, 等. 改革开放 40 年我国体育与生态环境研究述评[J]. 体育学刊, 2020, 27(4): 84-90.

[44] 国务院办公厅. 体育强国建设纲要. 国办发〔2019〕40 号[EB/OL]. (2019-09-02)[2023-09-10]. http://www.gov.cn/zhengce/content/2019-09/ 02/content_5426485.htm.

[45] 韩冬, 王旭, 沈建刚. 体育对提高我国现代化大都市市民素质的作用[J]. 上海体育学院学报, 2007, 31(3): 20-23.

[46] 韩冬. 体育促进我国大城市市民素质提高的实证研究——以北京、上海和沈阳为例[J]. 体育科学, 25(6): 87-93.

[47] 郝欣, 秦书生. 复合生态系统的复杂性与可持续发展[J]. 系统科学学报, 2003(4): 23-26.

[48] 何亚莉, 杨肃昌. "双循环"场景下农业产业链韧性锻铸研究[J]. 农业经济问题, 2021, 502(10): 78-89.

[49] 何一民. 中国城市史[M]. 武汉:武汉大学出版社, 2012: 2.

[50] 侯叶, 杜庆. 体育建筑与城市发展的适应性策略研究[J]. 华中建筑, 2014, 32(9): 7-12.

[51] 胡小军, 旷儒. 和谐社会体育与城市的互动发展——以珠江三角洲地区江门市为例[J]. 广州体育学院学报, 2008, 28(2): 47-49.

[52] 胡晓辉. 区域经济弹性研究述评及未来展望[J]. 外国经济与管理, 2012, 34(8): 64-72.

[53] 胡雅静, 柳鸣毅, 闫亚茹, 等. 发达国家青少年体育公共服务体系研究[J]. 体育科学, 2019, 39(12): 25-33,61.

[54] 胡沾沾, 王纪武, 徐婷立, 等. 基于"后亚运效应"的韧性城市规划调控研究——以杭州市奥体博览城片区为例[J]. 建筑与文化, 2020(10): 99-102.

[55] 胡振宇. 新中国体育建筑发展历程初探[J]. 南方建筑, 2006(4): 26-29.

[56] 黄宝连. "大事件"效应与城市国际化进程[J]. 中共浙江省委党校学报, 2017(1): 88-92.

[57] 黄海燕. 新阶段, 新形势:我国体育产业发展战略前瞻[J]. 上海体育学院学报, 2022, 46(1): 20-31,51.

[58] 黄浪, 吴超, 杨冕, 等. 韧性理论在安全科学领域中的应用[J]. 中国安全科学学报, 2017, 27(3):1-6.

[59] 惠艳, 徐本力. 从北京奥运会看 2010 年广州亚运会对广州城市发展的综合效益[J]. 山东体育学院学报, 2010, 26(3): 1-7.

[60] 吉尔贝托·C. 加洛潘, 巴勃罗·古特曼, 埃克托尔·马莱塔, 等. 关于全球性贫困、持久发展和环境问题的理论研究方法[J]. 国际社会科学杂志(中文版), 1990(3): 85-108.

[61] 贾清皓, 陈金盈. 两岸体育彩票公益金使用情况研究[J]. 体育文化导刊, 2014(4): 103-105.

[62] 金校名, 李博. 中国沿海地区海洋渔业产业生态系统适应性循环过程及驱动机制[J]. 生态学报, 2021, 41(14): 5857-5867.

[63] 孔庆鹏. "同心圆"实证[M]. 南京: 江苏科学技术出版社, 2005.

[64] 雷国雄, 李声明. 经济发展方式的历史演进性与一般演进规律[J]. 广西财经学院学报, 2013, 26(6): 1-7.

[65] 李宾, 张象枢. 复合生态系统演化过程的环境影响分析[J]. 环境与可持续发展, 2009(2): 27-29.

[66] 李博, 史钊源, 韩增林, 等. 环渤海地区人海经济系统环境适应性时空差异及影响因素[J]. 地理学报, 2018, 73(6): 1121-1132.

[67] 李连刚, 张平宇, 谭俊涛, 等. 韧性概念演变与区域经济韧性研究进展[J]. 人文地理, 2019, 34(2): 1-7.

[68] 李路曲. 制度变迁的动力、特性与政治发展[J]. 学习与探索, 2013(7): 44-51.

[69] 李少朋, 赵衡, 王富强, 等. 基于 AHP-TOPSIS 模型的江苏省水资源承载力评价[J]. 水资源保护, 2021, 37(3): 20-25.

[70] 李威. 城市化视域下我国体育产业发展的机遇与挑战[J]. 山东体育学院学报, 2019, 35(1): 6-6.

[71] 李先雄, 李艳翎. 国际化体育城市评价指标体系研究[J]. 武汉体育学院学报, 2017, 51(7): 38-43.

[72] 李雪铭, 刘凯强, 田深圳, 等. 基于 DPSIR 模型的城市人居环境韧性评价——以长三角城市群为例[J]. 人文地理, 2022, 37(1): 54-62.

[73] 李亚, 翟国方, 顾福妹. 城市基础设施韧性的定量评估方法研究综述[J]. 城市发展研究, 2016, 23(6): 113-122.

[74] 李阳力, 陈天, 臧鑫宇. 围水定策——中国 31 个省份水生态韧性评价与优化战略思考[J]. 中国软科学, 2022(6): 96-110.

[75] 李崟, 胡佳澍, 黄海燕. 新时代体育发展综合评价体系构建及实证研究[J]. 体育科学, 2020, 40(7): 14-24.

[76] 李银霞, 袁修干. 改进德尔菲法在驾驶舱显示系统工效学评价指标筛选中的应用研究[J]. 航天医学与医学工程, 2006, 19(5): 368-372.

[77] 梁波, 李伟, 李峻峰. 城市承办大型体育赛事生态风险评估体系的构建研究[J]. 成都体育学院学报, 2020, 46(2): 34-41.

[78] 梁波, 张卫星, 李莉, 等. 大型体育赛事对城市生态环境的胁迫效应及应对策略研究[J]. 武汉体育学院学报, 2018, 52(5): 31-35.

[79] 梁波. 大型体育赛事承办中的城市生态风险识别及防范策略研究——基于不同利益相关者的视角[J]. 天津体育学院学报, 2019, 34(5): 425-431.

[80] 廖茂林, 苏杨, 李菲菲. 韧性系统框架下的城市社区建设[J]. 中国行政管理, 2018, 394(4): 57-62.

[81] 林显鹏. 体育场馆建设在促进城市更新过程中的地位与作用研究[J]. 城市观察, 2010(6): 5-23.

[82] 凌胜, 詹含章, 胡志贤, 等. 基于复杂网络理论的大型体育场馆运营韧性动态评估研究[J]. 城市建设理论研究, 2020, 5(14): 97-98.

[83] 刘波, 郭振, 王松, 等. 体教融合:新时代中国特色竞技体育后备人才培养的诉求、困境与探索[J]. 体育学刊, 2020, 27(6): 12-19.

[84] 刘波, 郭振, 尹志华, 等. 加快建设体育强国背景下竞技体育发展

新模式研究[J]. 体育学研究, 2023, 37(1): 22-32.

[85] 刘朝辉. 体育锻炼对大学生负性情绪的影响:自我效能感的中介作用与心理韧性的中介和调节作用[J]. 体育学刊, 2020, 27(5): 102-108.

[86] 刘德明. 我国城市体育发展及其与主要社会因素间的相关分析[J]. 南京体育学院学报(社会科学版), 2009, 23(2): 95-98.

[87] 刘东锋. 论全球体育城市的内涵、特征与评价[J]. 体育学研究, 2018, 1(4): 58-65.

[88] 刘东锋. 全球著名体育城市的演进, 特征与路径——兼论上海的目标定位与发展策略[J]. 体育科研, 2021, 42(1): 52-61.

[89] 刘仁盛, 庞立春. 我国竞技体育后备人才培养研究[J]. 中国体育科技, 2017, 53(4): 42- 47.

[90] [美]刘易斯·芒福德. 城市发展史——起源、演变和前景[M]. 倪文彦, 宋俊岭 译. 北京: 中国建筑工业出版社, 1989: 417.

[91] 刘玉亮, 张勤. 我国竞技体育在公共外交中的作用[J]. 体育文化导刊, 2012(11): 5-8.

[92] 刘志民, 虞重干, 刘炜, 等. 竞技体育可持续发展的评价指标体系[J]. 体育学刊, 2002, 9(1): 15-19.

[93] 刘中侠, 蒋诗泉. 基于灰色 GM(1,1)和 BP 神经网络组合预测模型及应用[J]. 铜陵学院学报, 2016(3): 102-104.

[94] 刘忠举. 我国城市体育规划现状、问题与对策[J]. 西安体育学院学报, 2017, 34(5): 563- 568.

[95] 柳鸣毅, 陈石, 孔年欣, 等. 体教融合视域中体育传统特色学校创建的影响因素及功能再造[J]. 体育科学, 2022, 42(3): 36-47.

[96] 柳鸣毅, 孔年欣, 龚海培, 等. 体教融合目标新指向:青少年健康促进与体育后备人才培养[J]. 体育科学, 2020, 40(10): 8-20.

[97] 卢文云. 迈向体育强国我国竞技体育发展面临的问题与对策[J]. 沈阳体育学院学报, 2020, 39(2): 75-81.

[98] 罗慧, 霍有光, 胡彦华, 等. 可持续发展理论综述[J]. 西北农林科技大学学报: 社会科学版, 2004, 4(1): 35-38.

[99] 马德浩. 竞技体育后备人才培养的域外经验与中国镜鉴——以英、美、俄为例[J]. 中国体育科技, 2022, 58(9): 46-51.

[100] 马德浩. 人口结构转变视域下的上海体育发展战略研究[J]. 体育科学, 2019, 39(4): 51-62.

[101] 马德浩. 上海竞技体育发展的机遇,挑战与对策[J]. 体育科研, 2020, 41(1): 19-28.

[102] 马德浩. 我国竞技体育人才资源萎缩的原因探析与应对策略[J]. 体育与科学, 2016(5): 98-104,83.

[103] 马德浩. 新中国成立 70 年我国竞技体育发展方式演进历程与展望[J]. 中国体育科技, 2021, 57(1): 4-11.

[104] 马世骏, 王如松. 社会-经济-自然复合生态系统[J]. 生态学报, 1984(1): 3-11.

[105] 马世骏. 现代生态学透视[M]. 北京: 科学出版社, 1990.

[106] 马文林, 郭丽平, 王海婷, 等. 社区生态系统气候韧性概念及评估研究[J]. 生态经济, 2023, 39(3): 177-183.

[107] 满江虹, 邵桂华, 王晨曦. 基于 PSR 模型的我国体育场地公共服务承载力评价与空间特征[J]. 天津体育学院学报, 2018, 33(5): 369-377.

[108] 毛丰付, 郑芳, 朱书琦. 重大体育赛事对城市经济发展的影响——基于中国 70 个大中城市面板数据分析[J]. 上海体育学院学报, 2020, 44(5): 24-36.

[109] 缪惠全, 王乃玉, 汪英俊, 等. 基于灾后恢复过程解析的城市韧性评价体系[J]. 自然灾害学报, 2021, 30(1): 10-27.

[110] 缪佳, 刘叶郁. 上海竞技体育在"十三五"期间发展路径探索[J]. 体育科研, 2015, 36(3): 24-27.

[111] 缪佳. 上海竞技体育在建设全球著名体育城市中的发展探索与思考[J]. 体育科研, 2022, 43(3): 1-7.

[112] 倪京帅, 肖焕禹. 上海全球著名体育城市背景下体育文化中心的建设[J]. 体育科研, 2021, 42(1): 36-51.

[113] 倪晓露, 黎兴强. 韧性城市评价体系的三种类型及其新的发展方

向[J]. 国际城市规划, 2021, 36(3): 1-12.

[114] 欧阳志云, 王如松, 赵景柱. 生态系统服务功能及其生态经济价值评价[J]. 应用生态学报, 1999, 10(5): 635-640.

[115] 潘孝贵. 新时代竞技体育构建强国形象的路径与策略[J]. 江西社会科学, 2019, 39(12): 224-232.

[116] 彭翀, 袁敏航, 顾朝林, 等. 区域弹性的理论与实践研究进展[J]. 城市规划学刊, 2015(1): 84-92.

[117] 彭国强, 高庆勇. 新阶段竞技体育助力社会主义现代化强国建设的时代机遇与战略路径[J]. 天津体育学院学报, 2022, 37(5): 518-524.

[118] 彭国强, 杨国庆. "十四五"时期中国竞技体育的发展战略与创新路径[J]. 首都体育学院学报, 2021, 33(3): 257-267.

[119] 彭国强, 杨国庆. 新时代中国竞技体育结构性改革的特征, 问题与路径[J]. 武汉体育学院学报, 2018, 52(10): 5-12.

[120] 彭天杰. 复合生态系统的理论与实践[J]. 环境科学丛刊, 1990, 11(3): 1-98.

[121] 齐书春, 城市体育和谐发展研究[M]. 西安: 西北工业大学出版社, 2015.

[122] 钱少华, 徐国强, 沈阳, 等. 关于上海建设韧性城市的路径探索[J]. 城市规划学刊, 2017(S1): 109-118.

[123] 全国体育学院教材委员会. 体育理论[M]. 北京: 人民体育出版社, 1981.

[124] 全国体育学院教材委员会. 运动训练学[M]. 北京: 人民体育出版社, 1990.

[125] 全美艳, 陈易. 国外韧性城市评价体系方式简析[J]. 住宅科技, 2019, 39(2): 1-6.

[126] 任波. 中国体育产业助力体育强国建设的战略导向, 作用机制与实施路径——基于《体育强国建设纲要》的政策解读[J]. 南京体育学院学报, 2022, 21(2): 1-10.

[127] 任海, 张佃波, 单涛, 等. 体育改革的总体思路和顶层设计研究

[J]. 体育学研究, 2018, 1(1): 1-12.

[128] 任海."竞技运动"还是"精英运动"?——对我国"竞技运动"概念的质疑[J]. 南京体育学院学报(社会科学版), 2011(6): 1-6.

[129] 上海市人民政府. 上海市国民经济和社会发展第十三个五年规划纲要 [EB/OL].(2016-01-01)[2023-09-10]. https://www.shanghai.gov.cn/nw39378/20200821/0001-39378_1101146.html.

[130] 上海市人民政府. 上海市国民经济和社会发展第十四个五年规划和二〇三五年远景目标纲要 [EB/OL].(2021-01-27)[2023-09-10]. https://www.shanghai.gov.cn/nw12344/20210129/ced9958c16294feab926754394d9db91.html.

[131] 上海市人民政府. 上海市人民政府办公厅关于印发《上海市体育发展"十三五"规划》的通知[EB/OL]. (2016-11-04) [2023-09-12]. https://www.shanghai.gov.cn/nw41355/20200823/0001-41355_50498.html.

[132] 上海市人民政府. 上海市体育事业与体育产业发展"十二五"规划 [EB/OL]. (2012-05-11)[2023-09-16]. https://www.shanghai.gov.cn/shssewzxgh/20200820/0001-22403_612826.html.

[133] 上海市体育局. 上海体育年鉴. 2015[M]. 上海: 上海科学技术文献出版社, 2016.

[134] 上海市体育局. 上海体育年鉴. 2017[M]. 上海: 上海科学技术文献出版社, 2018.

[135] 上海市体育局. 上海体育年鉴. 2018[M]. 上海: 上海科学技术文献出版社, 2019.

[136] 邵超峰, 鞠美庭. 基于 DPSIR 模型的低碳城市指标体系研究[J]. 生态经济, 2010(10): 95-99.

[137] 邵桂华, 满江虹. 基于系统动力学的我国竞技体育可持续发展能力研究[J]. 体育科学, 2010(1): 36-43.

[138] 邵桂华, 王晨曦. 竞技体育与群众体育协同发展的多主体适应行为模式研究[J]. 北京体育大学学报, 2020, 43(12): 71-83.

[139] 邵桂华. 我国竞技体育系统耗散结构形成的路径[J]. 上海体育

学院学报, 2021(5): 12-16.

[140] 邵桂华. 中国竞技体育可持续发展研究综述[J]. 沈阳体育学院学报, 2014(5): 57-63.

[141] 邵亦文, 徐江. 城市韧性:基于国际文献综述的概念解析[J]. 国际城市规划, 2015(2): 48-54.

[142] 施生旭, 童佩珊. 中国各地区产业结构优化评价及障碍因素研究——基于 DPSIR-TOPSIS 模型[J]. 河北经贸大学学报, 2020, 41(2): 54-64.

[143] 石建平. 良性循环的理论及其调控机制: 循环经济研究新视角[M]. 北京: 中国环境科学出版社, 2006.

[144] 舒盛芳, 朱从庆. 中国特色社会主义体育进入新时代的基本含义解读[J]. 沈阳体育学院学报, 2020, 39(01): 45-53.

[145] 宋忠良, 陈华伟, 贺新家. 国际体育中心城市评价指标体系构建及实证研究[J]. 河南师范大学学报（自然科学版）, 2015(5): 173-178.

[146] 孙晶, 王俊, 杨新军. 社会—生态系统恢复力研究综述[J]. 生态学报, 2007(12): 5371-5381.

[147] 孙阳, 张落成, 姚士谋. 基于社会生态系统视角的长三角地级城市韧性度评价[J]. 中国人口·资源与环境, 2017, 27(8): 151-158.

[148] 唐林俊, 宁晓骏, 李杨, 等. 基于灰色理论与BP神经网络的隧道围岩变形预测[J]. 工业安全与环保, 2021, 47(10): 88-93.

[149] 唐明凤, 吴亚芳. 基于创新生态系统视角的韧性社区建设与治理研究[J]. 湖南社会科学, 2021(1): 96-103.

[150] 唐文兵, 姜传银. 中外体育城市评价指标体系的对比研究[J]. 武汉体育学院学报, 2014, 48(5): 26-30.

[151] 田丽敏, 李赞, 熊文. 我国竞技体育市场化改革:制度变迁的阶段划分, 变迁特征及其启示[J]. 武汉体育学院学报, 2019, 53(5): 23-27.

[152] 万宇. 上海市初中生体育素质评价指标体系研究[D]. 上海: 上海师范大学, 2015: 96.

[153] 汪辉, 徐蕴雪, 卢思琪, 等. 恢复力, 弹性或韧性?——社会—生态系统及其相关研究领域中"Resilience"一词翻译之辨析[J]. 国际城市规划, 2017, 32(4): 29-39.

[154] 王宏亮, 高艺宁, 王振宇, 等. 基于生态系统服务的城市生态管理分区——以深圳市为例[J]. 生态学报, 2020, 40(23): 8504-8515.

[155] 王金星, 杨银科, 盛强. 基于改进 TOPSIS 模型的甘肃省水资源承载力评价[J]. 水电能源科学, 2022, 40(11): 35-39.

[156] 王雷, 刘国新. 地理信息技术对体育场馆可持续利用的规划研究[J]. 软件导刊, 2010(12): 113-114.

[157] 王璐, 孙润中. 基于韧性的节事设施再利用与空间耦合研究[J]. 现代城市研究, 2020, 35(4): 98-102.

[158] 王茜, 方千华. 中国竞技体育资源优化配置的突变模型与时空演进规律[J]. 成都体育学院学报, 2011, 37(1): 3640-3640.

[159] 王如松, 欧阳志云. 社会-经济-自然复合生态系统与可持续发展[J]. 中国科学院院刊, 2012, 27(3): 337-345.

[160] 王如松, 欧阳志云. 生态整合——人类可持续发展的科学方法[J]. 科学通报, 1996(S1): 47-67.

[161] 王如松, 赵景柱, 赵秦涛. 再生 共生 自生——生态调控三原则与持续发展[J]. 生态学杂志, 1989, 8(5): 33-36.

[162] 王西波. 大型体育设施与城市关系评估初探[J]. 城市建筑, 2008(11): 11-13.

[163] 王晓刚. 我国普通高等学校体育教育的社会环境压力机制研究[J]. 首都体育学院学报, 2020, 32(4): 333-337.

[164] 王雪芹, 王成新, 崔学刚. 中国城市规模划分标准调整的理性思考[J]. 城市发展研究, 2015, 22(3): 113-118.

[165] 王玉英. 我国运动员薪酬影响因素的多因素方差分析[J]. 南京体育学院学报（社会科学版）, 2016, 30(3): 112-119.

[166] 王裕雄, 王超, 周腾军, 等. 极端条件下体育经济韧性的微观行为基础:从 SARS 到新冠疫情的历史自然实验研究[J]. 北京体育大学学报, 2021, 44(4): 105-119.

[167] 王智慧, 池建. 体育强国的指标评价体系研究[J]. 北京体育大学学报, 2014(11): 15-22.

[168] 王子朴, 朱亚成. 新时代中国体育强国建设中的体育产业发展逻辑[J]. 北京体育大学学报, 2018, 41(3): 8-13.

[169] 魏婷, 张怀川, 许占鸣, 等. "十四五" 时期我国竞技体育发展目标与举措[J]. 体育文化导刊, 2021(1): 75-80.

[170] 闻新, 周露, 李翔, 等. MATLAB 神经网路仿真与应用[M]. 北京: 科学出版社, 2003: 76-78.

[171] 闻新. MATLAB 神经网络仿真与应用[M]. 北京: 科学出版社, 2003: 76-78.

[172] 吴合斌, 曹景川. 我国竞技体育职业化进程中道德失范现象的表征及应对策略研究[J]. 北京体育大学学报, 2016(8): 14-19.

[173] 吴建新, 欧阳河, 黄韬, 等. 专家视野中的职业教育校企合作长效机制设计——运用德尔菲专家咨询法进行的调查分析[J]. 现代大学教育, 2014(5): 74-84.

[174] 吴菊平, 潘玉君, 骆华松, 等. 滇中城市群城市韧性时空格局演变及动态预测研究[J]. 生态经济, 2023, 39(8): 95-105.

[175] 吴明华, 金育强, 刘亚云. "体育赛事营销" 理念与区域性中心城市国际化路径选择——以长沙为例[J]. 北京体育大学学报, 2012(4): 26-29.

[176] 吴洋宏, 周小亮, 李广昊. 新发展格局下中国区域经济韧性动态双向评价指标体系构建与应用[J]. 学术交流, 2022, 341(8): 98-111.

[177] 夏崇德, 陈颇, 殷樱. 竞技体育可持续发展的综合评价体系研究[J]. 北京体育大学学报, 2007, 30(11): 1564-1570.

[178] 肖毅, 吴殷, 徐琳, 等. 上海奥运全运科技攻关成果产业化路径及促进策略[J]. 上海体育学院学报, 2020, 44(3): 27-35.

[179] 谢文蕙, 邓卫. 城市经济学[M]. 北京: 清华大学出版社, 1996: 1.

[180] 邢禾, 何广学, 刘剑君. 德尔菲法筛选结核病防治知识调查指标的研究与预试验评价[J]. 中国健康教育, 2006, 22(2): 91-95.

[181] 徐本力. 试论现代竞技体育中的最佳投入与最佳产生[J]. 体育科学, 1988(4): 31-35.

[182] 徐斌. 上海建设全球著名体育城市的路径选择及策略研究[J]. 山东体育科技, 2022, 44(4): 20-24.

[183] 徐洪兴. 二十世纪哲学经典文本: 中国哲学卷[M]. 上海: 复旦大学出版社, 1999: 474.

[184] 徐开娟, 黄海燕, 卢文云. 中美竞技体育结构体系特征的对比与分析[J]. 北京体育大学学报, 2019(11): 90-99.

[185] 许婵, 赵智聪, 文天祚. 韧性——多学科视角下的概念解析与重构[J]. 西部人居环境学刊, 2017, 32(5): 59-70.

[186] 许捷. 我国休闲娱乐型体育彩票业的现状与未来发展研究[J]. 广州体育学院学报, 2020, 40(6): 50-52.

[187] 许永刚, 孙民治. 中国竞技体育制度创新[M]. 北京: 人民体育出版社, 2006.

[188] 鄢慧丽. 体育赛事与举办地城市发展的耦合时序演化及影响因素研究[J]. 中国体育科技, 2019(3): 51-58.

[189] 闫晨, 陈锦涛, 段芮, 等. 韧性城市视角下的历史街区防火韧性评估体系构建[J]. 中国安全生产科学技术, 2020, 16(10): 133-138.

[190] 闫二涛, 王鹏. 基于生态学的体育赛事价值增效路径研究[J]. 教育理论与实践, 2017, 37(6): 60-62.

[191] 颜天民. 竞技体育的意义: 价值理论研究探微[M]. 北京: 北京体育大学出版社, 2003.

[192] 杨国庆, 彭国强. 改革开放 40 年中国竞技体育发展回顾与展望[J]. 体育学研究, 2018, 1(5): 12-22.

[193] 杨国庆, 陶新, 许秋红. 江苏"精英教练员工程"建设与实施研究[J]. 体育与科学, 2016(6): 1-6+20.

[194] 杨国庆. "十四五"我国竞技体育发展的时代背景与创新路径[J]. 武汉体育学院学报, 2021, 55(1): 5-12.

[195] 杨国庆. 中国竞技体育的发展困围与纾解方略[J]. 上海体育学院学报, 2022, 46(1): 1-9.

[196] 杨敏行, 黄波, 崔翀, 等. 基于韧性城市理论的灾害防治研究回顾与展望[J]. 城市规划学刊, 2016(1): 48-55.

[197] 杨铁黎. 职业篮球市场论:兼谈我国职业篮球市场的现状与改革思路[M]. 北京: 北京体育大学出版社, 2003.

[198] 杨文礼, 翟丰, 高艳敏. 心理韧性与基本心理需求: 影响运动员情感表达与运动表现的因素及中介效应检验[J]. 西安体育学院学报, 2020(4): 488-496.

[199] 姚丽萍. 上海人口形势分析:青少年人口比重严重偏低[N]. 新民晚报, 2014-02-24.

[200] 尹永佩, 唐文兵, 姜传银. 创建国际体育城市的评价指标研究——以上海为例[J]. 武汉体育学院学报, 2018, 52(4): 24-31.

[201] 余阿荣. 大型体育赛事对城市文化软实力影响研究[J]. 体育文化导刊, 2017(12): 8-12.

[202] 余道明. 体育现代化理论及其指标体系研究[D]. 福州: 福建师范大学, 2008: 113.

[203] 余宏. 基于 AHP-GRAP 模型的重庆市竞技体育发展水平综合评价[J]. 西南师范大学学报（自然科学版）, 2014(4): 187-192.

[204] 喻和文, 刘东锋, 薛浩. 经济效益还是正外部性效益? 美国地方政府补贴职业体育俱乐部的理由及启示[J]. 上海体育学院学报, 2020, 44(11): 66-75.

[205] 苑琳琳, 李祥林. 体育赛事举办与城市韧性建设关系及融合发展路径研究[J]. 体育与科学, 2021, 42(4): 91-103.

[206] 詹承豫, 高叶, 徐明婧. 系统韧性: 一个统筹发展与安全的核心概念[J]. 广州大学学报（社会科学版）, 2022, 21(4): 16-16.

[207] 张兵. 新时代体育强国建设进程中职业体育高质量发展路向[J]. 体育科学, 2020, 40(1): 16-25.

[208] 张春艳, 庄克章, 吴荣华, 等. 基于熵值赋权的 DTOPSIS 法对鲁南地区 11 个饲用燕麦品种的综合评价研究 [J]. 作物杂志, 2022(4): 62-68.

[209] 张凤彪. 基于结构方程模型的竞技体育公共支出绩效评价研

究——25 个省、自治区、直辖市的实证分析[J]. 体育科学, 2015, 35(2): 31-40.

[210] 张建会, 钟秉枢. 体育明星运动员在运动项目文化建设中的作用及培养路径[J]. 武汉体育学院学报, 2016, 50(2): 95-100.

[211] 张俊珍, 许治平, 郭伟, 等. 供给侧结构性改革背景下竞技体育资源配置与利用的实证研究[J]. 体育学究, 2020, 34(4): 63-71.

[212] 张雷, 陈小平, 冯连世. 科技助力:新时代引领我国竞技体育高质量发展的主要驱动力[J]. 中国体育科技, 2020, 56(1): 3-11.

[213] 张明斗, 冯晓青. 中国城市韧性度综合评价[J]. 城市问题, 2018(10): 27-36.

[214] 张男星, 王新凤. 乌卡时代高等教育发展的境遇及其应对思考[J]. 中国高教研究, 2022, 349(9): 83-87.

[215] 张现成, 苏秀艳, 王景璐, 等. 大型体育赛事举办与改善民生的耦合路径[J]. 北京体育大学学报, 2015, 38(1): 25-30,36.

[216] 张祥府, 代刚. 我国青少年竞技体育后备人才培养的区域化发展:集中度分析与梯度发展策略研究[J]. 体育科学, 2021, 41(8): 53-60.

[217] 张晓纯, 谢冬梅, 王雨欣, 等. 基于层次分析法和熵值法的智慧医疗服务可及性评价[J]. 卫生经济研究, 2022, 39(11): 61-64.

[218] 张欣. 基于地理信息技术的城市公共体育设施服务辐射能力分析[J]. 沈阳体育学院学报, 2012, 31(2): 35-38.

[219] 张雪纯, 楼百均. 宁波舟山港危化品吞吐量预测研究——基于灰色 BP 神经网络组合模型[J]. 浙江万里学院学报, 2022, 35(6): 9-16.

[220] 张毅恒, 彭道海. 新时代我国职业体育俱乐部治理效率[J]. 武汉体育学院学报, 2018, 52(6): 12-19.

[221] 张永芳, 贾士靖, 刘蕾, 等. 基于综合权重法的河北省水资源脆弱性评价及影响因素分析[J]. 水电能源科学, 2020, 38(4): 22-25.

[222] 张增帆. 我国体育彩票销量的影响因素研究——基于省际面板数据[J]. 武汉体育学院学报, 2022, 56(9): 63-69.

[223] 赵富学. 习近平新时代体育外交重要论述的核心内涵、价值意蕴及实践特质[J]. 体育科学, 2019, 39(9): 14-23.

[224] 赵靓. 上海市杨浦区体育场地信息平台及其空间分布的研究[D]. 上海: 上海体育学院, 2011:14.

[225] 赵领娣, 王海霞, 乔石, 等. 用熵权的 TOPSIS 法评价城市经济实力[J]. 数学的实践与认识, 2017, 47(24): 301-306.

[226] 赵鲁南, 赵曼. 竞技体育国际竞争力评价指标体系构建研究[J]. 北京体育大学学报, 2018, 41(1): 102-108.

[227] 赵翔, 贺桂珍. 基于 CiteSpace 的驱动力-压力-状态-影响-响应分析框架研究进展[J]. 生态学报, 2021, 41(16): 6692-6705.

[228] 赵玉帛, 张贵, 王宏. 数字经济产业创新生态系统韧性理念,特征与演化机理[J]. 软科学, 2022, 36(11): 10-10.

[229] 中华人民共和国住房和城乡建设部. 2021 年城市建设统计年鉴 [EB/OL]. (2022-10-12) [2023-09-29]. https://www.mohurd.gov.cn/gongkai/fdzdgknr/sjfb/tjxx/index.html.

[230] 钟秉枢, 韩勇, 邢晓燕, 等. 论新发展阶段我国职业体育俱乐部的规范化发展[J]. 体育学研究, 2022, 36(6): 1-13.

[231] 钟秉枢. 新时代竞技体育发展与中国强[J]. 上海体育学院学报, 2018, 42(1): 12-19.

[232] 周爱光. 试论"竞技体育"的本质属性——从游戏论的观点出发 [J]. 体育科学, 1996(5): 4-12.

[233] 周岩锋. 我国职业篮球联赛上座率的现状与对策探析[J]. 体育与科学, 2006, 27(3): 69-71.

[234] 周莹, 宋君毅. 中国竞技体育道德风险及其规避[J]. 西安体育学院学报, 2009, 26(5): 527-530.

[235] 周园, 等. 高韧性社会[M]. 北京: 中译出版社, 2021.

[236] 朱洪军. 国际大型体育赛事市场环境影响因素实证研究[J]. 上海体育学院学报, 2012, 36(6): 20-24.

[237] 朱洪军. 我国体育赛事绿色发展路径研究[J]. 西安体育学院学报, 2021, 38(5): 565-570.

[238] 朱天曈, 丁坚勇, 郑旭. 基于改进 TOPSIS 法和德尔菲——熵权综合权重法的电网规划方案综合决策方法[J]. 电力系统保护与控制, 2018, 46(12): 91-99.

[239] 朱铁臻. 城市现代化研究[M]. 北京: 红旗出版社, 2002: 137-138.

[240] 朱小龙. 我国体育彩票业政府规制改革思路[J]. 武汉体育学院学报, 2012, 46(12): 34-38.

[241] 朱玉霞, 黄华明, 孙国民. 区域竞技体育发展路径的创新研究——以江苏省为例[J]. 山东体育科技, 2013, 35(4): 15-18.

[242] 庄国波, 景步阳. 人工智能时代城市的"韧性"与应急管理[J]. 南京邮电大学学报（社会科学版）, 2019, 21(4): 20-30.

[243] 邹月辉, 田思. 基于动态 DEA-SBM 模型的社会保障对竞技体育投入效率影响的实证研究[J]. 武汉体育学院学报, 2020, 54(10): 50-57.

[244] Adger W N. Social and ecological resilience: Are they related?[J]. Progress in human geography, 2000, 24(3): 347-364.

[245] Adger W N. Vulnerability[J]. Global environmental change, 2006, 16(3): 268-281.

[246] Afgan N, Veziroglu A. Sustainable resilience of hydrogen energy system[J]. International Journal of Hydrogen Energy, 2012, 37(7): 5461-5467.

[247] Ayyub B M. Systems resilience for multihazard environments: Definition, metrics, and valuation for decision making[J]. Risk Analysis, 2014, 34(2): 340-355.

[248] Beck M B, Walker R V. Nexus security: Governance, innovation and the resilient city[J]. Frontiers of Environmental Science & Engineering, 2013, 7(5): 640-657.

[249] Béné C, Newsham A, Davies M, et al. Review article: Resilience, poverty and development[J]. Journal of International Development, 2014, 26(5): 598-623.

[250] Berkes F, Folke C, Colding J. Linking social and ecological systems:

management practices and social mechanisms for building resilience[M]. Cambridge: Cambridge University Press, 1998: 13-20.

[251] Brown B B. Delphi process: A methodology used for the elicitation of opinions of experts[J]. Rand, 1968: 3925-3925.

[252] Bruneau M, Chang S E, Eguchi R T, et al. A framework to quantitatively assess and enhance the seismic resilience of communities[J]. Earthquake Spectra, 2012, 19(4): 733-752.

[253] Bruneau M. Enhancing the resilience of communities against extreme events from an earthquake engineering perspective[J]. Journal of Security Education, 2005, 1(4): 159-167.

[254] Carvallo A, Areal N. Great places to work: Resilience in times of crisis[J]. Human Resource Management, 2016, 55(3): 479-498.

[255] Christopherson S, Michie R, Tyler R. Regional resilience: theoretical and empirical perspectives[J]. Cambridge journal of regions, economy and society, 2010, 3(1): 3-10.

[256] Constas M A, Mattioli L, Russo L. What does resilience imply for development practice? Tools for more coherent programming and evaluation of resilience[J]. Development Policy Review, 2021, 39(4): 588-603.

[257] Cutter S L, Ash K D, Emrich C T. The geographies of community disaster resilience[J]. Global Environmental Change, 2014, 29(29): 65-77.

[258] Cutter S L, Barnes L, Berry M, et al. A place-based model for understanding community resilience to natural disasters[J]. Global Environmental Change, 2008, 18(4): 598-606.

[259] David F A, Christopher R D, Wagstaff B. Organizational psychology in elite sport: Its emergence, application and future[J]. Psychology of Sport and Exercise, 2009, 10(4): 427-434.

[260] Davoudi S, Shaw K, Haider L J. Resilience: A bridging concept or a dead end?[J]. Planning Theory & Practice, 2012, 13(2): 299-333.

[261] Desouza K C, Flanery T H. Designing, planning, and managing resilient cities: A conceptual frame work[J]. Cities, 2013, 35(dec.): 89-99.

[262] Fasey K J, Sarkar M, Wagstaff C, et al. Defining and characterizing organizational resilience in elite sport[J]. Psychology of Sport and Exercise, 2021, 52: 101834.

[263] Fiksel, Joseph. Sustainability and resilience: Toward a systems approach[J]. IEEE Engineering Management Review, 2007, 35(3): 5-5.

[264] Fingleton B, Garretsen H, Martin R. Recessionary shocks and regional employment: Evidence on the resilience of UK regions[J]. Journal of Regional Science, 2012, 52(1): 109-133.

[265] Folke C, Carpenter S R, Walker B, et al. Resilience thinking: Integrating resilience, adaptability and transformability[J]. Ecology and society, 2010, 15(4): 299-305.

[266] Folke C. Resilience: The emergence of a perspective for social-ecological systems analyses: Resilience, Vulnerability, and Adaptation: A Cross-Cutting Theme of the International Human Dimensions Programme on Global Environmental Change[J]. Global Environmental Change, 2006, 16(3): 253-267.

[267] Foundation R. Characteristics of resilient systems[EB/OL]. 2013[2021-01-03]. http://www.100resilientcities. org/resources/ #section-3.

[268] Friedman A, Phillips M. Balancing strategy and accountability: A model for the governance of professional associations[J]. Nonprofit Management and Leadership, 2004, 15(2): 187-204.

[269] Gunderson L H, Holling C S, Light S S. Barriers broken and bridges built: A synthesis[M]. New York: Columbia University Press, 1995: 461-488.

[270] Gunderson L H, Holling C S. Panarchy: Understanding

transformations in human and natural systems[M]. Chicago: Island Press, 2002.

[271] Hagenlocher M, Renaud F G, Haas S, et al. Vulnerability and risk of deltaic social-ecological systems exposed to multiple hazards[J]. Science of the Total Environment, 2018, 631-632: 71-80.

[272] Heeks R, Ospina A V. Conceptualising the link between information systems and resilience: A developing country field study[J]. Information Systems Journal, 2019, 29(1): 70-96.

[273] Henry D, Ramirez-Marquez J E. Generic metrics and quantitative approaches for system resilience as a function of time[J]. Reliability Engineering & System Safety, 2012, 99(99): 114-122.

[274] Holling C S. Engineering resilience versus ecological resilience [M]//Schulze P. Engineering within Ecological Constraints. Washinfton, D C: National Academic Press, 1996: 31-44.

[275] Holling C S. Resilience and Stability of Ecological Systems (1973)[J]. Annual Review of Ecology and Systematics, 1973, 4(4): 1-23.

[276] Igor, Linkov, Daniel, et al. Measurable resilience for actionable policy[J]. Environmental Science & Technology: ES&T, 2013, 47(18): 10108-10110.

[277] Li B, Shi Z Y, Tian C. Spatio-temporal difference and influencing factors of environmental adaptability measurement of human-sea economic system in Liaoning coastal area[J]. Chinese Geographical Science, 2018, 28(2): 313-324.

[278] Lu P, Stead D. Understanding the notion of resilience in spatial planning: A case study of Rotterdam[J]. The Netherlands Cities, 2013, 35(4): 200-212.

[279] Ludwig D. Barriers and bridges to the renewal of ecosystems and institutions[J]. Ecological Economics, 1996, 19(2): 185-188.

[280] Luthar S S, Cicchetti D, Becker B. The construct of resilience: A

critical evaluation and guidelines for future work[J]. Child development, 2000, 71(3): 543-562.

[281] Martin R, Sunley P. On the notion of regional economic resilience: Conceptualization and explanation[J]. Journal of Economic Geography, 2015, 15(1): 1-42.

[282] Meerow S, Newell J P, Stults M. Defining urban resilience: A review[J]. Landscape and Urban Planning, 2016, 147: 38-49.

[283] Morgan P, Fletcher D, Sarkar M. Defining and characterizing team resilience in elite sport[J]. Psychology of Sport and Exercise, 2013, 14(4): 549-559.

[284] Neches R, Madni A M. Towards affordably adaptable and effective systems[J]. Systems Engineering, 2013, 16(2): 224-234.

[285] Norris F H, Stevens S P, Pfefferbaum B, et al. Community resilience as a metaphor, theory, set of capacities, and strategy for disaster readiness[J]. American Journal of Community Psychology, 2008, 41(1-2): 127-150.

[286] Nystrom K. Regional resilience to displacements[J]. Regional Studies, 2017(1): 1-19.

[287] Parsons M, Glavac S, Hastings P, et al. Top-down assessment of disaster resilience: A conceptual framework using coping and adaptive capacities[J]. International Journal of Disaster Risk Reduction, 2016, 19: 1-11.

[288] Pendall R, Foster K A, Cowell M. Resilience and regions: Building understanding of the metaphor[J]. Cambridge Journal of Regions, Economy and Society, 2010, 3(1): 71-84.

[289] Petter S, Straub D, Rai A. Specifying formative constructs in information systems research[J]. Management Information Systems Research Center, 2007, 31(4): 623-656.

[290] Reggiani A. Network resilience for transport security: Some methodological considerations[J]. Transport Policy, 2013,28:63-68.

[291] Richardson G E. The metatheory of resilience and resiliency[J]. Journal of Clinical Psychology, 2002, 58(3): 307-321.

[292] Righi A W, Saurin T A, Wachs P. A systematic literature review of resilience engineering: Research areas and a research agenda proposal[J]. Reliability Engineering and System Safety, 2015, 141: 142-152.

[293] Righi S, Smeets E, Weterings R. Environmental indicators: Typology and overview.1999[M]. Copenhagen: European Environment Agency, 1999.

[294] Robin, Leichenko. Climate change and urban resilience[J]. Current Opinion in Environmental Sustainability, 2011, 3(3): 164-168.

[295] Sanchez A X, Osmond P, Jeroen V. Are some forms of resilience more sustainable than others?[J]. Procedia Engineering, 2017, 180: 881-889.

[296] Sarkki S, Komu T, Heikkinen H I, et al. Applying a synthetic approach to the resilience of Finnish reindeer herding as a changing livelihood[J]. Ecology and Society, 2016, 21(4): 14-14.

[297] Serfilippi E, Ramnath G. Resilience measurement and conceptual frameworks: A review of the literature[J]. Annals of Public and Cooperative Economics, 2018, 89(4): 645-664.

[298] Simmie J, Martin R. The economic resilience of regions: towards an evolutionary approach[J]. Cambridge Journal of Regions Economy & Society, 2010, 3(1): 27-43.

[299] Simon, Woolf, John, et al. Towards measurable resilience: A novel framework tool for the assessment of resilience levels in slums[J]. International Journal of Disaster Risk Reduction, 2016, 10(19): 280-302.

[300] Smeets E,Weterings R. Environmental indicators: Typology and overview[J]. European Environment Agency, 1999, 25(25): 19-19.

[301] Uday P, Marais K B. Resilience-based system importance measures

for system - of - systems[J]. Procedia Computerence, 2014, 28: 257-264.

[302] Urban J B, Mabry P L. Developmental systems science: exploring the application of systems science methods to developmental science questions[J]. Research in Human Development, 2011, 8(1): 1-25.

[303] Walker B, Hollin C S, Carpenter S R, et al. Resilience, adaptability and transformability in social-ecological systems[J]. Ecology & Society, 2004, 9(2): 5-5.

[304] Wu L, Su X, Ma X, et al. Integrated modeling framework for evaluating and predicting the water resources carrying capacity in a continental river basin of Northwest China[J]. Journal of Cleaner Production, 2018, 204(PT.1-1178): 366-379.

[305] Yan C, Dueñas-Osorio L, Min X. A three-stage resilience analysis framework for urban infrastructure systems[J]. Structural safety, 2012, 36-37: 23-31.

[306] Yan Y, Zhang J J, Guan J. Network embeddedness and innovation: Evidence from the alternative energy field[J]. IEEE Transactions on Engineering Management, 2019(99): 1-14.

[307] Yodo, Nita, Wang, et al. Engineering resilience quantification and system design implications: a literature survey[J]. Journal of Mechanical Design, 2016, 138(11): 1-13.